# Inhaltsverzeichnis

# Einleitung

# Skandinavien …

… damit verbinden wir schnell bestimmte Begriffe und Vorstellungen: Da sind die langen Sommer voller unerwünschter Mücken an einsamen Seen, da ist das markante Nordkap am Ende Europas, man denkt an Stabkirchen, an die norwegischen Erdölfelder, Möbel aus Kiefernholz, an Skiurlaub, an Rentiere und Husky-Schlitten. All das zeigt uns: Skandinavien ist äußerst vielseitig und mehr als nur der „kalte Norden".

Die Römer nannten „Scadinauia" alle Gebiete, die nördlich von Germanien lagen – und das tun wir noch heute. Skandinavien erfreut sich seit Jahrzehnten wachsender Beliebtheit bei Reisenden, und das nicht nur im Sommer, sondern auch in der kalten Jahreszeit. Die Infrastruktur für die Anreise ist hervorragend: Schnelle Fernstraßen über teils faszinierende Brücken, gute Fährverbindungen und ein dichtes Flugnetz auch mit „Billigfliegern" lässt den nordischen Traum in erreichbare Nähe rücken.

Mit **101 Skandinavien** wollen wir Ihnen einen ganzen Fächer an Urlaubsmöglichkeiten vorlegen und Appetit auf die Entdeckung neuer Reiseziele im Norden Europas machen!

**Norwegen** bietet Outdoor-Fans mehr als nur majestätische Fjorde. Wanderungen zu Gletscherzungen, Skiurlaub in der Telemark, die spektakuläre Flåmsbahn oder kulturelle Highlights wie das Jazzfestival in Molde oder das Wikingerschiffmuseum in Oslo zeigen bereits typisch Skandinavisches.
**Schweden** setzt die Vielfalt fort. Ob der Wintermarkt der Samen in Jokkmokk oder der berühmte Wasa-Lauf, das Eishotel Jukkasjärvi oder moderne Kunst, skandinavisches Design und Architektur in Malmö – auch Schweden bietet mehr als Möbelproduktion oder die alljährlich verliehenen Nobel-Preise!
In **Finnland** finden wir auch neben klassischer Sauna und unberührter Natur Erstaunliches; sei es die Altstadt von Rauma (UNESCO-Welterbe), die größte Holzkirche der Welt oder die Inselfestung von Suomenlinna. Sportlich aktive Urlauber machen sich vielleicht zu Hundeschlittenfahrten in Lappland auf oder bevorzugen Bootstouren auf einem der vielen Seen.
**Dänemark** – das Sprungbrett nach Skandinavien – ist nicht nur für sein Bier und Smörrebröd bekannt. Der Urlaub im Ferienhaus ist fast ein Synonym für das Land. Und Sie erfahren etwas über die dänische Riviera, wo Radtouren angesagt sind. Dänische Inselerlebnisse bietet ein Aufenthalt auf Bornholm oder den Färoer-Inseln. Im stürmischen, kalten Nordwesten – in **Grönland** – sind besondere Erlebnisse das Wohnen bei den Inuit oder das Heilbuttangeln.
**Island** lockt vor allem durch seine urtümliche Natur mit Gletschern und Geysiren, mit Geländewagentouren in die Wildnis oder Ausritten auf Islandponys.

Lust auf mehr … das wollen wir Ihnen mit 101 Skandinavien machen. Auf Dänisch wünsche ich Ihnen: „God rejse"!

Ihr Michael Iwanowski

# Norwegen

Der Name Norwegen bedeutet „Weg nach Norden“ und verweist auf ein Land in einem der nördlichsten Teile der Welt. Ein Land von beträchtlicher Länge und geringer Breite, das fast zur Hälfte oberhalb des Polarkreises liegt. Von Süd nach Nord sind es etwa 1.750 km Luftlinie. Rund 50.000 Inseln sind der Küste vorgelagert, deren Festland-Länge, Fjorde und Buchten eingerechnet, etwa 21.000 km ausmacht.

Das Land ruft ganz unterschiedliche Vorstellungen hervor: Steile Schluchten eines schmalen Fjords, riesige Gletscherflächen, tosende Wasserfälle, die schier unendlose Weite der Tundra mit ihrer arktischen Vegetation, vom Meer umspülte Inseln und Schären … und nicht zuletzt sicherlich das Phänomen der Mitternachtssonne. Dem Reisenden bieten sich überall Möglichkeiten zu Abstechern in unberührte Gegenden, es stellt sich ein Gefühl von Weite und Einsamkeit fernab der Zivilisation ein. Alle Outdoor-Interessierten finden hier ein breites Angebot.

Gemeinsame Grenzen hat Norwegen mit seinen Nachbarn Schweden, Finnland und Russland.

## STECKBRIEF

**Name:** Kongeriket Norge (Königreich Norwegen)
**Flagge:** blaues Kreuz weiß eingefasst auf rotem Grund
**Fläche:** 385.186 km² inkl. Svalbard (Spitzbergen) 62.700 km², Jan Mayen 380 km²
**Klima:** Aufgrund des Golfstroms feucht-mildes Klima an der Westküste, keine großen Temperaturunterschiede, im Winter eisfreie Küste. In der Landesmitte kontinentales Klima mit wärmeren Sommern und kälteren Wintern.
**Nationalfeiertag:** 17. Mai, Tag des Grundgesetzes
**Bevölkerung:** 5,23 Mio. (2016)
**Sprache:** Norwegisch (Bokmål) und Neunorwegisch (Nynorsk), in sechs Kommunen Samisch, in einer Kommune Finnisch
**Hauptstadt:** Oslo (658.000 Einwohner)
**Staatsform:** konstitutionelle Monarchie, König Harald V., Kronprinz Haakon
**Ministerpräsidentin:** Erna Solberg (Konservative Partei Høyre)
**Wirtschaft:** Norwegen gilt als das Land mit dem höchsten Lebensstandard weltweit. Die Förderung großer Erdöl- und Erdgasvorkommen machen einen hohen Anteil des Bruttosozialprodukts aus. Stark ausgeprägt sind damit verwandte Industrien und Dienstleistungen für Energiegewinnung, Schiffbau, Seeschifffahrt und Fischfang. Wichtige Handelspartner sind Schweden, Dänemark, Deutschland, Großbritannien, USA.
**Währung:** 1 Norwegische Krone = 100 Øre, 1 Euro = 9,12 NOK
**Telefonvorwahl:** +47
**Internet-TLD:** no

1 Oslos Wikingerschiffmuseum
2 Modern und klangvoll – die Osloer Oper
3 Skulpturen im Vigeland-Park / Frogner-Park
4 Mit der Bergenbahn von Oslo nach Bergen
5 Fjord und Fjell – typisch norwegisch
6 Das Ölmuseum in Stavanger
7 Wasser für das Sima-Kraftwerk
8 Krimis made in Norway
9 Telemark – die Wiege des Skisports
10 Lillehammer – Olympisches Museum und Freilichtmuseum Maihaugen
11 Das mittelalterliche Bergen und Spuren der Hanse
12 Die Flåmsbahn – eine spektakuläre Schienenstrecke
13 Wanderungen zu den Gletscherzungen Nigardsbreen, Boyabreen und Supphellebreen
14 Abstecher zum norwegischen Westkap – mit Blick auf den Atlantik
15 Ålesund, die Jugendstilstadt
16 Molde – Internationales Jazzfestival
17 Ferien in urigen Rorbuer auf den Lofoten
18 Der Trollfjord auf den Vesterålen – die schönste Sackgasse der Welt
19 Das Nordkap – nicht nur der Mitternachtssonne wegen
20 Bei den Rentieren – Schneehotel in Kirkenes

# 1 Oslos Wikingerschiffmuseum

Die Wikinger waren „**seefahrende Nordmänner**" der drei skandinavischen Länder Norwegen, Schweden und Dänemark. Bereits Ende des 1. Jahrtausends machten sich die Wikinger aus Norwegen in westlicher Richtung auf nach England, Irland, Frankreich, Benelux und kamen über Italien bis nach Trier. Die Wikinger aus Schweden gelangten über den Ostseeraum nach Nowgorod und Kiew und über das Schwarze Meer schließlich nach Byzanz.

Überwiegend sind sie als raubende, plündernde oder grausame und grobschlächtige Gesellen im Gedächtnis. Sie hatten aber auch Fähigkeiten, die sie später mit Erfolg einsetzten und die sie zu Ansehen brachten. Die Wikinger organisierten regen Handel u. a. mit Luxusgütern aus dem arabischen Raum, viele Tauschgeschäfte wurden unter dem Motto „Silber gegen Sklaven" abgewickelt. Bedeutsam ist ihre Rolle bei der Entwicklung von Kunst und Kultur wie dem Schiffbau, der Goldschmiedekunst und Steinmalerei, dem Waffenhandwerk oder der Schnitzkunst, die an einigen norwegischen Stabkirchen noch zu bewundern ist. Als **Gründer der skandinavischen Königreiche** gingen sie in die Geschichte ein.

Das **Wikingerschiff-Museum** in Oslo berichtet von den Seefahrerkünsten der Wikinger. Von außen wirkt der Komplex, sicher nicht zufällig, wie ein Sakralgebäude. Ein Denkmal erinnert an das norwegische Archäologenpaar Ingstad, das beweisen konnte, dass die Wikinger Amerika erreichten. Sobald man das Gebäude betritt, fällt der Blick auf das einzigartige Oseberg-Schiff, das prächtigste von drei Wikingerschiffen, die hier zusammen mit einer Reihe anderer Funde ausgestellt sind. Entdeckt und ausgegraben wurden die drei Schiffe zwischen 1867 und 1904 am Oslofjord in den Orten Oseberg, Gokstad und Tune, deren Namen sie tragen.

*Das Oseberg-Schiff*
*Johan Berge - Visitnorway.com*

Im 9. Jh. waren Verstorbene aus reichen Königsfamilien in den Schiffen beigesetzt und mit allem Notwendigen für die Reise ins Totenreich ausgestattet worden. Die Grabbeigaben reichten von Lebensmitteln und Schmuckstücken bis hin zu getöteten Sklaven. Das Tune-Schiff ist nur bruchstückhaft erhalten, doch das Gokstad-Schiff vermittelt eine genaue Vorstellung von den hochseetauglichen Fahrzeugen, mit denen die Wikinger sogar Amerika erreichen konnten. Mit einer Nachbildung dieses Schiffes gelang es 1892, zur Weltausstellung nach Chicago über den Atlantik zu segeln.

### Museumshalbinsel Bygdøy

Auf Bygdøy liegen noch weitere interessante Museen wie das Norwegische Seefahrtsmuseum (www.marmuseum.no), das legendäre Polarschiff „Fram" (www.frammuseum.no), das Kon-Tiki-Museum (www.kon-tiki.no), das Norwegische Volksmuseum (http://norskfolkemuse um.no), das Holocaust Center (www.hlsente ret.no) sowie das kleine Schloss Oscarshall (www.royalcourt.no), das man im Sommer auf Touren besichtigen kann. Die Halbinsel lässt sich auch gut mit dem Fahrrad erkunden, neben den Museen gibt es schöne Küstenabschnitte und grüne Parks zu entdecken. Eine Tour rund um die Insel ist ca. 8 km lang.

Bei der Ausgrabung des Grabhügels Gokstadhaugen im Jahre 1880 kam nicht nur das in Hunderttausende von Teilen zersplitterte Schiff zum Vorschein; in seiner Grabkammer lagen u. a. Waffen, Geschirr, Betten und diverse Tiere, darunter sogar ein Pfau.

Vor allem aber ruhten hier menschliche Gebeine, die die Geschichtsforschung zunächst als diejenigen Olav Geristadalvs identifizierte, eines Königs aus dem Haus der Ynglinger. Das Oseberg-Schiff mit seinen filigranen Holzschnitzereien gilt zwar als seetüchtig, wurde aber wahrscheinlich nur in der Nähe der Küste bei Zeremonien und anderen Veranstaltungen eingesetzt. Die sterblichen Überreste schreibt man einer Priesterin zu.

Ohne Zweifel gehören die Schiffe und anderen Gegenstände wie Schlitten, Wagen, Schmuck, Werkzeuge und Textilien zu den kulturhistorisch wichtigsten Sehenswürdigkeiten Skandinaviens.

*(UQ/GA)*

**INFO**

**Vikingskipshuset:** Museumshalbinsel Bygdøy, Huk Aveny 35, 0287 Oslo, www.khm.uio.no, Mai-Sept. tgl. 9-18 Uhr, Okt.-April tgl. 10-16 Uhr, NOK 80 (inkl. Historisches Museum innerhalb von 48 Std.).

**Anfahrt:** Mit dem Bus 30 Richtung Bygdøy vom Rådhuset nach Vikingskipshuset. Im Sommer gibt es Schiffe zur Halbinsel Bygdøy vom Anleger Rådhusbrygge 3, März-Okt. alle 20-30 Min. Eine Fahrt dauert eine halbe Stunde, die Fähren halten in Dronningen (Volksmuseum, Wikingerschiffmuseum und Oscarshall) sowie Bygdøynes (Kon-Tiki-Museum, Fram Museum und Seefahrtsmuseum).

**Information: Oslo Visitor Center**, in der Østbanehallen neben dem Hauptbahnhof, Tel. 81530555, www.visitoslo.com, Mo-So 9-18 Uhr.

## 2 Modern und klangvoll – die Osloer Oper

Westlich der Gamlebyen, eingerahmt von den Buchten Bjørvika und Bispevika und nur wenige Gehminuten vom Bahnhof entfernt, erhebt sich das Opernhaus, eines der neueren Wahrzeichen Oslos. Im April 2008 wurde das Gebäude nach jahrelanger Planung, mit vielen Debatten über Finanzierung und Standort, feierlich eröffnet. Das norwegische Architekturbüro Snøhetta erzielte bei einem internationalen Wettbewerb im Jahr 2000 den ersten Preis und schuf das auffällige Gebäude. Das schneeweiße Äußere, überwiegend aus Marmor, die riesigen Glasflächen und langen Rampen, die geradewegs aus dem Fjord zu entspringen scheinen, sowie die Aussichtsplattformen auf dem Dach der Oper geben ihr ein unverwechselbares Gepräge.

Die Dimensionen sind enorm: 38.500 m² Fläche und 100 verschiedene Räume weist der Komplex auf. Im minimalistisch ausgestalteten Inneren beeindruckt der hufeisenförmige Große Saal für 1.370 Zuschauer, die die Konzerte und Vorstellungen der Hauptbühne verfolgen; über ihnen schwebt in 16 Metern Höhe der Kronleuchter, für den das Hadeland Glaswerk verantwortlich ist und der aus 17.000 Glasteilen besteht. Das Foyer trägt die Handschrift des dänischen Künstlers Olafùr Eliasson, den großen Vorhang „MetaFoil" schuf Pae White aus den USA.

Seit der Eröffnung bewunderten weit über zehn Millionen Besucher das architektonische Highlight. Es traten namhafte und international bekannte Künstler wie Bryn Terfel, Anja Harteros, René Pape auf und Dirigenten wie Zubin Mehta, Lorin Maazel, Daniel Barenboim und Neeme Järvi leiteten die Orchester. Auch das **Norwegische National-Ballett** begeistert die Zuschauer, es treten ebenso international renommierte Compagnien wie das Nederlands

*Die Osloer Oper – ein moderner Bau für musikalische Darbietungen*

*Szene aus Tschaikowskis „Nussknacker“*

Danse Theater, das Bern Ballet oder die Göteborgsoperans Danskompani auf.

Das Opernhaus ist ein architektonischer Akzent, doch auch in seiner unmittelbaren Nachbarschaft hat sich einiges getan. Denn rings um den Komplex entstanden im Rahmen des Fjordstadt-Projektes (vor allem im Viertel Bjørvika) viele neue Apartmenthäuser, Geschäfte, Parkanlagen und andere Freizeiteinrichtungen. Im Hafenbecken neben der Oper ist seit 2010 eine Skulptur der italienischen Künstlerin Monica Bonvicini aus Stahl und Glas zu sehen, die sich auf einem Floß aus Beton befindet. Diese nennt sich „hun ligger“, norwegisch für „sie liegt“. Seit 2012/2013 ist durch Fußgängerbrücken und die Verlegung der Autobahn in den Untergrund zudem der ungehinderte Zugang sowohl zur Oper als auch zu diesen neuen Vierteln gewährleistet.

Die nächsten Mammutprojekte des Viertels sind bereits im Bau. Unmittelbar neben der Oper entsteht die neue **Deichman'sche Bibliothek** (Eröffnung 2018) und das millionenschwere Hochhausprojekt „Lambda“, in dem das neue **Munch Museum** untergebracht wird (Eröffnung 2019). Beide Gebäude sind innen wie außen spektakulär, sehr teuer und in der Öffentlichkeit höchst umstritten – so wie es auch die Oper vor ihrer Fertigstellung war. *(UQ/GA)*

**INFO**

**Oper Oslo:** Kirsten Flagstads plass 1, 0106 Oslo, Tickets Tel. 21422121, www.operaen.no.
Möchte man mehr über die Architektur des Gebäudes, die Bühnentechnik oder über die Arbeit in der Oper oder beim Ballett erfahren, kann man eine geführte Tour buchen. Tickets gibt es direkt an der Kasse im Foyer, telefonisch oder über die Website.

# 3 Skulpturen im Vigeland-Park / Frogner-Park

Ein großer Teil des Frogner-Parks wird vom **Vigeland-Park** eingenommen, eine der Osloer Hauptattraktionen und in der Saison täglich von vielen Tausend Menschen besucht. Nachdem man den monumentalen Eingang am Kirkeveien passiert hat, steht man vor der zentralen Achse der Anlage, die über eine Brücke hinauf zum Titanenbrunnen und dem Monolithen, und von diesem wiederum hinab bis zum Lebensrad führt. Sie zeigt das Lebenswerk des norwegischen Bildhauers Gustav Vigeland (1869–1943), von dem 192 Skulpturen mit insgesamt 650 Figuren zu sehen sind. 1921 überließ er sein gesamtes Werk der Stadt Oslo, die ihm ein Atelier einrichtete und ihn finanziell absicherte.

Auch wenn der künstlerische Wert der Arbeiten Vigelands umstritten ist und die kraftvollen, nackten Menschendarstellungen nicht jeden ansprechen, so beeindrucken doch der gesamte Komplex und die ungeheure Schaffenskraft des Bildhauers. Blickfang des Gesamtkunstwerks ist ein 17 Meter hoher Obelisk aus Granit, der 121 ineinander verschlungene Menschen zeigt, umge-

*Der Sonne entgegen: Skulptur von Gustav Vigeland im Vigeland-Park*

## Picknick, Sport und Kultur im Grünen

Der weitläufige **Frogner-Park** schließt sich nördlich an das gleichnamige Wohn- und Botschaftsviertel an. Es ist die **größte Grünfläche der Innenstadt**, die nahtlos in den parkähnlichen Friedhof Vestre Gravlund und in den Englischen Garten übergeht. Das Flüsschen Frognerelva fließt durch das Terrain und wird innerhalb der Vigeland-Anlage zu kleinen Teichen aufgestaut. Auf dem Gelände gibt es zahlreiche Möglichkeiten zur sportlichen Betätigung. U. a. findet man hier das größte Osloer Freibad, Tennisplätze sowie Schlittschuh- und Eishockey-Sportstätten. Und so wird der Frogner-Park von den Hauptstädtern sommers wie winters eifrig genutzt, auch zum Picknick, Spazierengehen, Sonnenbaden und Joggen. Neben einem Sommerrestaurant gibt es ein Informationszentrum. Außerdem befindet sich im Herrenhaus Frogner das Stadtmuseum, in dem man sich über die Baugeschichte und Entstehung der Stadt sowie bürgerliche Wohnungseinrichtungen informieren kann.

**Bymuseet**,
Frognerveien 67, Tel. 23284170,
www.oslomuseum.no,
Di–So 11–16 Uhr, Eintritt frei.

*Für Skulpturenfreunde und Spaziergänger ein lohnendes Ziel: der Vigeland-Park*

ben von 36 Skulpturengruppen aus Granit. Der Lauf des Lebens ist das zentrale Motiv Vigelands, das auch die Fontäne mit über 60 Bronzereliefs unterhalb des Monolithen zeigt. Empfehlenswert ist ein Besuch der Anlage gegen Abend, wenn der Besucherstrom abebbt und man in Ruhe die Skulpturen auf sich wirken lassen kann. Weniger wuchtig sind einige der Bronzeskulpturen auf der Brücke, die beliebte Fotomotive sind. Vor allem vor dem kleinen „Trotzkopf" bilden sich stets Trauben fotografierender Besucher.

Möchte man sich nach dem Erlebnis des Vigeland-Parks noch näher mit seinem Erschaffer befassen, sollte man unbedingt zum **Vigeland-Museum** gehen, das jenseits der Halvdan Svartesgate liegt. In dem früheren Atelier und der Wohnung des Künstlers sind Zeichnungen, Skulpturen, Holzschnitte und Modelle zu bewundern. *(UQ/GA)*

INFO

Der **Vigelandsparken** ist vom Bahnhofsplatz oder Nationaltheater aus einfach mit dem Bus 20, der Straßenbahn Nr. 12 oder der U-Bahn bis zur Station Majorstua zu erreichen. Mit der Straßenbahn fahren Sie bis zur Haltestelle Vigelandsparken, steigen Sie nicht schon vorher am Frogner Plass aus, auch wenn die Vigeland-Anlage im Frogner-Park liegt. Autofahrer, die vom Holmenkollen kommen, sollten am hinteren Eingang des Parks am Friedhof Vestre Gravlund parken, so spart man sich die City-Maut. Der Park ist ganzjährig geöffnet; Eintritt frei.

**Vigeland-Museet:** Nobels gate 32, Tel. 23493700, www.vigeland.museum.no, Mai–Aug. Di–So 10–17, sonst Di–So 12–16 Uhr, NOK 60. Bus 20 oder Bahn 12 bis Frogner Plass.

# 4 Mit der Bergenbahn von Oslo nach Bergen

Kräfte wie ein Bär und Fäuste wie ein Schwergewichtsboxer musste mitbringen, wer sich Ende des 19. Jh. zum Eisenbahnbau in Norwegen meldete. Harte Männer wurden gebraucht, denn der Bergensbanen stand ein Felsmassiv im Wege. Ein raues, unbewohntes Hochgebirge, das fast ein wenig unheimlich war. Hier, nahe den Gipfeln, wo der Schnee an einigen Stellen das ganze Jahr über liegen bleibt und eisige Stürme toben, mussten Tunnel meist noch mit schweren Hämmern und Stahlmeißeln von Hand in den Fels gehauen werden. Schweres Gerät und Sprengstoff gab es kaum.

Wo es um staatliche Prestigeprojekte geht, zählen Opfer kaum. Die Bergenbahn war nur ein Teil der Bahnlinie von der schwedischen Ostsee- an die norwegische Nordseeküste. Dabei ging es nicht nur darum, eine Bahn für den Personen- und Güterverkehr zu bauen. Die Schweden, die damals über Norwegen herrschten, verfolgten mit dem Bau vor allem militärische Ziele. Es kam darauf an, Truppen schnell verlegen zu können. Schließlich kämpften die Norweger gegen die schwedische Bevormundung, und König Håkon von Norwegen konnte die Strecke 1909 höchstselbst eröffnen. „Norge" war zu diesem Zeitpunkt schon seit fünf Jahren ein souveränes Königreich. So war der Bahnbau aus der Sicht der Schweden eine Fehlinvestition.

Welch große Leistungen die 15.000 Bahnarbeiter erbracht haben, ist bis heute sichtbar. Mal fährt der Zug über hohe Brücken, dann bringen ihn Kehren und Schleifen in die Höhe. Ein Tunnel folgt auf den anderen und vielerorts ist die Strecke überdacht, um sie vor drohenden Lawinen zu schützen. Immer wieder legen die Fahrgäste in den Salonwagen den Kopf in den Nacken, um Gipfel hoch

*Die Bahnreise nach Bergen bietet Ausblicke auf Berge und Fjorde*

über der Strecke sehen zu können. Hin und wieder pressen alle die Nasen an die Scheiben, um in eine Schlucht tief unter dem Zug blicken zu können.

Nur auf den ersten 100 km hinter Oslo erreichen die Züge Schnellzuggeschwindigkeit. Nach Hønevoss geht es hinauf ins Gebirge. Die Kurven werden enger und die Tunnel häufiger. **182 Tunnel** mit einer Gesamtlänge von 73 km – mehr als ein Sechstel der Fahrstrecke – kann man zählen. Für Fahrgäste sind sie oft ärgerlich: Gerade hat man sich gereckt, um einen Schneeberg zu sehen, schon wird es wieder dunkel. Man könnte auch Brücken zählen, doch bei über 300 verzählt man sich nur allzu leicht.

Bergen ist keine 500 Bahnkilometer von Oslo entfernt, doch in der Bahn kommt einem die Strecke wesentlich länger vor. Das stört aber nicht, denn ständig ändert sich die Aussicht. Zunächst säumen noch dichte Wälder die Bahnstrecke, dann werden die Bäume seltener, es geht über almähnliche Wiesen, und dann ist das baumlose Hochgebirge erreicht. In Finse ist der Scheitelpunkt der Bergenbahn – 1.222 m über dem Meer.

Früher ging es noch weiter in die Höhe, seit 1993 aber bietet der zweitlängste Eisenbahntunnel Norwegens Schutz vor Schneestürmen, die hier den Bahnverkehr zuvor Winter für Winter behinderten. Der Tunnel ist das Tor zur **Hardangervidda**, der größten Hochebene Europas. Der Zug fährt 100 km lang über das Felsplateau hinweg, das von Eiszeitgletschern glatt geschliffen wurde. In den Senken haben sich viele kleine Seen gebildet, die blau im Grau-Grün der felsigen Landschaft aufleuchten.

In Myrdal steigen Kreuzfahrtpassagiere ein. Sie haben einen Eisenbahnausflug gebucht und ihr Schiff am Aurlandsfjord verlassen. In Bergen werden sie wieder an Bord gehen. Die Stichbahn zum Fjord wurde gebraucht, um Baumaterial hinauf ins Gebirge zu bringen. Heute ist die Flåmsbahn eine Touristenattraktion für sich (s. S. 34).

Durch viele Kurven und eine Reihe von Tunneln geht es auf den letzten 169 km hinab nach Bergen entlang der steilen Flanken mehrerer Fjorde. Bahntechnisch mag das eine Herausforderung gewesen sein, für die Fahrgäste zählt das nicht: Dieser Bergabstieg ist ein letzter Höhepunkt der Fahrt quer über die Berge Südnorwegens. *(aem)*

**INFO**

**Strecke:** 493 km, von Oslo S („Sentralstasjon") nach Bergen
**Information:** Es verkehren tgl. 4 Züge in beide Richtungen. Die Fahrt dauert 6,5-7,5 Std. Die Fahrpläne und Preise (ab 50 €/Strecke - sog. „Minipreis", begrenzte Plätze) können unter www.nsb.no abgerufen werden.
**Weiterreise:** Von Bergen mit dem Schnellboot durch den Haugesund nach Stavanger und von dort mit der Sørlandsbanen (Südlandbahn) Richtung Kristiansand und zurück nach Oslo. So wird eine Südnorwegen-Rundreise daraus. Eine weitere Möglichkeit ist eine Schiffsreise auf der Hurtigruten von Bergen z. B. nach Trondheim oder Kirkenes. www.hurtigruten.de.

# 5 Fjord und Fjell – typisch norwegisch

Die Küste Westnorwegens wird durch die tief ins Land einschneidenden **Fjorde** bestimmt, für die Norwegen in der ganzen Welt bekannt ist. Als „Fjordland" im engeren Sinne gilt der **Küstenraum zwischen Stavanger und Molde**. Aber auch im Süden liegen beeindruckende Fjordlandschaften wie etwa der Oslo-Fjord, während im Norden an der Eismeerküste Fjorde von 10–20 km Breite den Naturraum prägen. Seit 2005 stehen der **Geiranger- und Nærøyfjord** auf der UNESCO-Welterbeliste. Als eine der schönsten Strecken gilt die Schiffsreise von Flam nach Gudvangen, die auch durch den Nærøyfjord führt. Dieser gilt als einer der engsten der Welt: nur ca. 250 m breit ist er an seiner schmalsten Stelle. Die Tour bietet sich als Kombination mit der Flamsbahn an (www.visitflam.com/de/, S. 34).

Nach allgemeiner Auffassung sind Fjorde **ertrunkene Trogtäler**, die zuvor vom Eis ausgehobelt wurden. Ihre Länge und Tiefe kann beträchtliche Ausmaße erreichen, auch die Talwände sind häufig steil und über 1.000 m hoch. Da die Eisströme, aus dem Hochgebirge kommend, einst westwärts nahe der Küste an Erosionskraft einbüßten und die Meeresnähe die Gletscher abschmelzen ließ, liegen als Reste der Hobelarbeit die Endmoränen der Gletscher an der Fjordmündung, sodass die Gebirgsschwellen oft nur eine Tiefe von 100–200 m aufweisen. Nachdem die Gletscher abgetaut waren, durchzogen Flüsse oder Seen den Talboden, der schließlich nach dem Wiederanstieg des Meeresspiegels vom Meer überflutet wurde. Der Wasseraustausch zwischen dem Atlantik und den inneren Bereichen der Fjorde ist recht gering, denn nur eine oberflächennahe Schicht wird hinreichend durchmischt, zumal auch der Tidenhub nur mäßig ist. Das Tiefenwasser der Fjorde ist daher schwefelwasserstoffhal-

*Eindrucksvoll – der Geirangerfjord ist UNESCO-Weltnaturerbe*

*Die Hardangervidda ist die größte Hochebene Europas*

tig, weshalb kaum Fische in den Fjorden leben. Im Winter frieren die Fjorde selten zu. Der mit 183 km längste und mit 1.308 m tiefste der Fjorde bei einer Breite von 5–8 km ist der **Sognefjord**, den landeinwärts bis etwa zur Fjordmitte Gipfel säumen, die auf 1.300 m ansteigen. Mehrere Fjordarme zweigen von ihm ab, weniger breit und tief.

Zu den charakteristischen Landschaftsformen Norwegens gehört auch das **Fjell**, sprachlich verwandt mit unserem Wort „Fels". Der Begriff bezeichnet die „**baumlose Hochfläche in Skandinavien**", die sich in Aufbau und Oberflächenformen deutlich von mitteleuropäischen Gebirgsregionen unterscheidet. Das Fjell mit seinen zahlreichen Seen, Bergrücken und meist flachen Rundhöckern ist eine vom Eis gestaltete Landschaft oberhalb der Baumgrenze, die in weiten Teilen des hohen Nordens auf unter 150 m abfällt.

Neben dem allgemeinen Fjell mit abgerundeten Bergen mittlerer Höhe gibt es das Plateau-Fjell mit nur flachwelligem Relief, wie es besonders in der bekannten **Hardangervidda** (*vidda* = „Weite") ausgeprägt ist. Der Hardangervidda Nationalpark südlich von Bergen ist der größte Nationalpark Norwegens und ein ideales Ziel für Familien, Wanderer Trekker und Angler – und im Winter für Skilangläufer. Denn auf dem Hochplateau sind die Steigungen moderat, es gibt viele Seen, Wasserfälle, ausgewiesene Wanderwege. Man kann hier herrlich picknicken und zelten. *(UQ/GA)*

**INFO**

**Nationalpark Hardangervidda:** hardangerviddanatursenter.no/de und www.hardangervidda.com.
Wer die Fjordlandschaft mit der **Bahn, per Schiff oder Bus** erkunden und kennenlernen möchte, erhält weitere Informationen unter www.fjordtours.com, Tel. 81568222.
Für **Wanderer und Trekking-Interessierte**: Tel. 06221-7264099, www.alp-und-fjell-wanderreisen.de.
**Elchadventuretours:** Natur-, Aktiv- und Erlebnisreisen, Tel. 0351-4226262, www.elch-adventure-tours.de.

# 6 Das Ölmuseum in Stavanger

Stavanger ist die **Ölmetropole** Norwegens. All denen sei der **Besuch des Ölmuseums** empfohlen, die sich für das Thema Erdgas und Erdöl in geologischer, technischer, wirtschaftlicher und politischer Hinsicht interessieren. Warum gibt es Ölvorkommnisse in der Nordsee? Seit wann wird Erdöl gefördert? Welcher technischen Mittel bedarf es, um Erdgas und Erdöl zu fördern? Wie sieht die sogenannte Offshore-Technik aus? Welche Pumpen und Rohre sorgen für den Transport? Wie funktioniert die Ölindustrie? Wie gestalten sich Leben und Arbeit auf einer Ölplattform mitten im Meer? Was wird alles aus Öl hergestellt? All diese und viele andere Fragen werden mit Hilfe audiovisueller, interaktiver Darstellung und anhand authentischer Objekte anschaulich beantwortet. Die futuristische Architektur des Gebäudes greift die Formation der norwegischen Küstenlandschaft auf. Gleichzeitig stellt man sich so in etwa eine Bohrinsel vor.

Stavanger, der Hauptort der Provinz Rogaland, lässt sich auf einem Rundgang erkunden. Von der Stadt kommend geht man Richtung Hafen den von Cafés gesäumten Skagenkai entlang. Dort liegen verschiedene **maritime Oldtimer, Museumsschiffe und Ausflugsboote**, manchmal sieht man hier auch einen stolzen Dreimaster. Wer ganz um die Landzunge herumspaziert, wird auf der anderen Seite mit dem modernen Norwegen in Gestalt des Ölmuseums konfrontiert.

Weiter östlich schließen sich verschiedene Hafenbecken, das Schnellboot-Terminal (u. a. nach Haugesund und Bergen) und das Fährterminal (Tau, Lysebotn) an, und dahinter spannt sich die kühne Bybrua zu den Jachthäfen und Wohngebieten der vorgelagerten Inseln.

*Besuch im Ölmuseum in Stavanger* CH - visitnorway.com

Denkmalgeschützt: die weißen Holzhäuser in der Altstadt von Stavanger

Stavanger hat sich jedoch auch viel vom Charme der Vergangenheit bewahrt. Hält man sich hinter dem Ölmuseum rechts Richtung Innenstadt, erreicht man den **Dom**, die größte Sehenswürdigkeit Stavangers, der erhöht über dem Marktplatz am Ende der Hafenbucht liegt. Im Süden senkt sich der Domhügel zum Stadtsee **Breiavatnet** hinab, der zu jeder Seite von hübschen Grünanlagen begrenzt wird. Das **Stavanger-Museum** (Museum Naturhistorie, Muségata 16), ca. 300 m vom Ufer entfernt, zeigt Vögel und Landtiere aus Norwegen und anderen Ländern sowie Sammlungen aus der Kulturgeschichte.

Auf dem Weg in die Altstadt lohnt das **Seefahrtsmuseum** (Maritime Museum, Strandkaien 22) einen Besuch, das in weißen, hölzernen Speicherhäusern untergebracht ist. Es gewährt interessante Einblicke in die lange Seefahrtstradition der Stadt und zeigt u. a. ein Reedereikontor, einen Krämerladen und eine Kaufmannswohnung.

In der schönen **Altstadt** (Gamle Stavanger) reiht sich entlang der gepflasterten und mit alten Gasleuchten ausgerüsteten Straßen ein kleines, weißes Holzhaus an das nächste. In diesem größten zusammenhängenden denkmalgeschütztem „Bewahrungsgebiet" des Königreichs stehen rund 170 Holzhäuser des 18. und 19. Jh. Doch Alt-Stavanger ist kein Freilichtmuseum, es ist der lebendige Stadtteil einer modernen, weltoffenen Stadt. Interessant ist das **Konservenmuseum** (Hermetikkmuseum, Øvre Strandgate 88), das in einer alten Sardinenfabrik vom Ende des 19. Jh. untergebracht ist. In der Stadt gab es einst rund 400 Konservenfabriken. Zu Spitzenzeiten, in den Jahren 1870 bis 1930, war Stavanger weltweit der größte Produzent von Sardinenbüchsen.

*(UQ/GA)*

**INFO**

**Stavanger Turistinformasjon:** Strandkaien 61, 4005 Stavanger (neben dem Kreuzfahrtterminal), Tel. 51859200, www.regionstavanger-ryfylke.com, Juni–Aug. tgl. 9–20, sonst Mo–Fr 9–16, Sa 9–14 Uhr.

**Norsk Oljemuseum:** Kjeringholmen, 4004 Stavanger, www.norskolje.museum.no, Juni–Aug. tgl. 10–19, Sept.–Mai Mo–Sa 10–16, So 10–18 Uhr, NOK 120.

**Stavanger-, Seefahrts, Konservenmuseum:** www.museumstavanger.no, Mitte Mai–Mitte Sept. tgl. 10–16, Do bis 19, sonst Di–So 11–15 Uhr, je NOK 90.

# 7 Wasser für das Sima-Kraftwerk

Kühlventil

In der Gegend von Simadalen, nur einige Kilometer vom Eidfjord entfernt, wird mit dem Sima-Kraftwerk eines der **größten Wasserkraftwerke Europas** betrieben. Die Halle liegt etwa 700 m in einem Berg verborgen, ist 200 m lang, 20 m breit und 40 m hoch. Das Antriebswasser stammt aus den regen- und schneereichen Gebieten des Hardangervidda. Die Geschichte des Kraftwerks geht auf den Anfang des 20. Jh. zurück, fertiggestellt und in Betrieb genommen wurde das Kraftwerk jedoch erst im Jahre 1980. Für „Energieinteressierte" lohnt der Besuch, denn es gibt eine etwa **einstündige Führung sowie eine Filmvorführung**, die in das Thema der Stromerzeugung einführt.

Am Endpunkt des steilwandigen Hardangerfjords, gleichzeitig der östlichste Punkt des Meeresarms, liegt der 1.000-Einwohner-Ort Eidfjord (mit den beiden Ortszentren Nedre Eidfjord und Øvre Eidfjord), in dem es einige Unterkünfte gibt. Wer hier übernachtet, plant i. d. R. **Ausflüge ins nahe Hochge-**

*Bei einer Führung erfährt man viel über die Wasserkraft*

*Rentiere im Naturzentrum Hardangervidda*

**birge und zum Vøringfossen**, der Naturattraktion Nummer eins. Nicht nur die Fallhöhe von 182 m, sondern auch das Volumen (12,4 $m^3$/Sek.) des Wasserfalls und der Sturz in die enge Schlucht des Måbødalen beeindrucken. Einen herrlichen Blick von oben erhält, wer bei Isdøla auf die 1 km lange, mautpflichtige Nebenstraße nach **Fossli** mit dem großen und traditionsreichen Fossli Hotel abbiegt (www.fossli-hotel.com). Mindestens ebenso eindrucksvoll ist der Blick von unten. Dazu wandert man im Tal Måbødalen (am oberen Ende des Måbøtunnels am Rv.7) gut 30 Minuten hinunter (gutes Schuhwerk und Regenkleidung wegen der Gischt notwendig). Der Wander- und Radweg nutzt dabei die alte Straße, die sich in fünf Kehren auf 250 m ü. d. M. hinabschraubt. Von einer Hängebrücke kann man den Ausblick genießen.

Zu den Sehenswürdigkeiten in Eidfjord selbst gehören die mittelalterliche Jakobskirche von 1309 und der Berghof Kjeåsen, 600 m oberhalb des Fjords gelegen, von dem aus man einen herrlichen Ausblick hat (Serpentinen- und Tunnelstraße vom Simadal nach Kjeåsen oder 1½-stündige, anstrengende Wanderung über den alten Steig). Am interessantesten ist aber ein Besuch des **Hardangervidda-Naturzentrums**. Es liegt in Øvre Eidfjord direkt am Rv.7 und vermittelt als Erlebniszentrum mit interaktiven Ausstellungen, Aquarien, Dioramen und Filmen Wissenswertes über Natur und Kultur auf der Hardangervidda, vor allem zu den Themen Geologie, Botanik, Zoologie, Ornithologie und Glaziologie. In einem modernen Bau sind Info-Center, Café und Souvenirshop untergebracht.

*(UQ/GA)*

INFO

**Destinasjon Eidfjord:** Ostangvegen 1, 5783 Eidfjord, Tel. 536734 00, http://de.hardangerfjord.com/eidfjord, ganzjährig geöffnet, in der Hauptsaison Mo-Fr 10-20, Sa 10-18, So 11-18, Okt.-April Mo-Fr 9-16 Uhr.

**Hardangervidda Natursenter Eidfjord:** Tel. 53674000, http://hardangerviddanatursenter.no, 15. Juni-20. Aug. tgl. 9-19, April-Mai und Sept.-Okt. tgl. 10-18 Uhr, NOK 130.

**Sima-Kraftwerk:** Simadalen, 5783 Eidfjord, Tel. 53673400, turistinfo@visiteidfjord.no, 15. Juni-15. Aug. tgl. 10, 12 und 14 Uhr Führungen auch in deutscher Sprache. Für Gruppen ganzjährig Führungen nach Voranmeldung möglich.

# 8 Krimis made in Norway

Wer denkt, das Leben in Norwegen sei sicherer als in den meisten anderen Ländern, kommt angesichts der Flut von Kriminalromanen aus dem hohen Norden sicher ein wenig ins Grübeln. Da werden mal subtil und perfide, mal brutal und sinnlos jede Menge Norweger erschossen, erdolcht, ertränkt und vergiftet, da wird gedealt, betrogen, unterschlagen und intrigiert. Und sollte die Zahl der Toten auch nur annähernd an die tatsächlichen Gegebenheiten heranreichen, so herrschte im Königreich akute Lebensgefahr. Offensichtlich verstehen sich die Norweger gut auf solche Dinge, denn ihre Krimis werden auch in Deutschland verschlungen. Der Boom skandinavischer Kriminalliteratur hängt sicher damit zusammen, dass deutsche Verlage gerne Stoffe aus dem Norden aufnehmen, seitdem der Schwede Henning Mankell mit seinem Kommissar Wallander für Furore sorgte.

*Die Idylle kann trügen: Norwegische Landschaften bieten eine hervorragende Kulisse für Krimis*

Schon Knut Hamsuns „Pan" (1894) war eigentlich ein Kriminalroman, und der norwegische Schriftsteller und Journalist **Jon Michelet** veröffentlichte bereits 1975 seinen ersten Krimi. Er verstand es, politisch brisante Stoffe in einen äußerst spannenden kriminalistischen Rahmen zu setzen. Dabei verleugnet Michelet seine linken Positionen nicht, schließlich war er 1997–2002 Chefredakteur der Tageszeitung „Klassekampen" und ist Mitglied der kommunistischen Partei Rødt. Einige von Michelets Büchern wurden fürs Fernsehen verfilmt, sein „Gürtel des Orion" war sogar ein internationaler Kinoerfolg.

Ein absoluter Weltstar des Krimi-Genres ist der Ökonom, Journalist und Rockmusiker **Jo Nesbø**. Er schuf mit dem Polizisten Harry Hole die gebrochene Figur eines Draufgängers, der sich mit seinen Alkohol- und Beziehungsproblemen selbst im Weg steht. Auch andere seiner Thriller, wie „Headhunter", wurden zu Bestsellern und lieferten die Vorlagen für erfolgreiche Verfilmungen.

Die Schriftstellerin **Anne Holt** hat ebenfalls etliche internationale Bestseller geschrieben und wurde mit zahlreichen Preisen bedacht. Ihre Krimis kreisen in zwei unabhängigen Romanzyklen einmal um den sympathischen, aber vom Schicksal schwer gebeutelten Hauptkommissar Yngvar Stubø, zum anderen um die Kommissarin Hanne Wilhelmsen. Zuletzt ist Holt mit Romanen auf den Bestsellerlisten aufgetaucht, die sie mit ihrem Bruder Even Holt geschrieben hat, einem international anerkannten Herzspezialisten. Dementsprechend haben die Krimis mit der Chefärztin Sara Zuckerman eine ungewöhnliche Heldin. Dass Holts Kriminalromane den Leser oft erschrecken, liegt nicht nur daran, dass sie gut geschrieben sind, sondern auch an der Tatsache, dass man geneigt ist, selbst die furchtbarsten Missstände für möglich zu halten. Denn die Autorin kommt sozusagen vom Fach: Nach ihrem Jurastudium arbeitete sie als Journalistin, Polizistin und Anwältin und war 1996/1997 sogar norwegische Justizministerin.

Die zweite große Lady des Kriminalromans ist **Karin Fossum**, deren Geschichten um den Kommissar Sejer nicht nur spannend, sondern auch psychologisch fein austariert sind und lange nachwirken. Wie Anne Holts Romane sind viele von Fossums Büchern verfilmt worden und waren auch im deutschen Fernsehen zu sehen.

Nicht aus Oslo, sondern aus Bergen stammt **Gunnar Staalesen**, der mit seinem Privatdetektiv Varg Veum einen eigenbrötlerischen Helden schuf, der in zahlreichen seiner Krimis ermittelt. Die Kriminalfernsehreihe „Varg Veum", im deutschen Fernsehen „Der Wolf", basiert auf seinen Romanen.

**Unni Lindell**, eine bekannte Kinder- und Jugendbuchautorin aus Oslo, ist auch im Genre des Kriminalromans zu Hause. Ihre beliebten Bücher um Kommissar Cato Isaksen wurden ebenfalls verfilmt.

Ein gutes Dutzend weiterer norwegischer Schriftsteller konnte in den vergangenen Jahren auch auf dem deutschen Markt immer wieder für Überraschungserfolge sorgen oder hat sich mit einer treuen Fan-Gemeinde etabliert. **Samuel Bjørk** mit seiner Reihe um Kommissar Munch gehört ebenso dazu wie **Kjetil Try** mit seinem Kommissar Rolf Gordon Lykke. Inzwischen gibt es kaum einen Flecken auf der norwegischen Landkarte, der nicht kriminalistischer Schauplatz war – von der Hauptstadt Oslo, den Großstädten Bergen und Trondheim bis hin zum Fjordland, den Lofoten oder Tromsø hoch im Norden. Sogar Spitzbergen diente schon als arktischer Rahmen für Mord- und Totschlag-Geschichten (Anne B. Ragde, Monica Kristensen).

*(UQ)*

**INFO**

Das Portal Krimi Couch (www.krimicouch.de) informiert Leser über die neuesten Krimis, man kann sich über die Seite zu den Spannungsgraden der Bücher äußern sowie Kommentare abgeben.

# 9 Telemark – die Wiege des Skisports

Die Provinz **Telemark** gehört zu Südnorwegen, immerhin zählt auch der schmale Küstenstreifen am Skagerrak bei Kragerø dazu. Aber die Telemark vereint ganz unterschiedliche und nicht unbedingt „süd"-norwegische Landschaften: Die waldreichen Mittelgebirge und Täler erinnern an Ostnorwegen und im Norden liegt mit der **Hardangervidda** ein typisches Hochgebirgsplateau. Für den Tourismus spielt die schneesichere Telemark mit vielen Loipen, Liften und Pisten eine überragende Rolle: Hier liegt die „Wiege des Wintersports" und der „Telemark-Stil" ist in der ganzen Welt bekannt.

Wo im Winter Langlauf ausgeübt wird, hat man im Sommer allerbeste Wandermöglichkeiten, und die Besteigung des Gaustatoppen ist ein Erlebnis, das wohl keiner vergessen wird. Hinzu kommen Kanu- und Kajaktouren auf kristallklaren Seen, ausgeschilderte Fahrradwanderwege, Golfplätze und viele andere Möglichkeiten für einen **Aktiv-Urlaub**.

Auch Kultur hat die Provinz zu bieten: Allein drei Stabkirchen befinden sich in der Telemark. Die **Heddal-Stabkirche** (12./13. Jh.) ist die größte aller Stabkirchen und sicher auch eine der schönsten. Der dreigeschossige Aufbau der Dachkonstruktion, getragen von zwölf großen und sechs kleinen Ständern, die Komplettverkleidung mit Holzschindeln, der umlaufende Svalgang, schöne Schnitzereien an den Portalen und im Inneren, der spitze Dachreiter und der alleinstehende Glockenturm – das ist die für Norwegens Mittelalter typische Architektur in Idealform! In mehreren Freilichtmuseen der Telemark wird her-

*Langlauf oder Skiwandern in herrlicher Schneelandschaft*

*Mittelalterarchitektur par excellence: die Heddal-Stabkirche*

vorragend die reiche bäuerliche Kultur gezeigt. Und selbst Industriestädte wie Porsgrunn, Skien und Rjukan vermitteln mit ihren Museen spannende Einsichten in die norwegische Kultur. Ausländische Touristen nutzen die Telemark meist leider nur als Durchgangsstation zu den Fjorden Westnorwegens.

Besucher finden eine ausgezeichnete Infrastruktur: In fast jedem Ort gibt es Touristenbüros, und als bei den Norwegern beliebte Ferienregion bietet die Telemark eine große Bandbreite an Unterkünften, darunter zahlreiche Ferienwohnungen, Hütten und Campingplätze.

*(UQ/GA)*

INFO

**VisitGrenland:** Skien Tourist Office, Henrik Ibsensgate 2 (Skien Municipality, Servicesenter), Tel. 35905520, www.visitgrenland.no, Mo–Fr 9–16 Uhr. Unter der gleichen Adresse firmiert das zentrale **Telemark-Reisebüro** mit Buchungsmöglichkeit für Unterkünfte und Aktivitäten, u. a. Reservierungen auf den Schiffen im Telemark-Kanal: www.visittelemark.com

Für Fahrradfahrer gibt es dort auch das komplette **Radwegenetz** Telemarks in einem 4-teiligen Kartensatz. Für Wanderer ist der **Panorama-Wanderweg** zwischen Lårdal und Dalen ideal. Golfern sei der **18-Loch-Golfpark bei Ulefoss** empfohlen, 20 Minuten von Bø entfernt (www.golfparken.no). Über die Touristeninformationen sind Adressen von Spezialreiseveranstaltern für Fahrrad- und Mountainbiketouren, Kanu- oder Jeepsafaris sowie außergewöhnliche Winteraktivitäten erhältlich.

**Heddal-Stabkirche:**
Heddalsvegen 412, 3676 Notodden, www.heddalstavkirke.no, Ende Mai–Mitte Sept. 10–17 Uhr, NOK 80 inkl. Tour und Museumsdorf.

# 10 Lillehammer – Olympisches Museum und Freilichtmuseum Maihaugen

Oberhalb von Lillehammer liegen die wichtigsten Anlagen der Olympischen Winterspiele von 1994. Die Håkons-Halle wurde für die Eishockey-Spiele gebaut und dient heute u. a. für Konzerte, Messen und Kongresse. Die Halle liegt ebenso wie die benachbarte Kristins Hall im Olympiapark, der im Süden vom Olympischen Dorf und zum Osten hin von der Skisprunganlage Lysgårdsbakkene begrenzt wird. Vom recht kleinen und frei zugänglichen Stadion rings um den Auslauf hat man einen schönen Blick auf die **Großschanze** (120 m) und die **Normalschanze** (90 m). Links der Schanzen führt eine 954-Stufen-Treppe bis hinauf zum Turm, wer sich die Mühe des Aufstiegs ersparen möchte, kann auch den Sessellift benutzen (tgl. 11–16 Uhr).

Skispringer sind auch zu beobachten, nicht nur im Winter: In der Sommersaison werden von Absolventen der benachbarten Sporthochschule zwischen 10 und 20 Uhr regelmäßig Sprünge auf der Kunststoffbahn durchgeführt. Oberhalb der Schanzen und vom Auslauf nicht einsehbar, liegt das Birkebeiner-Stadion, das für den Skilanglauf errichtet wurde. Die Loipen können im Sommer als **herrliche Wanderwege oder Mountainbike-Routen** mit vielfältigen Ausblicken auf Stadt und See genutzt werden.

Die Geschichte der Winterspiele von 1994, aber auch zahlreiche andere Sommer- und Winterspiele sowie deren Vorläufer in der Antike, werden im kleinen, aber feinen **Norwegischen Olympischen Museum** dokumentiert. Dieses ist seit Anfang 2016 auf dem Gelände des **Maihaugen Museums** untergebracht, einer der Hauptattraktionen von Lillehammer: Das Maihaugen Museum ist das größte Freilichtmuseum des Landes. Es würde 1904 gegründet und

*In der ehemaligen Eishockeyhalle untergebracht: das Norwegische Olympische Museum*

*Die Stabkirche Garmo, die ursprünglich in Garmo in Oppland stand, wurde im Freilichtmuseum Maihaugen originalgetreu wiederaufgebaut*

lässt die regionale Kultur des Gudbrandsdales der letzten 300 Jahren lebendig werden. Der Bestand umfasst heute 200 alte Gebäude und mehr als 40.000 Ausstellungstücke, wunderbar angeordnet in einem 40 ha großen, hügeligen und von Seerosenteichen durchsetzten Gelände. Alle Wohn- und Architekturformen des Gudbrandsdales sind hier repräsentiert – von der herrlichen Stabkirche Garmo (um 1200) über Großbauernhöfe, Almsiedlungen und Fischerhütten, einer Dorfkirche und einer Kapelle, der Dorfschule von 1860 bis hin zu städtischen Geschäften, Werkstätten und Bürgerwohnungen der Lillehammer Storgata sowie Fertighäusern und experimentellen Wohnformen der 1990er-Jahre. Im Sommer kann man lokalen Handwerkern über die Schulter schauen, an Folkloredarbietungen teilnehmen oder die wichtigsten Gebäude bei einer Führung kennenlernen. *(UQ/GA)*

**INFO**

**Norges Olympiske Museum:** Maihaugvegen 1, 2609 Lillehammer, Tel. 61288900, http://ol.museum.no/, Juni–Aug. tgl. 10–17, sonst Di–So 11–16 Uhr, NOK 130.

**Maihaugen Museum:** Maihaugvegen 1, 2609 Lillehammer, Tel. 61288900, http://maihaugen.no/, Juni–Aug. tgl. 10–17, sonst Di–So 11–16 Uhr, NOK 170 (Nebensaison NOK 130).

**Lillehammer Turistinformasjon:** Jernbanetorget 2, Tel. 61289800, www.lillehammer.com, Juli Mo–Sa 9–20, So 11–18, ab Mitte Juni und bis Mitte Aug. Mo–Sa 9–18, So 12–17, sonst Mo–Fr 9–16, Sa 10–14 Uhr.

## 11 Das mittelalterliche Bergen und Spuren der Hanse

Es ist rund 600 Jahre her, dass Bergen (von *bjørg vin* = Bergweide) bedeutender als Kopenhagen oder Stockholm war und als prächtige „Hauptstadt des Nordens“ galt. Noch immer sehen viele Bergenser ihren Wohnort als **„heimliche Hauptstadt Norwegens“**, auch wenn die Stadt mit rund 275.000 Einwohnern deutlich hinter Oslo rangiert. Die bereits in der Wikingerzeit bestehende Siedlung an einer langgezogenen Bucht, die im 11. Jh. von Olav Kyrre als mittelalterliche Stadtanlage gegründet wurde, profitierte von ihrem Naturhafen, schützenden Inseln und der Nähe zum Meer, sodass Bergen bald an Bedeutung als überregionaler Marktplatz gewann.

Die verkehrsgünstige Lage führte schon im 12. Jh. deutsche Kaufleute hierher, die Stock- und Klippfisch als Fastenspeise des christlichen Europa einkauften. Damals war der Hafenort nicht nur der wichtigste Umschlagplatz des Landes, sondern auch dessen Hauptstadt, nachdem König Håkon Håkonsson diese Funktion 1217 von Trondheim nach Bergen übertrug. Die Menschen in Norwegen verlangten vor allem nach Brotgetreide und Salz. Als Mitte des 13. Jh. eine Hungersnot drohte, stattete der norwegische König die **Lübecker Kaufleute** mit großzügigen Privilegien aus. Da für den Großteil der norwegischen Bevölkerung der deutsche Roggen wesentlich erschwinglicher war als englischer Weizen, verlor die Getreidezufuhr aus England zunehmend an Bedeutung. Bald darauf durften deutsche Kaufleute in Bergen auch Eigentum erwerben. So entstand die sogenannte „Deutsche Brücke“, weil die Häuser zum Be- und Entladen der Schiffe unmittelbar am Hafenbecken lagen.

Es entwickelte sich eine Stadt in der Stadt, nachdem die Hansekaufleute sich zu einer Gemeinschaft mit der Bezeichnung „Das Deutsche Kontor“ zusammengeschlossen hatten. Unter der Oberhoheit des Lübecker Rates wurde die Faktorei verwaltet und Recht gesprochen. Im 15. Jh. hatten die Deutschen den Außenhandel Bergens bzw. Norwegens fest im Griff und der Anteil der Deutschen erreichte rund ein Drittel bei einer Gesamteinwohnerzahl von ca. 6.000 Menschen.

*Alte Speicher- und Kontorhäuser in Bergens Kaufmannsviertel Bryggen*

*Blick auf Bergen, die heimliche Hauptstadt Norwegens*

Die „Deutsche Brücke" in Bergen war der einzige Stapelplatz für ganz Norwegen, in den nördlich gelegenen Orten durfte laut königlichem Erlass kein direkter Im- und Exporthandel getrieben werden. So mussten alle Fischer in die Hafenstadt kommen, um ihren Fang im Ausland abzusetzen und gegen überseeische Waren zu tauschen. 1702 fielen große Teile der „Deutschen Brücke" einem Brand zum Opfer. Als die Marienkirche 1766 in den Besitz des Königs überging, war die Zeit der Hanse in Bergen endgültig vorbei. Mitte der 1950er-Jahre fielen große Teile des Viertels einem Brand zum Opfer, die ab Mitte der 1960er-Jahre originalgetreu wieder aufgebaut wurden. Heute zählen die alten Kontore zum Weltkulturerbe der UNESCO.

*(UQ/GA)*

INFO

**Bergen Turistinformasjon:** Strandkaien 3, Torghallen (2. Etage), 5012 Bergen, Tel. 55552000, www.visitBergen.com, Juni–Aug. tgl. 8.30–22, Mai/Sept. tgl. 9–20, sonst Mo–Sa 9–16 Uhr. Nützliche Informationen enthält auch der kostenlose Bergen Guide (auch dt.), der jährlich erscheint und u. a. an der Touristeninformation ausliegt.

Die **Bergen Card** ermöglicht den preiswerten Besuch der Sehenswürdigkeiten und die Nutzung von Bussen und Standseilbahn Fløibanen. www.visitBergen.com/BergenCard. Preise für 24 Std. (Erw. 240/Kinder 90 NOK) und 48 Std. (Erw. 310/Kinder 120 NOK).

**Restaurants:** Vor allem Liebhaber von fangfrischem Fisch kommen in Bergen auf ihre Kosten, entsprechende Gaststätten findet man am und um den Fischmarkt. Auch im Viertel zwischen Øvregaten und Bryggen gibt es viele Gaststätten mit norwegischer Küche, aber auch Steakhäuser und Sushi-Restaurants.

# 12 Die Flåmsbahn – eine spektakuläre Schienenstrecke

Der Sognefjord steht auf dem Programm aller Kreuzfahrtschiffe, die die norwegische Nordseeküste hinauf- und hinunterfahren. Er ist 204 km lang und damit **der längste Fjord der Welt**. Dazu ist er 1.308 m tief, auch das ist ein Rekord. Aber deshalb allein würden die Kreuzfahrer nicht regelmäßig gerade diesen Fjord anlaufen. Hier im Sognefjord und im Aurlandsfjord, der seitlich von ihm abzweigt, steigen die Felswände fast senkrecht aus dem Wasser auf. Es sind die Flanken von Bergen, die 1.300 bis 1.700 m hoch sind. So etwas wollen die Teilnehmer von Norwegen-Kreuzfahrten sehen. Das war schon vor über 200 Jahren so, als betuchte Engländer eine Schiffsreise hierher buchten. Bald folgten auch die Deutschen, um diese wilde Landschaft zu sehen, wie es sie so nirgendwo anders in Europa gibt. Dann entdeckten Alpinisten das felsige Hochplateau über West-Norwegen für sich. Alle anderen Touristen, vor allem die Kreuzfahrtgäste, mussten allerdings unten im Fjord bleiben, einen Weg in die obere Bergregion gab es für sie nicht. Aber nicht nur sie setzten sich für den Bau einer **Eisenbahnlinie vom Fjord ins Gebirge** ein, auch wurde eine zweite Zufahrt zur Bergenbahn (s. S. 18), die bereits seit 1909 über die Berge fuhr, von mehreren Seiten gefordert und gefördert. 1924 waren die Befürworter am Ziel – die Bahn wurde endlich gebaut.

Als Bahnstation unten am Fjord bot sich Flåm an. Hier verengt sich der 30 km lange Aurlandsfjord zum Tal des Flåmselva-Flusses. Dieser ist kein gemütliches

*Für jeden Bahnfan ein Highlight: die Flåmsbahn*

Gewässer, sondern ein reißender Gebirgsfluss, der durch eine tief in die Berge eingeschnittene Rinne fließt. Die Entfernung vom Meer hinauf zur Bahnstation Myrdal der Bergenbahn – 866 m über dem Meer – beträgt zwar nur 20 km, aber hier eine Bahn zu bauen, war ein besonders kühnes Vorhaben. Doch einen anderen Weg die Berge hinauf gab es nicht. Deshalb entschieden sich die Eisenbahner für eine Trasse entlang des Flusses – ein ungewöhnlich schwieriges Projekt, denn viel Platz für den Schienenweg gab es nicht. „Flåm" ist Norwegisch für „**kleiner Ort zwischen steilen Berghängen**". Und mit diesen Felsflanken mussten die Bahningenieure zurechtkommen. An der Bahn wurde 16 Jahre lang gebaut, dann konnten die ersten Züge fahren. Das lag zum Teil auch daran, dass das Projekt so etwas wie eine Arbeitsbeschaffungsmaßnahme war. Wie schon bei der Bergenbahn wurden die Tunnel von Hand in den Fels hinein getrieben. Nur für zwei der insgesamt **20 Tunnelbauten** stand schweres Gerät zur Verfügung.

Die Züge brauchen für die Fahrt hinauf nach Myrdal und auch auf der Gegenstrecke nach Flåm bis zu einer Stunde. Das ist nicht sonderlich schnell für diese kurze Distanz. Doch angesichts der gewaltigen Steigungen, die die Bahn bewältigen muss, ist das eine durchaus akzeptable Geschwindigkeit. Pro 18 Meter Fahrweg müssen die Züge einen Meter an Höhe gewinnen, dazu braucht man schon **extra starke Lokomotiven**. Die Bahnlinie kreuzt drei Mal den Flåmselva, auch um lawinengefährdeten Hängen auszuweichen. Auf Brückenbauten wurde verzichtet, das Wasser fließt über Felstunnel unterhalb der Eisenbahn ab. Es geht durch einen Haarnadeltunnel mit „Felsen-Fenstern", die einen schönen Ausblick ins Tal erlauben, außerdem auf die Gipfel in 1.400 m Höhe und vielleicht auch auf die Bergziegen, die meist bei Kårdal auf Almen weiden.

Vor allem aber fährt man mit dieser Bahn, um nacheinander die *fossene* (Wasserfälle) zu erleben: den Rjoandefossen und den Kjosfossen. Der Rjoandefossen stürzt 140 m tief ins Tal hinab. Am Kjosfossen hält die Flåmbana so lange, bis auch weniger fantasiegesegnete Menschen daran glauben, dass in den wilden Gewässern dieses mehrstufigen Wasserfalls Elfen tanzen. Unter kräftigen Überdachungen hindurch, die die Bahnlinie vor Lawinen schützen, und durch den 1.320 m langen Tunnel vor Nåli geht es danach rasch auf Myrdal zu. Davor aber fährt der Zug am Reinungvatnet vorbei, einem sehr schönen Bergsee.

Interessantes über die Flåmsbahn kann man im **Flåmsbana-Museum** erfahren, das 100 m neben der modernen Station im alten Bahnhof von Flåm untergebracht ist. *(aem)*

**INFO**

**Strecke:** 40 km Flåm-Myrdal-Flåm
**Information:** Die Flåmsbahn fährt zwischen Herbst und Frühjahr 4-mal tgl. in beide Richtungen, von April bis Anfang Oktober dann tgl. 10-mal.
**Info- und Ticketbüro am Bahnhof Flåm:** 5742 Flåm, Tel. 57632100, www.visitflam.com/de/flamsbana/ (deutsch), Mai-Sept. 8-20, Okt.-April 8.40-17 Uhr.
**Flåmsbahn Museum:** im alten Bahnhof von Flåm, Tel. 57632310, 1.5.-20.5. 9-19 Uhr, 21.5.-30.9. 9-20 Uhr, 1.10.-30.4. 9-17 Uhr, Eintritt frei.

# 13 Wanderungen zu den Gletscherzungen Nigardsbreen, Boyabreen und Supphellebreen

*Wanderung durch eine Gletscherspalte am Nigardsbreen*
Kurt Hamann – Visit Norway

Der besondere landschaftliche Reiz der westlichen Gegend des **Lustrafjords** liegt darin, dass bei Luster der Sognefjord, die Gebirgswelt Jotunheimen und die Gletscherzungen des Jostedalsbreen zusammentreffen.

Eine der eindrucksvollsten Gletscherzungen ist der **Nigardsbreen**, von Gaupne aus auf einer 17 km langen Stichstraße (Rv.604) durch das Jostedal zu erreichen: Die letzten 4 km der Straße sind mautpflichtig und führen durch ein ausgedehntes Moränenfeld. An ihrem Endpunkt kann man sich im Gletscherzentrum über die Naturgeschichte des riesigen Gletschers informieren, hier starten auch geführte Wanderungen und Familientouren auf das Eis und Boote über den 1,5 km langen Gletscherstausee. Und wer nicht selbst fahren möchte, kann ab Gaupne, Flåm, Lærdal, Sogndal oder Fjærland den Gletscherbus *(brebuss)* nehmen.

*Eindrucksvoll: Gletscherzunge Nigardsbreen*

Von Gaupne weiter in nördlicher Richtung hat man oft eine fantastische Sicht zum jenseitigen Fjordufer mit dem hohen Wasserfall **Feigumfossen**. Die Umgebung bietet sich zum Baden, Radfahren, Angeln, zu Kajaktouren und Bergwanderungen an, auch Helikopterflüge und Fjordsightseeing können gebucht werden. Der Feigumfossen, mit einem freien Fall von 218 m einer der höchsten Wasserfälle des Landes, ist ebenfalls ein beliebtes **Ziel für Wanderer**. Schon der Weg dorthin ist eine Attraktion. Autofahrer haben die Möglichkeit, über die Ostuferstraße von Skjolden nach Urnes (älteste Stabkirche Norwegens und UNESCO-Welterbe) zu fahren, dabei kommen sie ziemlich nah am Feigumsfossen vorbei; von den Aussichtpunkten an der Straße geht man nur etwa 30 Minuten bis zum Gischt sprühenden, mächtigen Wasserfall.

### Besuch im Norwegischen Gletschermuseum

In dem preisgekrönten Betonbau wird u. a. eine nachgebaute Gletscherspalte gezeigt sowie viele Experimente und Erkenntnisse der Glaziologen. In einem fantastischen Film, der auf mehreren Leinwänden läuft, wird der Zuschauer auf einen abenteuerlichen Hubschrauberrundflug über die Gletscher des Jostedalsbreen mitgenommen.

**Norsk Bremuseum:** Tel. 57693288, www.bre.museum.no, Juni–Aug. tgl. 9–19, April/Mai, Sept./Okt. tgl. 10–16 Uhr, Café, NOK 130.

Nordwestlich von Sogndal am Sognefjord ist die eisige Wunderwelt in natura zu erleben, vom Gletschermuseum aus kann man rund 7 km zu den Gletscherzungen **Bøyabreen** und **Supphellebreen** wandern. Dazu ist am besten der markierte Pfad durch das Supphelledalen hinauf zur Flatbre-Hütte geeignet, dem Eingangstor für Berg- und Gletscherwanderer. Man kann aber auch den Gletscherbus nehmen, der einen schnell fast bis zur Gletscherzunge bringt. Der unterste Teil des Supphellebreens, ein Teilgebiet des **Jostedalsbreen-Nationalparks**, liegt 60 Meter ü. d. M. und ist damit der am niedrigsten gelegene Gletscher Südnorwegens. Er speist sich aus dem Eis des über ihm gelegenen Flatbreen. Nicht nur die Gletscher sind naturgeschützt, sondern auch das Flussdelta **Bøyaøyri** am Ende des Fjærlandsfjords, vor allem wegen seiner Bedeutung für die Zugvögel im Herbst und Frühjahr. Über 100 verschiedene Vogelarten wurden hier registriert, und etwa 50 von ihnen brüten auch in diesem Gebiet.

*(UQ/GA)*

## INFO

**Gaupne Tourist Information:** Lustrabadet (am Schwimmbad), 6868 Gaupne, Tel. 94157488, www.sognefjord.no, Mai–21. Juni Mo, Di, Do 15.30–20.30, Mi, Fr 12.30–20.30, Sa/So 10–17 Uhr, Ende Juni–Mitte Aug. tgl. 10–17 Uhr.

**Jostedal Tourist information** (Jostedalen-Breheimsenteret): Tel. 57683250, www.jostedal.com, 26. Juni–20. Aug. tgl. 9–18, Mai–25. Juni, 21. Aug.–25. Sept. tgl. 10–17 Uhr. Infos zu Gletscherwanderungen auch unter www.deutsch.bre.museum.no/jostedalsbreen-gletscherwanderungen/

**Verkehrsverbindungen:** In der Saison verkehren 9 Mal tgl. **Personenfähren** zwischen Solvorn und Urnes. Mehrmals tgl. gibt es eine **Expressbusverbindung** von Skjolden nach Bergen und nach Oslo. In der Sommersaison werden auch Touristenbusse ins Fjell und zu den Gletschern eingesetzt.

# 14 Abstecher zum norwegischen Westkap – mit Blick auf den Atlantik

Für diejenigen, die gern die äußersten Punkte eines Landes besuchen, ist das Westkap Norwegens ein attraktives Ziel.

In Nordfjordeid zweigt der Rv.15 in westlicher Richtung ab und gibt einen bequem zu fahrenden Weg vor in die raue, sturmgepeitschte und **einzigartige Landschaft** des norwegischen Westens. Es ist der Weg, der dem Nordufer des Nordfjordes bis zu dessen Mündung in den Ozean folgt.

Die ersten, landschaftlich außerordentlich reizvollen 33 km führen nach **Bryggja**, wo der Rv.61 nach Norden abzweigt. Auf dem Rv.15 folgen noch gut 20 km, bis das Ende des Festlandes, nicht aber das Ende der Straße erreicht ist. Denn seit 1974 führt hier eine 1,3 km lange Brücke zur Insel Vågsøy hinüber, auf der etwa 6.500 Menschen leben und deren größte Siedlung Måløy heißt. Als zweitgrößte Fischereigemeinde Norwegens lebt sie in erster Linie von Fischfang, -zucht und -verarbeitung sowie der Werftindustrie. Einige Fischer nehmen in der Saison Touristen auf ihrem Kutter zum **Meeresangeln** mit. Wer hier Station macht (Hotel, Camping, Pensionen), kann Wanderungen zu den vier Leuchttürmen unternehmen, tauchen oder Ausflüge zu den vorgelagerten Inseln buchen. Herrlich ist auch der 1,5 km lange Badestrand **Refviksanden** mit seinem kreideweißen Muschelsand, etwa 10 km vom Hauptort entfernt und einer der schönsten Norwegens!

*Am Westkap kann der Blick weit schweifen*

*Der Atlantik an Norwegens Westkap*

Einige Kilometer vor der Brücke nach Vågsøy zweigt Richtung Norden die Landstraße Rv. 618 ab, die einen fast immer am Wasser entlang in rund 40 kurvigen Kilometern in die 3.000-Einwohner-Gemeinde Selje führt. Sie liegt auf der kompakten **Halbinsel Stadøya**, die sich geradezu in die weite Atlantik-Bucht Stadhavet hineinstemmt. Auch hier gibt es einen bescheidenen Fremdenverkehr mit Unterkünften, Touristenbüro und Ausflugsmöglichkeiten. Die größte kulturelle Sehenswürdigkeit sind die **Ruinen des Selja-Klosters** aus dem 12. Jh., ca. 15 Bootsminuten vom Hauptort entfernt. Und die größte natürliche Attraktion ist das Norwegische Westkap am Ende der Straße, traumhaft auf einer waagerechten, steil abfallenden Klippe 496 m ü. d. M. Bei guten Wetterverhältnissen hat man hier einen spektakulären Blick über das offene Meer mit grandiosen Sonnenuntergängen sowie hin zu den Gipfeln der **Sunnmørsalpen** und dem **Gletscher Ålfotbreen.**

Von Selje ist es nicht weit nach Åheim am Abzweig des Rv.61. Man kann diesen als wenig befahrene und aussichtsreiche **Streckenalternative nach Ålesund** nutzen, die mit 90 km zudem erheblich kürzer ist als der Weg zurück und über die Europastraße. Dabei erlebt man vier Fjorde und zwei Inseln, benutzt zwei Fähren und eine Brücke und ist dem Atlantik immer ziemlich nah. *(UQ/GA)*

**INFO**

**Informationen zur Region:** www.nordfjord.no, www.visitnorway.com
**Måløy Turistinformasjon:** Gate 1, 6700 Måløy, Tel. 57845077.
**Selje Turistinformasjon:** Sunnivahuset, 6740 Selje, Tel. 40446011.
Alle nur in der Sommersaison geöffnet.

Für diejenigen, die sich am westlichsten Punkt Norwegens ein **Häuschen mieten** wollen: www.urlaub-norwegen.com.
**Vestkapp Camping:** 6750 Stadlandet, Tel. 57859950, www.vestkappcamping.com. Auch Vermietung von Hütten und Wohnungen.

# 15 Ålesund, die Jugendstilstadt

Die Stadt Ålesund (45.000 Einw.) verdankt ihren Namen dem Sund zwischen den Inseln Nørvøy und Aspøy und erlebte vom 14. bis zum frühen 16. Jh. als bedeutender Handelsplatz bereits ihre Blütezeit. Nach einem verheerenden Brand 1904 musste Ålesund wiederaufgebaut werden. Innerhalb weniger Jahre entstand eine neue Stadt, die dem Stilideal der damaligen Zeit entsprach. Ålesund erhielt den Beinamen **Jugendstilstadt**. Kaiser Wilhelm II., der eine Vorliebe für Norwegen hegte und sich mit seiner Jacht „Hohenzollern" im Sommer häufig in norwegischen Gewässern aufhielt, unterstützte den Wiederaufbau Ålesunds tatkräftig. In den folgenden Jahren florierte der Handel, die Stadt stieg zum bedeutendsten norwegischen Fischereihafen auf. Heute ist sie einer der führenden fischverarbeitenden Standorte und ein modernes Dienstleistungszentrum, das ein weites Umland versorgt.

Die **Bilderbuchstadt** liegt auf den Inseln Hessa, Nørvøy und Aspøy und ist durch Brücken- und Tunnelbauten untereinander und mit dem Festland verbunden. Die ehemaligen Bootshäuser und Speicher werden heute als Büros, Hotels, Wohnungen und Geschäfte genutzt.

Beginnen sollte man einen **Rundgang** am Pier Skateflukaia an der Skansegata. Der Blick vom Skateflukaia auf die Jugendstilfassaden der Nachbarinsel ist traumhaft. Nur wenige Schritte entfernt liegt das alte Zollhaus. Wieder am Wasser entlang oder über die parallele Fußgängerzone **Kongensgate** mit vie-

*Schon Kaiser Wilhelm II. hat es in Ålesund gefallen*

An den Häuserfassaden sind überraschende Details zu entdecken

len hübschen Architekturdetails sollte man bis zur **Lihauggata** gehen und dort zum **Stadtpark**. Hier erinnert ein Gedenkstein an die Hilfeleistungen Kaiser Wilhelms II. Eine Statue ist dem Wikingerhäuptling Hrolfr Gangi gewidmet, der unter dem Namen „Rollo" das Herzogtum Normandie gründete und als Stammvater Wilhelms des Eroberers in die Geschichte einging. Hinter dem Park erhebt sich der **Stadtberg Aksla**, bei gutem Wetter und mit guter Kondition ein „Muss"! Man bezwingt ihn am besten vom Stadtpark aus über 418 Stufen. Auf dem Aussichtsberg liegt das **Restaurant „Fjellstua"** mit Aussichtsplattform (www.fjellstua.no), von der man einen fantastischen Blick auf die Stadtanlage, die zahlreichen Inseln und die Gipfel der Sunnmøre-Alpen hat.

Zurück in der Innenstadt lohnt ein Besuch des **Aalesunds Museums** nahe am St. Olavs Plass, das einen guten Überblick über die **Stadtgeschichte** gibt. Am Rathaus vorbei spaziert man zum engen Sund Brosundet, über den die einzige Autobrücke zur Nachbarinsel führt. Dort befindet sich das **Jugendstilzentrum** in der alten Schwanenapotheke, einem der schönsten Gebäude der Stadt. Ein Multimediaprogramm informiert über den internationalen Jugendstil und seine verschiedenen Varianten. Eine Ausstellung zeigt Arbeiten norwegischer und anderer europäischer Jugendstilkünstler.

Hinter dem Museum findet man einige der besterhaltenen Beispiele der Jugendstilarchitektur. Einen guten Eindruck bekommt, wer einen kleinen Spaziergang über die Straßen Apotekergate, Øvregate oder Kirkegate unternimmt.
*(UQ/GA)*

INFO

**Ålesund Turistinformasjon:** Skateflukaja, 6002 Ålesund, Tel. 70163430, www.visitalesund.com, Juni-Aug. tgl. 8.30-18, sonst Mo-Fr 9-16 Uhr. Dort sind u. a. Stadtpläne und eine Broschüre „Zu Fuß in Ålesund" erhältlich.
**Aalesunds Museum:** Rasmus Rønnebergsgate 16, www.aalesunds.museum.no, Mo-Fr 9-15 Uhr, Mai-Sept. auch Sa 12-16, Juni und Aug. auch So 12-16 Uhr, NOK 50.
**Jugendstil Senteret:** Apotekergata 16, Tel. 70104970, www.jugendstil senteret.no, Juni-Aug. tgl. 10-17, sonst Di-So 11-16 Uhr, NOK 80 inkl. KUBE Museum, Do freier Eintritt.

# 16 Molde – Internationales Jazzfestival

Alljährlich im Juli findet in Molde das **Internationale Jazzfestival** statt, das älteste Europas (1961 gegründet), das alljährlich bis zu 100.000 Fans aus dem In- und Ausland zu über hundert Konzerten auf verschiedenen Bühnen anlockt. Die ganze Stadt ist dabei im Festivalfieber.

Für eine Woche begeistern **internationale und skandinavische Künstler** das Auditorium. Die Stadt steht anlässlich des Festivals ganz im Zeichen des Jazz, die Straßen sind gesperrt, gespielt wird von früh morgens bis spät in die Nacht an 14 verschiedenen Orten. Das offizielle Programm einer Woche bietet 70 verschiedene Veranstaltungen. Das Begleitprogramm umfasst Musikrichtungen von World Music über Folk bis zu traditionellem Jazz. So fällt die Auswahl nicht weiter schwer, um rund um die Uhr auf den Beinen zu sein. Dank der Mitternachtssonne ist es überwiegend hell. Tradition ist die tägliche Parade der Musiker durch die Straßen. Jahrelang wurde diese von Jazzmusiker Lionel Batiste aus New Orleans angeführt.

Der **Küstenort Molde** (ca. 26.000 Einw.) selbst bietet einen schönen Rahmen in einer abwechslungsreichen Seen- und Fjordlandschaft und mit Blick auf die umliegenden Berge. Reist man mit der Fähre, per Flugzeug, mit dem Auto oder Bus an, ist man schnell mitten drin im Geschehen. Direkt an den Hafen schließt sich der Markt an, auf dem wochentags Obst, Früchte, Fisch, Käse und Blumen verkauft werden. Von hier aus schlendert man bei einem **Stadtspaziergang** über die Fußgängerzone. Vis-à-vis erhebt sich der moderne, mit Bronzeglas verspiegelte Bau des Rathauses, von dessen Terrasse sich ein hübscher Blick bie-

*Im Juli steht die Stadt ganz im Zeichen des Jazz – hier bei der traditionellen Parade*

tet. Hier wie auf dem Vorplatz sind etliche Arten von Rosen angepflanzt, die aufgrund des günstigen Lokalklimas besonders üppig wachsen, worauf auch die Bronzefigur des Rosenmädchens hinweist. Unmittelbar hinter dem Rathaus lohnt die **moderne Kathedrale** einen Besuch. Die 1957 eingeweihte zweischiffige Kirche ist bereits die dritte am gleichen Ort, die beiden ersten brannten nieder. Nur ein altes Holzkreuz und die Altartafel konnten aus den Flammen gerettet werden, sie zählen neben den modernen Glasmalereien zu den Sehenswürdigkeiten im Innern. Auffällig ist der 50 Meter hohe freistehende, weiße Glockenturm.

### Routentipp

Molde ist ein guter Ausgangspunkt, um zwei der berühmtesten Straßen Norwegens zu fahren: die sogenannte **Atlantikstraße** zwischen Vevang und Kårvåg, die auf ihren rund 8 km über acht Brücken führt und Norwegens „Bauwerk des Jahrhunderts“ genannt wird. Besonders die hoch geschwungene Storseisundet-Brücke ist ein beliebtes Fotomotiv.

Etwas weiter im Inland liegt der **Trollstigen**, eine 106 km lange Landschaftsroute, deren enge und steile Serpentinen vor allem zwischen Geiranger und Eidsdal Touristenscharen anziehen, die die grandiose Aussicht vom Ørnesvingen genießen.

*Jährlich kommen bis zu 100.000 Fans zu über hundert Konzerten*

Ein Besuch in Molde ist unvollständig ohne einen Besuch des 407 Meter hohen **Hausberges Varden**. Eine Wanderung hinauf dauert etwa eine Stunde, es führt aber auch ein schmaler, kurvenreicher, asphaltierter Fahrweg nach oben (ca. 10 Min., ausgeschildert). Dort erwartet den Wanderer das Restaurant „Vardestua“. Bei guter Sicht bietet sich vor allem das bekannte Moldepanorama: Weit schweift der Blick hinunter auf die Stadt, den Fjord mit seinen Schären und Inseln, das gegenüberliegende Åndalsnes und auf angeblich 222 Gipfel, von denen 87 schneebedeckt sind.

An klaren Tagen kann man bis zur Fischerinsel Ona oder zur berüchtigten Meeresstrecke Hustadvika blicken. Wer Zeit und Lust hat, kann von hier aus auf markierten Wegen die Seen, Wälder und Hügel im **Hinterland von Molde** kennenlernen. *(UQ/GA)*

INFO

**Infos zum Jazzfestival, zum Programm und Tickets:** www.moldejazz.no, Tickets als Einzelkonzerttickets, Tages- und Zwei-Tages-Pässe erhältlich.

**Vardestua – Sommerkafé**, Tel. 90859902, im Sommer tgl. 12–18 Uhr.

## 17 Ferien in urigen Rorbuer auf den Lofoten

Die **Rorbuer**, in denen einst die Fischer der Lofoten während der Fangsaison wohnten, dienen heute überwiegend Touristen als gediegene und **typische Lofoten-Unterkunft**. Sie können recht einfach, aber auch sehr komfortabel sein. Aus der Vielzahl der Rorbuer-Anlagen sind unten vier genannt, die wegen ihrer idyllischen Lage, ihrer authentischen Atmosphäre und ihres hohen Komforts besonders empfehlenswert sind.

Über fast 200 km Länge erstreckt sich die Inselgruppe der **Lofoten** in südwest-nordöstlicher Richtung oberhalb des Polarkreises. Nähert man sich dem Inselreich von Süden her, sieht man die ein bis zu 1.000 m aus dem Meer aufragendes Gebirge. Viele der durch schmale Sunde getrennten Inseln sind unbewohnt, manche spärlich besiedelt und doch leben insgesamt etwa 25.000 Menschen auf einer Fläche von rund 1.220 km².

*Die Lofoten sind ein Paradies für Naturliebhaber und Wanderer*

Das **Wetter** kann sehr wechselhaft sein. Bei Ostwind sind die Wetterlagen stabil, dann sind die Sommer warm und die Winter relativ kalt. Dank des Golfstroms sinkt die Temperatur selbst in den Wintermonaten nur selten unter null. Das **maritime Klima** beschert den Lofoten im Januar um mehr als 20 °C höhere Temperaturen als anderen Orten auf demselben Breitenkreis. Im Januar und Februar liegt die Durchschnittstemperatur bei -1 °C, im Juli und August erreichen die mittleren Temperaturen um die 12 °C; die höchste bisher gemessene Temperatur betrug 31 °C. Die Niederschläge sind mit rund 600 mm im Jahr verhältnismäßig gering. Gute Chancen also, die **Mitternachtssonne** erleben zu können, die hier vom 27. Mai bis zum 17. Juli auftritt.

Charakteristisch für den faszinierenden Naturraum sind neben dem sehr schroffen und zerklüfteten Gebirgsrelief die flachen Inseln und Säume der Strandflate am Fuß der Berge. Auf den Inseln prägen **klare Seen, weiße Sandstrände** und grüne Wiesen die Landschaft, ebenso wie die Fischerdörfer. Geologisch sind die Lofoten überaus interessant, da der Untergrund zum **Urgestein der Erde** gehört und über 600 Millionen Jahre alt ist. An manchen Stellen wurde sogar das älteste Gestein der Welt gefunden, produziert vor 2,7 Milliarden Jahren durch vulkanische Aktivitäten.

*Die Lofoten bieten Unterkunft in den typischen Rorbuer, etwa im schönen Fischerdorf Reine*

Das Fischerdorf **Reine** gilt als das „**schönste Dorf Norwegens**" und befindet sich auf der Insel Moskenesøy. Die herrliche, bizarre Landschaft hat schon immer viele Maler angezogen. Wer möchte, kann in Reine mit einem Berufsfischer für einen Tag hinausfahren oder eine Bootsfahrt auf dem Reinefjord unternehmen. Auch für Wanderungen und zum Bergsteigen ist die Gegend ideal. Ein beliebter Ausflug führt mit dem Linienschiff über den **Reinefjord** nach Vindstad.

*(UQ/GA)*

**INFO**

**Allgemeine Infos** zu den Lofoten unter www.lofoten-info.no, www.lofoten.info, zur Fähre unter www.reinefjorden.no. Die hier genannten **Anlagen** haben Rorbuer mit Küche, ein Restaurant, sind ganzjährig geöffnet und bieten verschiedene Aktivitäten wie Bootsverleih und Angeln:

**Henningsvær Rorbuer:** Banhammeren 53, 8312 Henningsvær, Tel. 76066000, www.henningsvar-rorbuer.no. Charmante Anlage und Vorreiter des Rorbuer-Tourismus mit 25 renovierten Rorbuer, Kiosk, Angelladen, Pub, Sauna, Booten.

**Nusfjord Rorbuer:** Nusfjord, 8380 Ramberg, Tel. 76093020, www.nusfjord.no. Wunderbare Dorfanlage mit 46 Rorbuer in vier Kategorien, tagsüber viel Trubel wegen der Touristengruppen.

**Statles Rorbusenter:** Mortsundveien 399, 8370 Leknes, Tel. 76055060, www.statles-rorbusenter.no. Anlage mitten auf den Lofoten, mit 70 Rorbuer; gutes Restaurant, bei Interesse Führung durch die Stockfisch-Lagerhäuser.

**Reine Rorbuer:** 8398 Reine, Tel. 76092222, http://reinerorbuer.no. Im Westen der Lofoten, 32 sehr komfortable Rorbuer in drei Kategorien.

# 18 Der Trollfjord auf den Vesterålen – die schönste Sackgasse der Welt

### Aus Wasserkraft wird Strom

Am Ende des Trollfjords am Rand einer Wiese sieht man ein kleineres Turbinenhaus, in dem Strom aus einem umgeleiteten Wasserfall erzeugt wird. Dieser hatte sich in den Fjord ergossen, bis man sich die Kraft des Falls zunutze machte und das Wasser umleitete. Seitdem bezieht die Stadt Svolvaer einen Teil ihrer Energie aus dem Trollfjord.

Landschaftlich ein besonders **eindrückliches Erlebnis** ist eine Schifffahrt zum berühmten Trollfjord, dessen Name sich aus der nordischen Mythologie ableitet. Von der Insel Austvågøya bzw. dem Ort **Svolvær** geht es in den 2 km langen und nur 100 m breiten Fjord. Dieser geht vom Raftsund ab und zählt eigentlich schon zu den Vesterålen. Mit fast senkrecht aufsteigenden Felswänden und den schneebedeckten, zerfurchten Bergspitzen Higravszinnen (1.161 m) und Trollzinnen (1.045 m) wird er gerne als „**schönste Sackgasse der Welt**" bezeichnet. Das Wasser ist tief genug, dass Hurtigruten- und kleinere Kreuzfahrtschiffe in den Trollfjord einfahren und an seinem Ende ein waghalsiges Wendemanöver vollführen können. **Ausflüge in den Trollfjord** werden in Svolvær von verschiedenen Gesellschaften angeboten, auch mit Schlauchbooten oder mit Kanus. Die Touren mit etwas größeren Sightseeingbooten dauern etwa drei Stunden.

*Landschaftlich reizvoll: ein Ausflug mit dem Schiff auf dem Trollfjord*

*Besondere Landschaftserlebnisse bietet eine Schiffstour in den Trollfjord*

Wer einen ganzen Tag zur Verfügung hat, könnte folgenden schönen Ausflug unternehmen: Mit dem Linienbus fährt man von Svolvær nach **Stokmarknes** und besucht dort das **Hurtigrutenmuseum**. Es dokumentiert multimedial und sehr interessant die Geschichte der Postschiffe und ihre Bedeutung für das Leben der Menschen an der Küste. Besichtigt werden kann auch das Postschiff „Finnmarken" aus den 1950er-Jahren, das lange vor sich hin rostete, nun aber renoviert wird und 2018 in neuem Glanz erstrahlen soll. Das Museum liegt ganz nah am Hurtigruten-Anleger. Ab dort nimmt man ein Schiff der Hurtigrute, was auf Teilstrecken ohne jede Vorbuchung möglich ist, und fährt die attraktive Strecke durch Raftsund und Trollfjord wieder nach Svolvær zurück (am besten vorher über die Abfahrtszeiten informieren).

Das legendäre Gewässer war 1880 Schauplatz der „**Schlacht im Trollfjord**"; damals kam es zu blutigen Auseinandersetzungen, als Fischer auf ihren modernen Dampfschiffen einem in den Fjord gewanderten Dorschschwarm mit Netzen den Ausweg versperrten und die in den traditionellen offenen Booten agierenden Fischer vom Fang ausschlossen. *(UQ/GA)*

INFO

**Infos zu Schifffahrten** unter www.hurtigruten.no.
In Svolvær kann man bei der **Touristeninformation** (Haakon Kyllingmarks gate 6) Fahrten mit einem ehemaligen Fischkutter buchen. Vom Schiff aus kann man auch angeln. Weitere Infos unter Tel. 76070575, www.lofoten.info.

**Hurtigrutemuseet:** Richard Withs Plass, 8450 Stokmarknes, Tel. 76118190, www.hurtigrutemuseet.no,
Mitte Mai–Mitte Juni tgl. 12–16,
Mitte Juni–Mitte Aug. tgl. 10–18,
Mitte Aug.–Mitte Sept. tgl. 12–16,
Mitte Sept.–Mitte Mai tgl. 14–16 Uhr,
NOK 90.

# 19 Das Nordkap – nicht nur der Mitternachtssonne wegen

Das Nordkap ist das ersehnte Ziel fast aller Reisenden, die sich im Norden Norwegens aufhalten. Was macht die Faszination des Nordkap-Plateaus auf 71°10'21' nördlicher Breite aus, das zum Eismeer hin 307 m tief steil abfällt? Die Mitternachtssonne kann man auch weiter im Süden sehen. Und gerade hier ziehen oft dichte Nebelschwaden vorbei oder der Himmel ist wolkenverhangen. Zudem ist das landschaftlich beeindruckende Plateau gar nicht die Nordspitze Kontinentaleuropas, denn es liegt auf einer Insel. Und zwischen dem Nordkap und dem Nordpol liegt noch Spitzbergen. Eigentlich ist **Kinnarodden** auf der Norskinn-Halbinsel weit östlich von Magerøya der nördlichste Festlandspunkt Europas.

Von Honningsvåg aus sind es 34 km, die auf Magerøya bis zu diesem berühmten Endpunkt zurückzulegen sind. Besonders bei gutem Wetter rollt eine Lawine von Fahrzeugen der Nordspitze entgegen. Die Straße E69 ist gut befahrbar und etwa ab Anfang Mai geöffnet. Doch ist Schneefall danach nicht ausgeschlossen. Reisende, deren Fahrzeuge keine Winterreifen haben, dürfen die Straße dann nicht benutzen und müssen den Bus zum Kap nehmen.

Wie reich die Landschaft und die Küste von Magerøy gegliedert sind, zeigt sich schon kurz hinter Honningsvåg. Man verlässt die Bucht, fährt über einen klei-

*Für viele Norwegenreisende das erklärte Ziel: das Nordkap*

nen Pass und gelangt kurz darauf zum **Skipsfjord**. An dessen nördlichem Ende zweigt rechts eine Straße zur Siedlung Kamøyvær ab. Die **Hauptroute** steigt in einigen Kehren stark an und führt zum Abzweig einer weiteren Nebenstraße, die quer durch das Fischerdorf Gjesvær im Nordwesten führt. Klippen und Schären schützen den schön gelegenen Ort zum rauen Eismeer hin.

Die fast 100 vorgelagerten Inseln des Naturreservats Gjesværstappan sind wegen ihrer **Vogelfelsen** mit Seeadlern, Trottellummen, Alken, Eiderenten, Skuas, Kormoranen und Papageientauchern bekannt – mit etwa drei Millionen Nistvögeln **eines der größten ornithologischen Paradiese des Landes**.

Hinter dem Abzweig steigt die Straße zum kargen Fjell hinauf zu einem Plateau. Bei klarer Sicht hat man hier einen wunderbaren Blick auf das Nordkap, den Felsen von Hornvika und das Eismeer.

*Stimmungsvoll: das Nordkap im Licht der Mitternachtssonne*

In der nächsten Senke geht rechts eine Nebenstraße zu einer tiefen Bucht mit dem Fischerdorf **Skarsvåg** ab. Der östlich des Nordkaps gelegene Ort gilt als das **„nördlichste Fischerdorf der Welt"**. Ein markierter Fußweg führt in gut 20 Minuten vom Campingplatz und dem Nordkapp Turisthotel (www.nordkappturisthotell.no) zu einer interessanten Felsformation: **Kirkeporten** (Kirchtor) genannt, eine Naturbrücke, durch die hindurch man auf der anderen Seite der Bucht Hornet (das Horn) sehen kann. Die schräg abstehende Felsnadel befindet sich knapp außerhalb der früheren Landebucht Hornvika etwa 1,5 km Küstenlinie östlich des Nordkaps. Die Ruhe und der fantastische Ausblick dieser alten samischen Stelle ist bei Mitternacht eine gute Alternative für all diejenigen, die dem Trubel auf dem Nordkap-Plateau aus dem Weg gehen möchten.

Von der Hauptroute sind es noch 13 km bis zum Nordkap.

*(UQ/GA)*

**INFO**

Die **Nordkap-Halle** ist ganzjährig geöffnet: Mitte Mai–Mitte Aug. 11–1, Mitte–Ende Aug. 11–22, Sept.–Mai 11–15 Uhr. Informationen: Tel. 78476860, www.nordkapp.no.

Eintritt für Parkplatz, zu den Anlagen sowie den Besuch einer Multimediashow. NOK 260 für 24 Std. (NOK 170 für 12 Stunden ohne Film). Mit Restaurant „Kompasset".

# 20 Bei den Rentieren – Schneehotel in Kirkenes

Neugier auf die neuen Gäste

Ganz hoch oben im Norden Norwegens lädt kurz vor der russischen Grenze ein **Eishotel** zur Übernachtung ein – ideal auch als stimmungsvoller Abschluss einer winterlichen Hurtigruten-Reise. Diese Herberge ist bei Kirkenes zu finden, etwa zehn Autominuten entfernt im **Rentierpark Gabba**. Mitte Dezember öffnet das Hotel seine eisigen Pforten und schließt Mitte April, bevor die Sonne es schmelzen lässt.

Das Hotel besteht aus Rezeption, Bar und 20 Zimmern. Einschließlich der Innenausstattung ist es vollständig aus Eisquadern gefertigt und mit illuminierten und ästhetisch ansprechenden Eisskulpturen dekoriert. Man nächtigt bei Minusgraden auf Fellen und komfortablen Matrazen, muss aber nicht frieren, denn im hohen Übernachtungspreis sind **arktistaugliche Schlafsäcke** und originale Lappland-Atmosphäre inbegriffen. Toiletten und Duschen befinden sich im beheizten Haupthaus. Die individuellen Zimmer werden jedes Jahr von Künstlern je-

Von innen und außen verströmt das Schneehotel eine bezaubernde Atmosphäre

*Die Betten der individuell gestalteten Zimmer haben bequeme Matrazen, eingerahmt von Eisblöcken*

weils nach einem anderen Thema aus dem Bereich arktische Kultur und Natur neu gestaltet. Das Eis stammt übrigens aus einem zugefrorenen See in der Nähe des Hotels. Auch wer hier nicht wohnt, kann sich das Schneehotel von innen gegen Eintritt anschauen. Beliebter Treffpunkt ist natürlich die Ice-Bar.

In unmittelbarer Nachbarschaft zum Hotel, in einem im lappländischen Stil erbauten Holzhaus in Form eines Sami-Zeltes, kann man im gemütlichen **Restaurant Gabba** essen. An einer offenen Feuerstelle in der Mitte des Restaurants werden die Mahlzeiten zubereitet – weitgehend „arktische Gerichte" wie Rentier, Lachs und Kabeljau. An der Bar werden wärmende Drinks angeboten, die bestens auf die Nacht auf den Eisblocks einstimmen. Wem das doch zu kalt erscheint: in komfortabel ausgestatteten Holzhütten mit Fußbodenheizung und Bad kann man durch das Panoramafenster aus gemütlicher Wärme die Aussicht genießen und auf ein Nordlicht hoffen.

Etwas außerhalb von Kirkenes, unmittelbar an der Grenze zu Russland, liegt direkt rechts der Straße das **Restaurant Gapahuken** in einem modernen Gebäude aus Holz und mit großem Panoramafenster direkt am Wasser. Serviert wird eine gute lokale Küche – vor allem Rentier, Lachs und Heilbutt – die man bei schönem Wetter auf der Terrasse genießen kann. *(UQ/GA)*

INFO

**Kirkenes Snowhotel:** Sandnesdalen 14, 9915 Bjørnevatin Kirkenes, www.kirkenessnowhotel.com, Tel. 78970540; DZ/pro Pers. ab 2.675 NOK (inkl. Transport, 3-Gänge-Menü), buchbar mit Programm auch über Pasvikturist, www.pasvikturist.no, oder www.hurtigruten.de, Tel. 040-87408729.

**Restaurant Gapahuken:** Sollia, Storskog, 9900 Kirkenes, Tel. 78990820, http://storskog.no/no/Restaurant.

# Schweden

Schweden verfügt – wie seine skandinavischen Nachbarn – über abwechslungsreiche Natur: ein fruchtbarer Süden und Gebirgsregionen im Norden. Das weite Land mit seiner Lichtflut im Sommer ist Balsam für die Seele. Es gibt Wälder, natürliche Wiesen, unzählige Seen, sanfte Ebenen, reizvolle Mittelgebirgslandschaften, tosende Flüsse und hohe Gebirge, dazu faszinierende Schärenlandschaften an der Ost- und Westküste.

Flächenmäßig ist Schweden das viertgrößte Land Europas. Mehr als die Hälfte des Bodens ist von Wald bedeckt, 16 % entfallen auf Gebirgszüge. Das Land ist verhältnismäßig flach, seine Oberflächengestalt geht im Wesentlichen auf die letzte Eiszeit zurück. Der große Eisklotz hat alle alten Ablagerungen auf dem Urgestein abgetragen und weitgehend rundgeschliffene Felsbuckel zurückgelassen.

Das Land erstreckt sich über 1.700 Kilometer Luftlinie von Süden nach Norden und ist hauptsächlich im Süden und der Mitte bewohnt. Im Norden ist die Besiedlung dünn. Wer also das Ursprüngliche und Unverfälschte sucht, ist im Norden richtig. Für Outdoor-Interessierte gibt es sommers wie winters reichlich Auswahl.

## STECKBRIEF

**Name:** Konungariket Sverige (Königreich Schweden)
**Flagge:** gelbes Kreuz auf blauem Grund
**Fläche:** 450.295 km²
**Klima:** In weiten Teilen des Landes aufgrund des Golfstroms feucht mit reichlich Niederschlag bei gemäßigten Temperaturen im Sommer und Winter. In der Landesmitte kontinentales Klima, geringe Niederschläge, größere Temperaturunterschiede in Sommer und Winter. Oberhalb des Polarkreises bzw. im nördlichen Hochgebirge polare Temperaturen.
**Nationalfeiertag:** 6. Juni
**Bevölkerung:** 9,8 Mio.
**Sprache:** Schwedisch, Finnisch, Meänkieli, Samisch
**Hauptstadt:** Stockholm
**Staatsform:** Parlamentarische Monarchie; König Carl XVI. Gustaf
**Ministerpräsident:** Stefan Löfven (Sozialdemokratische Arbeiterpartei)
**Wirtschaft:** Exportorientiertes, industriell hochentwickeltes Land: Bodenschätze, Holz- und Papierindustrie, Maschinen- und Fahrzeugbau, Elektroindustrie, Energiewirtschaft. Die wichtigen Handelspartner sind die USA, Großbritannien, Deutschland.
**Währung:** 1 Schwedische Krone = 100 Öre, 1 Euro = 9,6 SEK
**Telefonvorwahl:** +46
**Internet-TLD:** se

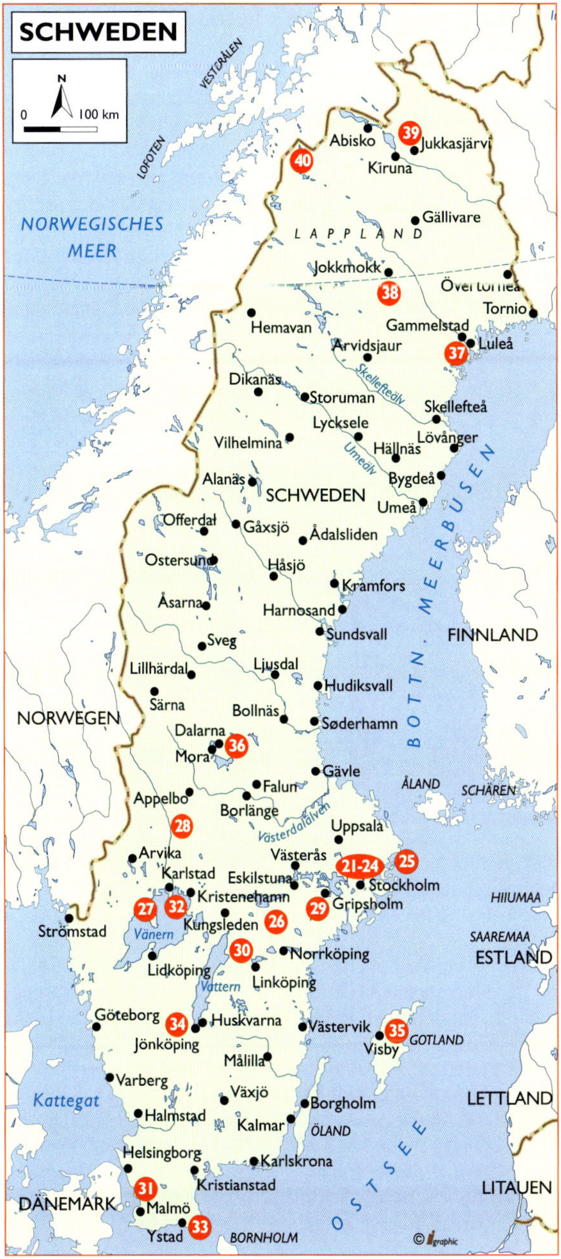


21 Auf den Spuren von Alfred Nobel

22 Stockholm mit Gamla Stan, Königlichem Schloss und Storkyrkan

23 Svea, Wikinger und jede Menge Gold: das Historische Museum

24 Märchenwelten in Junibacken

25 Schärengarten und Schärenboote

26 Mit dem Schiff von Göteborg nach Stockholm

27 Ein Land für Angler

28 Mittsommer – das Volksfest des Jahres

29 Schloss Gripsholm

30 Krebsessen – feierlich zelebriert

31 Modernes Schweden in Malmö

32 Durch Schwedens Mitte: Von Kristinehamn nach Gällivare und weiter auf der Erzstrecke

33 Ystad mit Kommissar Wallander

34 Das Streichholzmuseum in Jönköping

35 Das mittelalterliche Visby auf Gotland

36 Der Wasa-Lauf in Dalarna

37 Luleå und Gammelstad – am nördlichen Ende der Ostsee

38 Der Wintermarkt der Samen in Jokkmokk

39 Eishotel Jukkasjärvi

40 Für Spezialisten: der Fernwanderweg Kungsleden

## 21 Auf den Spuren von Alfred Nobel

Alfred Nobel zählt wohl zu den Stockholmer Persönlichkeiten mit dem weltweit größten Bekanntheitsgrad. Schon in seiner Jugend interessierte sich Nobel für Chemie und Physik. In Paris lernte er Ascanio Sobrero kennen, den Erfinder des Nitroglyzerins. Fortan widmete Nobel sich der Aufgabe, die enorme Sprengkraft des Stoffes zu zügeln und nutzbar zu machen. Er erfand die Initialzündung, eines seiner mehr als 350 Patente, und schließlich, durch die Beimengung von Kieselgur, das Dynamit. Damit beschleunigte er die industrielle Entwicklung der Welt erheblich, z. B. durch den schnelleren Abbau von Bodenschätzen oder den Bau von Eisenbahntrassen und Kanälen quer durch die Kontinente. Mit seinem Produkt wurde Nobel ein erfolgreicher Unternehmer, der Fabriken in vielen Ländern gründete.

*Einer der berühmtesten Stockholmer aller Zeiten: Alfred Nobel*

Die ausführlichsten Informationen über Nobel und den von ihm gestifteten Preis erhält man im **Nobel-Museum**, das in der Stockholmer Börse untergebracht ist. Es war von Anfang an lediglich als Vorstufe eines größeren Museums gedacht. Dieses wird nun im **Nobel Center** eingerichtet, das zurzeit auf Blasieholmen hinter dem Nationalmuseum gebaut wird. Das elegante Gebäude, ein Entwurf des britisch-deutschen Architektenduos David Chipperfield und Christoph Felger, soll 2018 eingeweiht werden.

Auch an anderen Orten erinnern Plaketten an Nobel. Auf Södermalm steht nahe der Västerbron das Herrenhaus **Heleneborg**. Hier führte Nobel Sprengstoffexperimente durch, bei denen es 1864 zu einer Explosion kam, die sechs Menschen das Leben kostete, auch sein Bruder zählte zu den Todesopfern.

Nur 2 km westlich von Heleneborg ist in **Vinterviken** Nobels alte Fabrik zu sehen, in die er ab 1891 seine Aktivitäten verlagerte. Das ca. 2.000 m² große Backsteingebäude beherbergt heute das Café und Event-Restaurant Winterviken von Star-Koch Markus Aujalay. Nobels Grab ist in Form eines Obelisken auf dem **Nordfriedhof** (Norra Begravningsplatsen) zu sehen, einer sehr schönen Anlage, auf der u. a. auch August Strindberg beigesetzt ist.

*(UQ)*

## Der Nobelpreis

Der 1901 zum ersten Mal verliehene Nobelpreis gilt weltweit als die **höchste zivile Auszeichnung**. Der kinderlose Nobel hatte testamentarisch verfügt, dass sein immenses Vermögen in eine Stiftung fließen und von den Zinsen jährlich ein Preis an diejenigen verliehen werden sollte, „die im vergangenen Jahr der Menschheit den größten Nutzen erbracht haben“. Nobel bestimmte auch, in welchen Disziplinen und von welchen Institutionen die Preise zu vergeben seien: Die Königliche Schwedische Akademie der Wissenschaften vergibt die **Nobelpreise für Physik und Chemie**, das Karolinska-Institut den **Nobelpreis für Physiologie oder Medizin**, die Schwedische Akademie den **Nobelpreis für Literatur**. Erst 1969 kam der von Schwedischen Reichsbank gestiftete **Alfred-Nobel-Gedächtnispreis für Wirtschaftswissenschaften** hinzu.

Die in Nobels Augen wichtigste Auszeichnung sollte vom norwegischen Nobelkomitee verliehen werden: der **Friedensnobelpreis**. Nobel befasste sich zeit seines Lebens intensiv mit der Frage des Weltfriedens. Die oft zu lesende Behauptung, Nobel hatte den Friedensnobelpreis aus schlechtem Gewissen gestiftet, weil er die verheerende Wirkung des Dynamits in Kriegen vorhergesehen hatte, lässt sich nicht belegen.

*Beim Bankett anlässlich der Verleihung der Nobelpreise*

INFO

**Museum: Nobelmuseet**,
Stortorget 2, Tel. 08 534 818 00,
www.nobelmuseum.se,
Sept.-Mai Di 11-20, Mi-So 11-17,
Juni-Aug. tgl. 10-20 Uhr,
SEK 100, bis 18 Jahre frei,
freier Eintritt Di 17-20 Uhr.

**Essen & Trinken: Winterviken**, Vinterviksvagen 60, Tel. 08 400 264 80, www.winterviken.se. Gutes Café in Nobels alter Fabrik, etwas außerhalb, aber schon am Wasser und in Südlage gelegen. Tgl. 11-16 Uhr, Dagens Lunch bis 14 Uhr.

# 22 Stockholm mit Gamla Stan, Königlichem Schloss und Storkyrkan

Beinamen wie „die Schöne am Wasser“ oder „**Venedig des Nordens**“ verdeutlichen für den Besucher die Attraktivität Stockholms. Es ist die topografische Lage, die der Stadt auf 14 Inseln ihren besonderen Reiz verleiht. Ein Drittel der Fläche ist Wasser, sauberes Wasser, denn am Fuße des königlichen Schlosses kann man Lachse angeln, unweit des Zentrums ist es möglich zu baden. Ein weiteres Drittel nehmen die Parks und Grünanlagen ein. Das Herz- und Prunkstück ist die geschichtsträchtige, lebendige **Altstadt**, Gamla Stan, mit ihren meist ockergelben Gebäuden aus verschiedensten Zeiten und den Kopfsteinpflastergassen.

Das im italienischen Renaissance- und Barockstil ausgeführte **Königliche Schloss** mit seinen über 600 Zimmern ist als Stadtschloss angelegt. Die Fassaden sind unterschiedlich gestaltet, verschiedenartige Giebelstücke zu den hohen Fenstern sorgen für Belebung und Abwechslung. Dem Brauch der Zeit entsprechend, lagen an der Ostseite die Gemächer der Königin und Prinzessinnen sowie Kirche und Theater, an der Westseite waren König, Prinzen sowie Ministerien und Behörden untergebracht. Die Mittelpartie der südlichen Fassade gleicht einem römischen Triumphbogen, eine Huldigung an Karl XII.

**König Carl XVI. Gustaf** hat im Schloss sein Arbeitszimmer sowie Repräsentationsräume. Weite Teile des Gebäudes sind der Öffentlichkeit zugänglich. Im Inneren des Schlosses kann der Besucher z. B. die Bernadottewohnung mit der schönen Säulenhalle besichtigen, die Festwohnung mit dem Sitzungssaal und

*Die Altstadt von Stockholm liegt auf drei Inseln*

Prachtsaal Karl XI., in dem die feierlichen Bankette stattfinden, die gegenwärtig noch genutzte Gästewohnung und der Reichssaal, bis 1866 Tagungsort der Reichsstände (Adel, Kirche, Bürger, Bauern) und einstiger Schauplatz mehrerer Krönungen mit dem ungewöhnlichen Silberthron Christinas aus dem 17. Jh.

*Südländische Atmosphäre unterhalb der Domkirche*

Neben den königlichen Gemächern befinden sich als eigenständige **Museen** innerhalb des Schlosses das Antikenmuseum, die Schatzkammer und die Leibrüstkammer. Während früher im inneren Schlosshof die Paraden stattfanden, erfolgt die **Wachablösung** heute im äußeren Schlosshof. Die schwedische Königsfamilie wohnt schon seit vielen Jahren im landschaftlich herrlich gelegenen **Schloss Drottningholm** auf der Insel Lovön außerhalb der Stadt.

Die in der Altstadt direkt neben dem Schloss gelegene königliche **Krönungs- und Hochzeitskirche** lohnt einen Besuch. Schon vor der Gründung Stockholms durch Birger Jarl gab es an dieser Stelle eine Kirche für die Fischer und Seeleute, sodass sie dem hl. Nikolaus, dem Schutzpatron der Seeleute, geweiht wurde. Ihren heutigen Namen **Storkyrka** („Große Kirche") erhielt das Gebäude im 17. Jh., als weitere Gemeindekirchen im wachsenden Stockholm errichtet wurden. Der Besucher findet eine fünfschiffige spätgotische Hallenkirche mit Pfeilern aus rotem Backstein vor. Die Innenausstattung steht ganz im Zeichen barocker Prachtentfaltung. *(GA)*

INFO

Information: **Kungliga Slottet**, Slottsbacken, Tel. 08 402 612 30 (wochentags 9-12 Uhr), www.kungahuset.se/kungligaslottet, 14. Mai-14. Sept. tgl. 10-17, 15. Sept-13. Mai Di-So 10-16 Uhr, SEK 150, Kinder (7-17 Jahre) SEK 75, inkl. Eintritt zum Antikmuseum, zur Schatzkammer und zum Museum Tre Kronor. Die beliebte **Wachablösung** findet tgl. 12.15 (So 13.15 Uhr) im äußeren Schlosshof an der Westseite statt.
**Livrustkammaren**, Tel. 08 402 301 0, www.livrustkammaren.se, Jan.-April, Sept.-Dez. Di-So 11-17 (Do bis 20), Mai-Juni tgl. 11-17, Juli/Aug. tgl. 10-18 Uhr. **Souvenirläden** und **Toiletten** gibt es im äußeren, ein **Café** im inneren Schlosshof.
Domkirche: **Storkyrkan**, Slottsbacken 2, www.svenskakyrkan.se, tgl. 9-16, im Sommer bis 18 Uhr (außer bei Gottesdiensten etc.), im Sommer SEK 40, bis 18 Jahre frei; in der übrigen Zeit wird eine Spende erwartet.
Auf dem Weg dorthin kommt man an zahlreichen Restaurants und Cafés vorbei, so z. B. am **Café Chokoladkoppen**, Stortorget 18/20, wo man im Sommer nett draußen sitzen, Kaffee trinken und Schokoladenkuchen essen kann.

# 23 Svea, Wikinger und jede Menge Gold: das Historische Museum

Wer sich für die nordische Vorgeschichte interessiert, für das sagenhafte Svea-Reich und die Wikinger, für Gotland und das Mittelalter, für den ist ein Besuch im **Historischen Museum** Pflicht. Die Sammlung geht zurück auf Gustav Wasa, der im 16. Jh. begann, Relikte der schwedischen Vergangenheit aufzuspüren und sie im Schloss Gripsholm auszustellen. Spätere Könige fügten dem Bestand immer mehr Objekte hinzu, bis die Sammlung nach dem Tod Gustavs III. (gest. 1792) in den Besitz des Staates überging. Von den heute mehr als zehn Millionen Artefakten sind allerdings „nur" 6.200 dauerhaft ausgestellt, viele weitere (derzeit ca. 500.000) können online in der ständig erweiterten Datenbank des Museums betrachtet werden. 1939 zog das Museum in die heutigen Gebäude, neuklassizistische **Kasernen und Ställe** aus dem 19. Jh., die in den 1930er-Jahren komplett umgebaut und mit einer modernistischen Fassade versehen wurden. Die vier Gebäude umschließen einen rechteckigen Innenhof und wirken zusammen mit dem Nordturm ein wenig wie eine Burg.

*Runenstein mit rekonstruierter Farbgebung*

Die Skulpturen an der Außenfassade stammen ebenso wie die tonnenschweren, 4,5 m hohen Bronzetüren von Bror Marklund. Die Sammlungen sind chronologisch geordnet. Im Erdgeschoss gelangt man zuerst durch die Abteilungen der Ur- und Frühgeschichte, dann zu Funden aus der Bronze- und Eisenzeit. Besonders wertvoll sind die **Artefakte aus dem Svea-Reich** (3.–7. Jh. n. Chr.), von dem das heutige Schweden seinen Namen hat. Es folgen Exponate aus

*In der Goldkammer: Schätze aus schwedischer Vorgeschichte*

der **Wikingerzeit** (800–1050 n. Chr.), darunter Waffen, Münzen und gotländische Bildsteine. Im ersten Stock gibt es die Abteilung der mittelalterlichen Kirchenkunst und die Textilkammer zu sehen. Letztere enthält u. a. den berühmten **Bildteppich** aus der Kirche von Skog aus dem 12. Jh.

Die größte Attraktion ist aber wohl die **Goldkammer** *(Goldrummet)*. Der 1994 in den Fels gesprengte, 700 m² große Raum ist mit allen denkbaren Sicherheitsvorkehrungen ausgestattet. Denn hierhin sollten all die Kleinode gebracht werden, die bisher in den Sammlungen verstreut waren oder die man sonst nicht auszustellen wagte. In der aus zwei Kreisen bestehenden Kammer sind Gold- und Silberfunde von der Bronzezeit bis zum Ausgang des Mittelalters zu sehen, zusammen etwa 3.000 Objekte. Im Mittelraum befinden sich die goldenen (insgesamt etwa 52 kg), in der umgebenden Galerie die silbernen Gegenstände (insgesamt über 200 kg). Alles ist wirkungsvoll in Szene gesetzt durch geschickte Ausleuchtung und Umrahmung aus schwarzem Granit, grauem Kalkstein sowie Ziegel und Putz in Rot und Lila.

*Ebenfalls im Historischen Museum: die weltberühmten gotländischen Bildsteine*

Zum Schönsten, was die Ausstellung zu bieten hat, gehören die Goldkragen aus dem 5. Jh., die mit einem Filigrandekor und Darstellungen winziger Tiere und mythologischer Gestalten geschmückt sind. Die meisten der Schätze wurden im 19. Jh. entdeckt, als die Pflüge tiefer in den Boden drangen. Schwedens **größter Goldschatz** von gut 7 kg wurde 1905 beim Straßenbau gefunden. Ein 1960 in Südschweden auf einem Acker entdeckter goldener Halsring kam nur durch Zufall ins Museum: Ein Bauerssohn hatte ihn zunächst benutzt, um sein Moped zu reparieren. *(UQ)*

**INFO**

**Hinkommen:** U-Bahnstationen Karlaplan oder Ostermalmstorg, Buslinien 67 (Historiska museet) sowie 69 und 76 (Djurgardsbron), Tram 7 (Djurgardsbron)
**Museum: Historiska Museet,** Narvavagen 13-17, Stockholm, Tel. 08 519 556 00, www.historiska.se, Juni-Sept. tgl. 10-18 (Sept. Mi bis 20), Okt.-Mai Di-Fr 12-18 (Mi bis 20), Sa/So 11-18 Uhr, frei. Für die Abteilungen Frühgeschichte und Wikinger sind Audioguides erhältlich (SEK 30).

# 24 Märchenwelten in Junibacken

Junibacken ist der Ort, an dem auf wunderbare Weise Märchen wahr zu werden scheinen. Wir kennen sie alle, die Personen aus den Geschichten Astrid Lindgrens und anderer skandinavischer Kinderbuchautoren. Man kann die Märchenwelten direkt besuchen, auf einer Reise mit der Bahn zu ihnen fahren oder die lebhaft gespielten Szenen als Zuschauer auf einer der größten schwedischen Kindertheaterbühnen verfolgen. **Pippi Langstrumpf** in ihrer Villa Kunterbunt, **Michel** aus Lönneberga, **Karlsson vom Dach** und viele andere Kinderbuchhelden warten auf den Besucher. Oder man kann auf Willi Wiberg, die Mumins, Willi Werkel, Pettersson und Findus u. v. m. treffen und selbst Teil der Märchenwelt werden. Da kann gespielt, getobt und gebastelt werden, man kann sich wohlfühlen, aber auch ein kleines bisschen gruseln, Neues entdecken und kennenlernen. Das Programm ist abwechslungsreich und voller Überraschungen.

Am **Märchenmarkplatz „Sagotorget“** wohnen Willi Wiberg, die Mumins, Krakel Spektakel, Pettersson und Findus sowie viele andere beliebte Helden der Kindheit in ihren eigenen kleinen Häusern.

Der **Märchenzug „Sagotåget“** startet am Bahnhof Vimmerby und entführt große und kleine Reisende in die fantasievolle Welt der Figuren von Astrid Lindgren. Auf dieser Reise darf gelacht und geweint werden. Zunächst führt die Fahrt zu **Madita**. Anschließend geht die Reise auf den **Hof von Katthult**, wo

*Eintauchen in die Märchenwelt von Astrid Lindgren*

Michel aus Lönneberga die kleine Ida an der Fahnenstange hochgezogen hat. Von dort kommt man zu **Karlsson** und seinem kleinen Haus voller Krimskrams. Wie kann man so klein werden wie Nils Karlsson Däumling? Die Mutigen können mit **Ronja**, den Räubern und Rumpelwichten den Mattiswald durchstreifen … Die Fahrt endet schließlich in Nangijala bei den Brüdern Löwenherz und dem Kampf gegen den furchterregenden **Drachen Katla.** Während der Fahrt werden die Geschichten in mehreren Sprachen erzählt.

*Pippi Langstrumpf zeigt den Kleinen, was sie kann*

Nach der Reise im Märchenzug kommt die große Herausforderung, denn es steht das stärkste Mädchen der Welt auf dem Plan – **Pippi Langstrumpf**. In der Villa Kunterbunt herrscht reges Treiben. Hier können z. B. Kleider anprobiert werden und auf Pippis Pferd Kleiner Onkel darf sogar geritten werden. Es kann nach Herzenslust getobt und herumgehüpft werden …

Wahrscheinlich hat der Junibacken-Besuch auch die Fantasie angeregt, in einer großen **Buchhandlung** gibt es die Kinderbücher in mehreren Sprachen sowie das thematisch passende Spielzeug, Filme und CDs. Und wer nach all dem hungrig und durstig geworden ist, geht in das Restaurant.

*(RI)*

INFO

**Museum: Junibacken**, Galarvarvsvagen, Tel. 08 587 230 00, www.junibacken.se, tgl. 11–17, Juli-Mitte Aug. bis 18 Uhr, Sept.-April Mo geschl., SEK 159, Kinder 2–15 Jahre SEK 139.

**Essen & Trinken: Sagolekhuset**, Junibackens Restaurant (10–16 Uhr geöffnet) mit eigener Bäckerei bietet vernünftige schwedische Speisen, Eis und Kuchen sowie vor allem eine schöne Aussicht auf Stockholm und die Bucht Nybroviken.

**Hinkommen:** U-Bahnstation Karlaplan, Buslinien 67, 69 und Tram 7 (Station Nordiska Museet/Vasamuseet), Fähren: Djurgardsfarjan (ganzjährig ab Slussen, im Sommer ab Nybrokajen).

# 25 Schärengarten und Schärenboote

Die hellen Sommernächte, die Nähe zum Meer, der Reichtum der Vegetation und der Vogelarten machen den Aufenthalt in den Schären zu einem besonderen Erlebnis. Und weil das so ist, gehört bei einem mehrtägigen Stockholm-Aufenthalt ein Schärenausflug einfach dazu!

### Tipp

Für ein authentisches Schärenerlebnis muss man weder mit dem Auto noch mit dem Schärenboot stundenlang unterwegs sein. Es geht auch sozusagen vor der Haustür von Stockholm: Unmittelbar östlich von Djurgården liegt mitten in der Einfahrt zu den Stockholmer Häfen der aus vier Inselchen bestehende Mini-Archipel **Fjäderholmarna**. Vom Zentrum Stockholms braucht man mit dem Boot hierher keine halbe Stunde (www.fjaderholmarna.se, www.fjaderholmslinjen.se).

Die Schären sind Inseln aus Urgestein, die einst durch das Inlandeis überformt und abgeschliffen wurden. Sie bilden eine vom Meer überflutete Rundhöckerlandschaft, deren längliche Felshügel teilweise aus dem Wasser herausragen. Seit der letzten Eiszeit steigen die Inseln langsam empor, rund einen halben Meter im Jahrhundert. Die größte Nord-Süd-Ausdehnung des Stockholmer Schärengartens beträgt rund 150 km, von Stockholm bis zu den äußersten Inseln im Osten sind es rund 60 km Luftlinie. Dabei bilden die rund **24.000 Inseln und Inselchen** alles andere als eine homogene Landschaft. Auf einer Fläche von rund 6.000 km² – davon ein Fünftel Land – sind sehr verschiedene Natur- und Kulturräume entstanden.

Den **inneren Schären** mit ihren großen, bewaldeten Inseln nahe dem Festland und den gut erhaltenen Häusern aus der Jahrhundertwende schließen sich die **mittleren Schären** mit ihren kleineren Inseln und größeren Buchten und geschützten Fahrwassern an. In den **äußeren Schären** geht der Schärengarten schließlich in eine karge Landschaft mit flachen, meist in Gruppen liegenden Felsinseln über.

*Mit dem Kajak durch die Schären*

Seit dem Mittelalter lebten die Menschen der Schären von Ackerbau, Fischfang und Jagd. Ihr wichtigstes Handelsprodukt war der gesalzene Hering. Im 19. Jh. ließen wohlhabende Stockholmer Bürger „Großhändlervillen" in den inneren Schären längs der Dampfschifflinien errichten,

*Sonnenbad im Schärengarten*

um dem Stadtklima des industrialisierten Stockholm zu entkommen. Nach einem starken Bevölkerungsrückgang im 20. Jh. ist es in den letzten Jahren wieder populärer geworden, ganzjährig in den Schären zu leben. Heute wohnen auf den Inseln etwa 10.000 Menschen.

Der **Tourismus** ist in den letzten Jahren zu einem wichtigen Faktor geworden. Wochenweise vermietete Ferienhäuser, jeweils ein Dutzend Hotels und Gästehäuser sowie (meist einfache) Campingplätze stehen Schärenbesuchern zur Verfügung. Hinzu kommt, dass die Verkehrsinfrastruktur in der zerrissenen Schärenlandschaft erstaunlich gut ist. Viele der größeren Inseln sind leicht über Brücken oder (meist kostenlose) Autofähren erreichbar, vor allem aber gibt es einen hervorragend ausgebauten, ganzjährigen Linienschiffsverkehr. Besonders hübsch (aber auch relativ langsam) sind die **alten Dampfschiffe**, die mit Edelholz und Messing maritimen Charme versprühen. Weniger nostalgisch, aber bequemer und schneller sind die sog. Cindarellabåtarna, die **Cinderellaschiffe**.

*(UQ)*

INFO

**Information:** Die wichtigste Reederei für den Linienverkehr zu den Schären ist **Waxholmsbolaget**, Tel. 08 600 1000, www.waxholmsbolaget.se. Wer sich länger in Stockholm aufhält und die Schären erkunden möchte, dem sei die **Fünf-Tages-Karte** (Batluffarkortet oder Island Hopping Pass) der Reederei empfohlen. Sie ist für beliebig viele Fahrten mit den Schärenbooten von Waxholmsbolaget gültig und kostet SEK 420. Man kann die Karte an den Waxholm-Terminals in Stockholm, Vaxholm und Stavsnas, in einigen Touristeninformationen oder online kaufen. Der Stockholm-Terminal am Stromkajen ist unter Tel. 08 686 246 5 erreichen.

Über das größte Angebot an geführten Bootstouren (Halbtages-/Tagestouren) verfügt **Strömma**, Tel. 08 120 040 45, www.stromma.se.

# 26 Mit dem Schiff von Göteborg nach Stockholm

Zu den sicherlich schönsten Reisen durch Schweden gehört, so paradox es klingen mag, eine Seereise durchs Land. Über Schwedens schönste Wasserstraße, den **Göta Kanal**, der Göteborg mit Stockholm und somit das Meer an der Westküste mit der Ostsee verbindet, verkehren von Mai bis September weiße nostalgische „Dampfer". Das dienstälteste der drei Kanalschiffe der Rederi AB Göta Kanal, die „M/S Juno", wurde 1874 erstmalig eingesetzt.

Nach drei geruhsamen Tagen und Nächten, die die kleinen Schiffe durch die herrliche Natur- und Kulturlandschaft gleiten, erreichen sie nach rund 560 km und 65 überwundenen Schleusen am vierten Tag vormittags Stockholm bzw. in Gegenrichtung Göteborg. Die Reise wird auch als fünf- bzw. sechstägige Fahrt angeboten.

Was macht den besonderen Reiz einer Reise über die schönste Wasserstraße des Landes aus, einem System von verschiedenen Kanalabschnitten und Binnenseen? Mit einer Geschwindigkeit von fünf Knoten entdeckt der Reisende die **Vorzüge der Langsamkeit**, erlebt behagliche Ruhe und kann mit all seinen Sinnen die weiten Ebenen Östergötlands genießen, verträumte Kleinstädte, Ruinen, Schlösser, Herrensitze und Kirchen an sich vorbeiziehen lassen. Der Göta Kanal wirkt nach mehr als 160 Jahren ganz und gar wie ein Teil oder ein gar Werk der Natur, lediglich Schleusen und in den Fels hineingesprengte Abschnitte erinnern an menschliche Eingriffe.

*Ganz geruhsam: mit dem Schiff den Göta Kanal entlang* Strömma/TUI Wolters

*Schloss Vadstena am Göta Kanal*

Der Planer des Kanals, Baltzar von Platen, verwirklichte einen jahrhundertealten Traum, bei dem ihm 58.000 Mann mit Hacke und Spaten zur Seite standen. Dieser „Kaiserschnitt am Bauch der Mutter Svea" zwischen 1810 und 1832 sollte eine **Wasserstraße für Volk, Fracht und Vieh**, eine Pulsader des Handels sein, aber auch im Notfall der Ostseeflotte Rückzugsmöglichkeiten gegenüber Dänen und Russen ins Landesinnere bieten. Die militärische Funktion brauchte der Kanal zu keinem Zeitpunkt zu erfüllen, seine Bedeutung als Transportweg schwand in der zweiten Hälfte des 19. Jh. mit dem Ausbau des Eisenbahnnetzes und dem Bau von Straßen wenig später. 1978 ging der Kanal in den Besitz des schwedischen Staates über, der seitdem für den Unterhalt der touristischen Wasserstraße aufkommt.

Klein, aber fein sind die drei **Kanalschiffe**, die nur 31 x 7 m messen, um die engen Schleusen bzw. Schleusentreppen passieren zu können. Wie schon im vorigen Jahrhundert, als die Reederei in ausländischen Zeitungen inserierte und gezielt Touristen für die Reise auf dem Göta Kanal warb, werden auch heute verschiedene Sprachen an Bord gesprochen, was jedoch für die 13 Personen der Besatzung kein Problem ist, da sie neben Schwedisch auch Deutsch, Englisch und Französisch sprechen.

Als historisch interessante **Sehenswürdigkeiten** besuchen die Reisenden (geführte Spaziergänge) das Schleusensystem und das Kanalmuseum in Trollhättan, das idyllisch gelegene Vadstena, die Stadt der Heiligen Birgitta, Motala, „Die Wiege der schwedischen Industrie", Berg nahe den Ruinen des Klosters in Vreta sowie Söderköping, das zur Zeit der Hanse eine der bedeutendsten Hafenstädte Schwedens war, Birka und Schloss Drottningholm. Beliebt sind auch Radtouren entlang des Kanals. Informationen unter www.upplevelsepaket.se.

*(GA)*

**INFO**

Nähere Informationen zu den Touren:
**www.gotakanal.se/de:** Infos zu Bootstouren und Kreuzfahrten auf dem Kanal.
**Nordic Holidays:** Marie-Curie-Str. 5, 25337 Elmshorn, Tel. 04121-7911-0, www.nordic-holidays.de.
**Wolters Reisen:** Bremer Str. 61, 28816 Stuhr/Bremen, Tel. 0421-8999-0, www.tui-wolters.de.
**ZeitRäume:** Zur Mühle 6, 35415 Pohlheim, Tel. 0641-931 260, www.zeitraeume-reisen.de.

# 27 Ein Land für Angler

Das Angeln ist der Schweden liebstes Freizeitvergnügen. Zahlreiche Flüsse und intakte Seen und eine fast 8.000 km lange Küstenlinie bieten ideale Bedingungen. Es gibt kaum einen Urlaubsort, Campingplatz oder Ferienhaus, in deren Nähe nicht **lohnende Fischgewässer** liegen. Etwa ein Viertel aller Schweden geht zuweilen diesem erholsamen Hobby nach.

An der Küste sowie in den fünf großen Seen Vänern, Vättern, Mälaren, Hjälmaren und Storsjön ist das **Angeln mit der Handangel** kostenlos, ansonsten benötigt man für andere Gewässer, manchmal auch für eine Region, eine Angelkarte.

*Angeln im Södra Wixen Lake in Småland*

Grob lassen sich in Schweden **fünf Angel-Regionen** unterscheiden. An der **Westküste** finden sich vor allem Dorsch, Hecht, Barsch und Meerforelle oder auch Leng und Wolfsfisch, an der **Ostküste** dominieren Felche, Äsche, Meerforelle und Dorsch. In den

## Der Atlantische Lachs (salmo salar)

Einer der beliebtesten Fische ist der Lachs. Mit seiner weichen Konsistenz und seinem hohen Fettgehalt unterscheidet sich der Atlantische Lachs vom in den Gewässern Alaskas und Kanadas heimischen Pazifiklachs, der einen sehr niedrigen Fettgehalt aufweist und dessen Fleisch fest ist. Als die Flüsse in Mitteleuropa noch nicht verschmutzt waren, zählte der Atlantische Lachs zu den am häufigsten vorkommenden Fischen. Frei lebend findet man ihn im nördlichen Atlantik, im Eismeer, in der Ostsee sowie in den Flüssen Skandinaviens und Schottlands. In Schweden ist der Wildlachs noch in einigen Flüssen anzutreffen, einzelne Populationen gibt es in großen Seen, wie z. B. dem Vänern.

Geboren wird der Wildlachs in den oberen Flussläufen, wo sich die kleinen Fischchen zunächst von ihrem Dottersack ernähren. Nach etwa zwei bis zu fünf Jahren je nach Wassertemperatur wandern die zunächst nur 20 cm großen Edelfische ins Meer, wo sie kräftig an Gewicht zulegen. Nach dem bis zu dreijährigen Aufenthalt im Meer kehrt der Lachs geschlechtsreif in den Fluss zurück, aus dem er ursprünglich aufgebrochen ist – ein bisher ungeklärtes Phänomen. Dabei legen die Lachse große Distanzen zurück, können Wasserfälle und Stromschnellen überwinden und dabei bis zu 3 m hoch und 5 m weit springen.

*Angeln bietet ein besonderes Naturerlebnis*

Flüssen und Seen **Südschwedens** trifft der Angler vorwiegend auf Bach- und Regenbogenforelle, Lachs, Barsch, Bachsaibling, Renke, Aal und Meerforelle. In **Mittelschweden**, in den großen Seen und Flüssen, fängt man Lachs, Forelle, Saibling, Äsche, Barsch, Hecht und Regenbogenforelle, während der **Norden** ein ideales Fanggebiet für Lachs, Forelle, Renke, Saibling, Äsche, Hecht, Barsch, Regenbogenforelle und Zander ist.

Angler aus dem In- und Ausland zieht es zwischen April und September zu den bekanntesten Lachsrevieren wie Mörrum im südlichen Blekinge, zum Ätran bei Falkenberg im Südwesten oder zum Fluss Örkilsälv bei Munkedal. Die besten Gewässer, um Lachse zu fangen, sind Göta älv, Ätran, Lagan, Morrumsån, Ångermanälven, Skellefteälven und Luleälven. Die Lachse, die man hier fangen kann wiegen teils bis zu 30 kg.

*(GA)*

INFO

**Angelkarten** (fiskekort) gibt es als Tages-, Wochen- oder Saisonkarten und kosten je nach Gebiet 15–25 €. Lokale Angelkarten beziehen sich auf bestimmte Seen oder Flussabschnitte in einer Region. Sie sind erhältlich in Touristenbüros, Sportgeschäften, manchmal in Lebensmittelläden, an Tankstellen oder Automaten. Wer eine Angelkarte kauft, sollte sich auf jeden Fall über die in seinem Angelrevier geltenden Bestimmungen informieren.

**Infos** rund um das Thema Angeln in Schweden unter www.inatur.se, www.fiskebild.se/top10fishing.htm und bei Visit Sweden, Tel. (069) 2222 3496, www.visitsweden.de.

# 28 Mittsommer – das Volksfest des Jahres

In einem Land, in dem die Menschen dem kurzen, sehr intensiv erlebten Sommer entgegenfiebern, gehört das **Mittsommerfest** zu den großen Festtagen des Jahres. Gefeiert wird das große Sommer-Volksfest an dem Wochenende, das dem 24. Juni am nächsten liegt.

*Traditionsreich: Tänze beim Mittsommerfest*

Die **Ursprünge** gehen möglicherweise auf Feiern und kultische Handlungen zur Sommersonnenwende in vorgeschichtlicher Zeit zurück. Überall im Land sieht der Reisende in Dörfern und Städten die mit Blumen und Grün geschmückte Stange stehen, den Mittsommer- oder Maibaum (von *maja* = schmücken), Sinnbild und Mittelpunkt der ausgelassenen Feiern in der hellsten Nacht des Jahres. Alt und jung tanzen alte **Ringtänze um den Mittsommerbaum**, begleitet von den traditionellen Klängen der Volksmusik, bis der Jugend mit ihren Tänzen und den jüngsten Hits die Nacht gehört. Früher glaubte man an die magische Kraft der Mittsommernacht. So legte man jungen Mädchen nahe, sieben verschiedene Blumen zu pflücken und unter das Kopfkissen zu legen, weil sich dann im Traum der zukünftige Mann zeige.

Der Mittsommerbaum ist keineswegs urschwedisches Brauchtum, das der Bauernkultur Dalarnas entstammt, auch wenn der Maler Anders Zorn mit seinem bekannten Bild „Mittsommertanz in Dalarna", das die traditionelle Art, das Volksfest zu feiern, darstellt, möglicherweise zu dieser Vorstellung beigetragen hat.

**Der schwedische Mittsommerbaum** ist nämlich ein kontinentaler Maibaum, der über den Einfluss der Deutschen nach Schweden gelangt ist. Doch da am 1. Mai die Natur vielerorts noch nicht so weit ist, einen Maibaum zu schmücken, musste man bis um Mittsommer warten. Dass Mittsommer vor allem ein **Fest der Jugend und der Lebensfreude** ist, zeigt sich jedes Jahr von Neuem, wenn sich Tausende junger Leute zu den Brennpunkten des Geschehens schon Tage vorher auf den Weg machen, um auf Öland, in den Stockholmer Schären, an der Westküste oder vor allem in der Traditionslandschaft Dalarna das Volksfest feucht und fröhlich zu begehen. *(GA)*

Ein traditionelles Vergnügen: der Ringtanz um den Maibaum

# 29 Schloss Gripsholm

## Kurt Tucholsky

In Deutschland verbindet man Gripsholm mit Kurt Tucholsky, der mit seiner Sommergeschichte „Schloss Gripsholm“ (1931) die Anlage einem breiteren Publikum bekannt gemacht hat. So schrieb er *„Das Schloss, aus roten Ziegeln erbaut, stand leuchtend da, seine runden Kuppeln knallten in den blauen Himmel (...). Ich weiß nichts vom Stil dieses Schlosses – ich weiß nur: wenn ich mir eins baute, so eins baute ich mir“.*

Tucholsky hielt sich seit 1929 ständig in Schweden auf, wurde 1933 aus Deutschland ausgebürgert und setzte seinem Leben 1935 ein Ende. Viele Bewunderer des Journalisten und Schriftstellers kommen nach Mariefred, um sein Grab zu besuchen. Dazu geht man auf einem herrlichen Spazierweg am Wasser entlang zum idyllischen Kern des Städtchens, in dessen Mitte der weiße Kirchturm hoch aufragt. Auch das putzige Rathaus, gut erhaltene Holzhäuser und Stadthöfe sowie manch nettes Geschäft an der Storgatan lohnen den Spaziergang. Tucholskys Grab findet man auf dem Friedhof Mariefred-Gripsholm, 15 Gehminuten von der Kirche entfernt (Hinweisschild am Friedhofseingang).

Das etwa 65 km westlich von Stockholm gelegene, idyllische Kleinstädtchen **Mariefred**, dessen Schloss bekannter ist als der Ort selbst, zählt zu den lohnendsten Ausflugszielen im Großraum Stockholms. Der Name Mariefred geht auf eine Klostergründung (Pax Marie) 1493 zurück. Die Geschichte des Ortes ist eng mit der des Schlosses **Gripsholm** verknüpft. 1380 ließ der Reichsfürst Bo Jonsson Grip auf der Insel eine Burganlage errichten, doch die Grundmauern des jetzigen Schlosses wurden um 1540 unter Gustav Wasa teilweise mit dem Material der zuvor zerstörten Klosteranlage gebaut.

Ab diesem Zeitpunkt wurde Schweden von der „Vasa-Burg“ aus regiert, die ein entspre-

*Schloss Gripsholm: vielen durch die Sommergeschichte von Kurt Tucholsky bekannt*

chend repräsentatives und eines Renaissancefürsten würdiges Aussehen bekam. Weitere bauliche Veränderungen erfolgten dann in der zweiten Hälfte des 18. Jh. unter Gustav III. Im Schloss können Einrichtungsgegenstände verschiedener Epochen von der Vasa-Zeit bis hin zum Theater im gustavianischen Stil besichtigt werden. In der „Galerie der Unsterblichen" findet sich die umfangreichste Porträtsammlung schwedischer Größen. Das Schloss mit seinen mächtigen Rundtürmen befindet sich am Ortseingang (großer Parkplatz). Neben dem Weg zum Portal der Vorburg sind eine Reihe interessanter Runensteine aufgestellt. Hinter der Zugbrücke betritt man den äußeren Burghof mit den mächtigen Kanonen Eber und Sau, die in Russland erbeutet wurden. Dahinter führt ein Gewölbegang zum inneren Burghof mit einem hübschen Renaissance-Brunnen. Auch wer das Schloss nicht von innen besichtigen möchte, kann einen Blick in den Innenhof werfen oder einen empfehlenswerten Spaziergang einmal um die Burg herum durch den Schlosspark machen, der mit seinem Pavillon, dem Kräutergarten, Skulpturen und vor allem dem Blick auf den See zauberhaft ist.

*Bahnhof von Mariefred*

Zwischen Ortszentrum und dem Schloss liegt der **Bahnhof**, der mit seinem historischen Warteraum, alten Blechschildern und anderen musealen Stücken aussieht wie aus einer Puppenstube. Er ist Endstation der **Museumsdampfeisenbahn**, die in der Sommersaison in 40 Minuten bis nach Läggesta schnauft. *(UQ)*

INFO

**Hinkommen: Zug** ab Stockholm nach Laggesta, ab dort mit Anschlussbus (ca. 4 km) nach Mariefred. Am schönsten ist die Reise mit dem historischen **Dampfer „S/S Mariefred"** (1903) ab/bis Stockholm, im Sommerhalbjahr tgl. außer Mo (Tel. 08 669 885 0, www.mariefred.info). Zusammen mit der Schnauferl-Bahn Mariefred-Laggesta lässt sich eine Rundreise zusammenstellen: mit dem Boot nach Mariefred, Besichtigung von Schloss und Stadt, dann mit der **Dampflok** nach Laggesta, ab da mit dem Schnellzug zurück nach Stockholm.

**Information: Mariefreds Turistbyra**, Kyrkogatan 13, Radhustorget, Tel. 015 229 790, www.mariefred.se, Juni-Aug. Mo-Fr 9-15 Uhr.

**Schloss: Gripsholms Slott,** Mariefred, Tel. 015 910 194, www.gripsholms slott.se, Mitte Mai-Sept. tgl. 10-16, Okt.-Nov. und April-Mitte Mai Sa/So 12-15 Uhr, SEK 120, 7-18 Jahre SEK 60.

**Essen & Trinken: Gripsholms Värdshus**, Kyrkogatan 1, Tel. 015 934 750, www.gripsholms-vardshus.se. Das historische Wirtshaus (17. Jh.), Schauplatz mancher Inga-Lindstrom-Filme war, hat einen guten Ruf als Hotel (45 Zimmer). Das vorzügliche Restaurant (Matsalen) ist Mo-Sa 12-17 Uhr zum Lunch und 17-21 Uhr zum Abendessen geöffnet, der Pub (Skanken) mit einfacheren Gerichten Mo-Fr 11.30-21, Sa/So 12-21 Uhr.

# 30 Krebsessen – feierlich zelebriert

Kommt der Reisende im **August** nach Schweden, bemerkt er bald, dass dieser Monat ganz **im Zeichen des Krebses** steht. Es ist die Zeit der Krebsessen (Kräftskiva), die anlässlich des nahenden Endes des Sommers in noch lauen Nächten möglichst unter freiem Himmel und unter der Beleuchtung von Lampions gefeiert werden. Es sind überwiegend Familienfeste, es gibt aber auch Krebsessen mit Volksfestcharakter.

Die Tiefkühltruhen der Supermärkte sind randvoll mit Flusskrebsen aufgefüllt, zum **Kult um die Krebsfestessen** gehören zudem mit Krebsen bedruckte Pappteller, Servietten, Schürzen sowie spezielle Schalen, Gläser, ferner bunte Papierlaternen, witzige Mondgesichter usw. Gekocht werden die Krebse in Salzwasser und mit Dillblüten. Und man isst sie kalt und mit den Fingern, dazu werden Brot und Käse mit Kümmel gereicht. Die Kinder bekommen dazu Fruchtlimonade (Sockerdricka), die Erwachsenen trinken Bier (öl) und Schnaps (Aqvavit oder brännvin). Wird die Stimmung so richtig ausgelassen, werden gern **Trinklieder** zum Besten geben – pro Schnaps ein Lied.

Die **Tradition der Krebsfestessen** ist nicht sehr alt. Als vor rund hundert Jahren die auch in europäischen Metropolen begehrten schwedischen Flusskrebse von der Ausrottung bedroht waren, erließen die Behörden ein Fangverbot, das nur für einige Wochen im Herbst außer Kraft gesetzt wurde, sodass das schwedische Bürgertum das Krebsessen in jenen Tagen als etwas Besonderes zelebrierte.

Wer die Möglichkeit (und eine Lizenz) hat, fängt sich die Krebse für das Abendessen selbst. Der Krebs ist ein Nachttier und der Fang muss nach Einbruch der Dunkelheit stattfinden. Gefischt wird üblicherweise mit Reusen und Köder.

Als 1907 eine tödliche Krebspest die schwedischen Flusskrebse weitgehend vernichtete,

*Stattliche Flusskrebse ...*

*... fürs gemeinsame Festessen*

blieb nur noch der **Import der Schalentiere**, um das ritualisierte Krebsfestessen bis zum heutigen Tag aufrechtzuerhalten. Die Ende der 1970er- und Anfang der 1980er-Jahre von den Behörden und Privatpersonen ausgesetzten Signalkrebse aus den USA haben sich reichlich vermehrt. Sie sind im Gegensatz zu den schwedischen Edelkrebsen besser gegen die Krankheit gefeit, sind den Flusskrebsen aber ansonsten ähnlich – und daher ebenso beliebt für das Krebsessen. Eine kleine Gruppe von Berufsfischern in den Seen Vättern und Hjälmaren lebt inzwischen gut vom Verkauf der „signalkräftor". Ein Kilo in Schweden gefangener Krebse kostet etwa SEK 500.

Die meisten der in Schweden verzehrten Krebse stammen zudem aus den USA, China und der Türkei. Zu den jährlich 2.500 Tonnen Krebsen aus dem Ausland kommen etwa 1.500 Tonnen in Schweden gefangene Krebse.

*(GA)*

**INFO**

Auch viele Restaurants in Schweden haben jedes Jahr im August besondere **Krebswochen**, während dieser Zeit stehen Rezepte mit den begehrten Krustentieren auf der Karte.
Über Restaurants und Wirtshäuser in Schweden informiert die Website **www.restaurangguiden.com**

# 31 Modernes Schweden in Malmö

Malmö, die drittgrößte Stadt Schwedens mit rund 314.000 Einwohnern, hat eine lange Tradition als Handelsplatz, Werft- und Industriestandort. Lange gehörte die Stadt zu Dänemark und dank der Öresund-Brücke ist die Verbindung zu Kopenhagen wieder etwas enger geworden (s. S. 154). Mit ihrem Altstadtkern, einem beachtlichen Kunst- und Theaterleben, zahlreichen Restaurants und schönen Strandpromenaden sowie der spannenden modernen Architektur ist die Stadt am Öresund einen Aufenthalt wert. Sie gilt zudem als Schwedens Operetten- und Musicalmetropole und erste Adresse für Interessenten moderner Kunst.

Das **alte Malmö** – der kompakte Kern – liegt innerhalb des Ringkanals mit dem Stortoget als Zentrum. Als der große Marktplatz bei wachsender Handelstätigkeit nicht mehr ausreichte, erhielt er mit Lilla Torget, dem kleinen Platz, seine Ergänzung. Die hübschen Fachwerkhäuser aus dem 17. und 18. Jh. um den kopfsteingepflasterten Platz bilden eine Oase innerhalb der Stadt. Hervorzuheben aus dem Gebäudekomplex des **Hedmanska Gård**, einem alten Kaufmannshof, ist das Haus, in dem die Design- und Kunstgewerbeausstellung **Form Design Center** untergebracht ist. Gezeigt wird schwedisches Design aus Vergangenheit und Gegenwart. Das Zentrum dokumentiert in wechselnden Ausstellungen schwedische Formgebung.

Vier Blocks östlich des Stortorget, nahe am Kanal, bietet das in einem früheren Elektrizitätswerk untergebrachte **Moderna Museet** eine beachtenswer-

*Schwedisches Möbeldesign hat eine lange Tradition*

te Ausstellung moderner Kunst. Das Museum ist eines der führenden Häuser in Europa, der orange gefärbte Kubus mit seinen perforierten Platten hebt sich markant von der Umgebung ab. Für Freunde moderner Kunst ist die **Malmö Konsthall** mit ihren internationalen Wanderausstellungen südlich der Altstadt, gegenüber dem Stadttheater, eine wichtige Adresse.

*Schönste Glaskunst in der Kunsthalle*

Besonders deutlich wird der Wandel der Stadt im neuen Quartier **Västra Hamnen** (Westhafen), das sich mittlerweile zum Trendviertel und architektonischen Highlight entwickelt hat. Es entstand auf einem alten Industrie-, Hafen- und Werftgebiet. Verschiedene Architekturbüros haben hier unter der Vorgabe der Nachhaltigkeit, Ästhetik, Umweltfreundlichkeit und Energieeffizienz einen spannenden Stadtteil geschaffen, mit Parks und Häfen, Wohn- und Bürogebäuden, Freilichtbühnen und Fußgängerzonen, öffentlichen Plätzen, Fahrradwegen und Sportanlagen, mit künstlichen Bächen, Springbrunnen und Teichen. Und natürlich haben Fußgänger und Radfahrer Priorität vor dem Autoverkehr.

Spektakulärer Mittelpunkt des neuen Viertels ist das Hochhaus **Turning Torso** des spanischen Architekten Santiago Calatrava. Mit 54 Etagen ist der 190 m hohe Büro- und Wohnturm der höchste Skandinaviens und das dritthöchste Wohngebäude Europas. Mehr noch als durch seine Höhe beeindruckt der 2005 eingeweihte Komplex aber durch seine Gestalt, die eher an eine riesige Skulptur erinnert. Jede der fünf Etagen der neun würfelähnlichen Segmente des Wolkenkratzers ist um jeweils ca. 1,6 Grad zum darunter liegenden Geschoss verdreht, sodass es scheint, als würde sich der Turning Torso um seine eigene Achse drehen. In den beiden unteren Segmenten des Gebäudes befinden sich Büros, in den oberen insgesamt 147 Miet- und Eigentumswohnungen.

*(UQ)*

**INFO**

**Turistbyrån Malmö Turism:** Börshuset, Skeppsbron 2 (gegenüber dem Bahnhof), Tel. 040 341 200, www.malmotown.com, http://visitskane.com, Mo-Fr 9-17, Sa/So 10-14.30 Uhr.
**Form Design Center:** Lilla torg 9, Tel. 040 664 5150, www.formdesigncenter.com, Di-Sa 11-17, So 12-16 Uhr.

**Moderna Museet:** Gasverksgatan 22, Tel. 040 685 7937, www.modernamuseet.se/malmo, Di-So 11-18 Uhr.
**Malmö Konsthall:** St. Johannesgatan 7, www.konsthall.malmo.se/, Mo-Fr 11-15, Sa/So 11-17 Uhr.

# 32 Durch Schwedens Mitte: Von Kristinehamn nach Gällivare und weiter auf der Erzstrecke

Zündende Ideen, wie eine Eisenbahn attraktiver gemacht werden könnte, sind von einer staatlichen Eisenbahngesellschaft und von einer Regierung nicht zu erwarten. Und die Ideen fehlten, als 1990 die schwedische Inlandsbanan als „zu kostspielig" eingestuft wurde und deshalb stillgelegt werden sollte. Im fernen Stockholm fiel den Politikern nur eins ein: dichtmachen und Busse einsetzen.

„Unsere Bahnen sind kein altes Eisen. Ihr habt falsch gerechnet!", so reagierten die Gemeinden entlang der Strecke auf die Stilllegungspläne. Von Kristinehamn – etwa auf der geografischen Höhe Stockholms – nach Gällivare jenseits des Polarkreises liegen **1.288 Kilometer Schienen**. Die Strecke ist mehr als zwei Mal so lang wie die von Paris nach Stuttgart! „Damit muss doch etwas zu machen sein", davon waren die Eisenbahner überzeugt und übernahmen selbst die Regie.

Daran, dass es sich hier um **die abwechslungsreichste Strecke Schwedens** handelt, gab es ohnehin keinen Zweifel. Der Zug fährt stundenlang durch dichte Wälder, an vielen Seen vorbei, durch Tundra, Felsengebiete, über satte Wiesen und durch das Sameland – den schwedischen Teil Lapplands – bis zu seiner Endstation. Auch wenn entlang der Strecke unterschiedlich viele Menschen leben, die für Skandinavien typischen, weinrot gestrichenen Häuser sind allenthalben zu sehen. Der Zug hält überall, wo an einem Haltepunkt die gelbe Scheibe in Richtung des Zuges gedreht wird. Das funktioniert auch vom Zug aus. Der Schaffner merkt sich, wo seine Fahrgäste aussteigen wollen, und sorgt dafür, dass die Bahn anhält. Berühmte Kehren, seltene Lokomotiven oder Eisen-

*Schweden wie aus dem Bilderbuch*

bahnwaggons gibt es auf der Strecke nicht. Große Steigungen müssen die Züge auch nicht bewältigen, und während der gesamten Fahrt geht es nur einmal durch einen Tunnel. Dabei handelt es sich um den Nyborgtunnel bei Jokkmokk kurz hinter dem Polarkreis – und der ist gerade einmal 50 m lang.

Zur weiteren Entschleunigung der Züge, die oft **nur 40km/h fahren** und bei Tempo 80 als schnell gelten, tragen die Brücken bei Sveg – das ist in etwa die Mitte der Strecke – und auf dem nördlichen Streckenabschnitt bei Mokosel bei. Diese sind sowohl Eisenbahn- wie auch Fernstraßenbrücken und werden für den Autoverkehr gesperrt, wenn eine Bahn darüber fahren soll. Hinter Dorotea führt der Schienenweg längs über eine Insel des Flusses Lågön. Und den Bahnhof von Buddnakk in Nordschweden würde kaum jemand beachten, wenn nicht das Zugpersonal auf ihn aufmerksam machen würde. Er ist nicht viel größer als eine Telefonzelle und damit die kleinste Station im gesamten Norden. Aber genau das alles macht den Charme ihrer Eisenbahn aus, sagen die Repräsentanten der 15 Eignergemeinden der Eisenbahngesellschaft „Inlandsbanan AB". Diese bietet Touren mit der Bahn an, organisiert Pauschalreisen und offeriert jede Menge Zeittickets und Schiff-Bahnreisen. Und auf Nebengleisen, die nicht mehr gebraucht werden, fahren Fahrraddraisinen. Ideen muss man eben haben!

An der Endstation Gällivare – mitten im schwedischen Erzabbaugebiet – hat man die Wahl. Hier fährt die **Erzbahn** als „Malmbanan" („Malm" = Eisenerz) in Richtung der schwedischen Hafenstadt Luleå am Bottnischen Meerbusen oder als „Ofotbanen" nach Narvik in Nordnorwegen, wo man den nördlichsten Personenbahnhof Europas betritt. Über die berühmteste Brücke des norwegischen Streckenteils fährt die Bahn allerdings seit 1988 nicht mehr. Die 180 m lange und 40 m hohe Norddalbrücke ist nur noch ein Baudenkmal. Sie wurde aus militärischen Gründen gebaut, um sie im Kriegsfall in die Luft sprengen zu können. Die Erzbahn fährt jetzt über eine einfachere Trasse, die militärischen Überlegungen von früher spielen heute keine Rolle mehr.

Für schwedische und norwegische Fahrgäste, die häufiger zwischen dem Bottnischen Meerbusen und dem Nordmeer unterwegs sind, gibt es in der Erzbahn sogar einen Filmwagen. Doch was ist ein Film gegen die Landschaften, die es hier zu sehen gibt? Es geht durch wildes, kaum bewohntes Gebiet, an Erzgruben vorbei, hoch ins Gebirge und wieder hinunter an den Ofotfjord. Mehr unterschiedlichen Norden hat keine andere Bahn zu bieten. *(aem)*

INFO

**Strecke:** 1.288 km von Kristinehamn nach Gällivare mit der Inlandsbanan. Die Strecke der Erzbahn von Luleå nach Narvik ist 473 km lang, Gällivare liegt ungefähr in der Mitte.

**Information:** Der Sommerfahrplan der Inlandsbanan gilt von ca. Anfang Juni bis Ende August. Die Streckenabschnitte haben in diesem Zeitraum unterschiedliche Verkehrsperioden. Tgl. eine Abfahrt Kristinehamn-Mora (Dauer ca. 3,5 Std.), Mora-Östersund (ca. 6,5 Std.) und Östersund-Gällivare (ca. 14,5 Std.). Informationen über Preise und Pauschalangebote unter www.inlandsbanan.com (auch auf Deutsch). Informationen zu Fahrten entlang der Erzbahn-Strecke bei der Staatsbahn, www.sj.se.

# 33 Ystad mit Kommissar Wallander

An einem schönen Frühsommertag durch Schonen zu fahren, unter blauem Himmel und an gelben Rapsfeldern vorbei, ist entspannend, und ein Bummel durch das Fachwerkstädtchen Ystad Idylle pur. Dass so mancher Besucher der Region trotz der ruhigen Landschaft und friedlichen Stimmung an perfide Morde, ausgeklügelte Verbrechen und bedrückende Brutalität denkt, hat einen einfachen Grund: Man ist nicht nur in Schonen, sondern eben auch im Wallander-Land!

Seitdem 1991 mit „Mörder ohne Gesicht" der erste von neun Bänden um den Kommissar Kurt Wallander erschien (2009 der letzte, „Der Feind im Schatten"), wurde die Gegend zu einem Wallfahrtsort für Krimifans. Denn die weltweiten und mehrfach verfilmten Bestseller des Schriftstellers und Theaterregisseurs Henning Mankell sind zwar völlig fiktiv, aber die Schauplätze eben nicht. Ortschaften, Straßen, Plätze, Häfen, sogar einzelne Häuser, Hotels und Restaurants werden in den düster-spannenden Romanen so konkret genannt und beschrieben, dass man die Krimis fast schon als Reiseführer zur dunklen Seite Schwedens nutzen kann.

Aus diesem Grund halten oft Touristen vor dem unscheinbaren Backsteinhaus auf Ystads Mariagatan 10, denn hier lebte in den Krimis der Protagonist Kurt Wallander. Die örtliche Touristinformation bietet „Wallander"-Führungen durch die Stadt an.Dabei kommt man am **Hotel Continental** vorbei, in dem Wallander häufig zu Abend isst, am Blumengeschäft an der Ecke von Pottmakaregränd und Västra Vallgatan sowie eben an der **Mariagatan**, in der Wallander einige Jahre wohnte. Dann geht es u. a. zum **Ystad Studio**, der Polizeiwache, auf der der Kommissar arbeitet, zu seiner Lieblingspizzeria sowie auf eine Tasse Kaffee zur bei Wallander-Fans inzwischen berühmten **Fridolfs Konditorei**. Auch ein Besuch von Ystads Filmmuseum, **Cineteket**, steht auf dem Programm. Hier sind u. a. Requisiten aus den Wallander-Filmen zu sehen.

Und auch rings um Ystad bekommen Kenner der Bücher an vielen Stellen Aha-Erlebnisse der besonderen Art: Dort also wurde das alte Bauernpaar erdrosselt, in dem Schloss lebte der „Mann, der lächelte", in diesem Wald geschahen die „Mittsommermorde", an jenem Strand wurden die Leichen aus Riga angespült, und in diesem Ort malte Wallanders Vater seine Auerhahn-Bilder …

INFO

**Ystads Turistbyrå:** St Knuts Torg, 27142 Ystad, Tel. 0411-577681. Weitere Infos zu den **Wallander-Führungen** durch Ystad, den Büchern und Filmen unter www.ystad.se bzw. www.visitystadosterlen.se/de. Auf der Website kann man online das sog. „Wallander-Paket" buchen.

Im Sommer gibt es Fahrten mit der **historischen Feuerwehr**, in der es gemütlich schaukelnd durch die Straßen geht. Zudem kann man sich die App „**Walk of Film**" herunterladen, um auf Wallanders Spuren zu Wandeln.

**Cineteket:** Elis Nilssons väg 8 (neben den Ystad Studios), Mo–Sa 10–16 Uhr, SEK 60.

Angesichts der präzisen Ortskenntnisse könnte man glauben, Mankell stamme aus Ystad. Dem ist aber nicht so. Er wurde 1948 in Nordschweden geboren, lebte lange Zeit in Stockholm, verlagerte seinen Lebensmittelpunkt ab den 1990er-Jahren nach Afrika, wo er als Leiter eines Theaters in Maputo (Mosambik) arbeitete, und verbrachte nur die Sommer in Schweden. Seine Wallander-Romane sind also in erster Linie das Ergebnis guter Recherche. Henning Mankell starb 2015 mit 67 Jahren in Göteborg.

Ystad (ca. 28.000 Einwohner) ist auch abseits des Lebens des Kommissars eine interessante Ostsee-Kleinstadt, die schon im Mittelalter als Hauptort des Heringsfangs bekannt war und erst seit 1658 zu Schweden gehört. Von hier gibt es Fährverbindungen nach Rønne auf Bornholm sowie nach Swinemünde in Polen. Zwei mittelalterliche Kirchen und rund 300 erhaltene Fachwerkhäuser verleihen dem Städtchen einen besonderen Reiz.

Für einen Stadtbummel empfiehlt es sich, nahe dem Fährterminal am **Bahnhof** (in den Kommissar-Wallander-Filmen die Polizeistation) zu parken und über die Hauptgeschäftsstraße Hamngatan zum **Stortorget** (großen Marktplatz) zu flanieren. Hier stößt man auf das schöne **Rathaus** im Empirestil (1838–1840), das über einem älteren Gebäude errichtet wurde, auf den Delfinbrunnen und auf die aus einer ursprünglich romanischen Kirche hervorgegangene **Marienkirche**.

Setzt man den Rundgang über die Gassen Garvaregränd, Tvättorget, Lilla Östergatan und Kvarngränd fort, passiert man einige der **schönsten Häuser** wie z. B. das Pilgrändshuset und den Kemnerska gården (16. Jh.), das Änglahuset (17. Jh.) und den Pär Hälsas gård, Schwedens größtes zusammenhängendes Fachwerkgebäude. Auf diesem Weg kommt man auch zur mittelalterlichen **Petrikirche** des **Gråbrödraklostret** (von gråbröder, Franziskaner), einer der am besten bewahrten Klosteranlagen des Landes, die nach einer wechselvollen Geschichte (Baubeginn 1267) heute als sehenswertes historisches Museum dient.

*(GA/UQ)*

*Auf Spurensuche durch Ystad*

# 34 Das Streichholzmuseum in Jönköping

Das **Streichholzmuseum/ Tändsticksmuseet**, an der Südspitze des Vätternsees, lohnt auf jeden Fall einen Besuch. Vor allem wird es Kindern gefallen. Es ist in einem Holzgebäude der ersten **Streichholzfabrik** Jönköpings von 1848 untergebracht. Die Streichholzindustrie wurde von den Brüdern Johan und Carl Lindström begründet.

Gezeigt wird die Entwicklung der Streichholzindustrie anhand eindrucksvoller Sammlungen von Werkzeugen für die manuelle Herstellung bis hin zu ausgetüftelten Streichholzmaschinen.

Von zentraler Bedeutung war das **Amt des Schmelzmeisters**, der für die richtige Mischung am Zündholzkopf zu sorgen hatte. Es wird der Raum von

*Einst ein wichtiger Wirtschaftsfaktor: die Produktion von Streichhölzern*

*Aus eigener lithografischer Abteilung: die Streichholzschachteln*

Schmelzmeister Wahlbom gezeigt, dessen Arbeit nicht ganz ungefährlich war und daher gut dotiert wurde. Wer mit leicht entflammbaren Dingen zu tun hat, muss mit besonderer Umsicht handeln.

Eine eigene **grafische und lithografische Abteilung** und Druckerei sorgte für die farbige und ansprechende Verpackung der Streichhölzer. Die wiederum hatte einen lebhaften Absatz der Zündhölzer zur Folge. Veranschaulicht werden auch die sozialen Verhältnisse, in denen die Menschen zu der Zeit der frühen Industrialisierung lebten. Von 1860 bis 1930 war die Streichholzindustrie der wichtigste Arbeitgeber in Jönköping.

Der **Rastplatz Hyltena** 10 km südlich von Jönköping bietet sich für eine erholsame Pause am **See Lovsjö** in naturschöner Umgebung an (u. a. Nachtcamping Wohnwagen/Wohnmobile, einfache Übernachtungsmöglichkeiten, Spielplatz, Restaurant).

*(GA)*

INFO

**Tändstickmuseet:** Tändsticksgränd 27, 55315 Jönköping, Tel. 036-105543, www.matchmuseum.se, Juni-Aug. Mo-Fr 10-17, Sa/So 10-15 Uhr, Sept.-Mai Di-So 11-15 Uhr; Nov.-Feb. und bis 19 Jahre Eintritt frei, März-Okt. SEK 50, Führungen sind möglich.
Eine **Filmvorführung** wird auf Wunsch auch in englischer oder deutscher Sprache gezeigt.

# 35 Das mittelalterliche Visby auf Gotland

Visby (ca. 22.500 Einw.) zählt zu den größten Sehenswürdigkeiten Skandinaviens und ist dessen **einzige Stadt mit weitgehend mittelalterlichem Erscheinungsbild**. Der Ort war einst ein heidnischer Kultplatz (vi = Heiligtum) und bedeutender Wikingerhafen. Ab dem 12. Jh. erlebte er einen enormen Aufschwung und wurde zum **Zentrum des Ostseehandels**, zur Regina Maris (Königin der Ostsee). Als solche war Visby direkte Vorläuferin von Lübeck.

Das immer reicher werdende Visby geriet bald in eine Konkurrenzsituation zur Insel Gotland, die sich 1288 in einem blutigen Bürgerkrieg entlud. Dieser war gleichzeitig Wendepunkt zwischen **Blütezeit und Fall** der Stadt. Im Jahre 1525 beendete Lübeck, selbst im Niedergang begriffen, mit der Invasion und Brandschatzung Visbys die Existenz seiner ehemaligen Vorgängerin. Die „Stadt der Rosen und Ruinen" fiel in einen Dornröschenschlaf, aus dem sie erst durch den Tourismus unserer Tage erweckt wurde.

Vor allem in der „**Mittelalterwoche**" (Medeltidsveckan, Anfang August), in der durch Schauspiele, Ritterturniere, Kunsthandwerker etc. die große Zeit Visbys wieder zum Leben erweckt wird, drängen sich die Zuschauer.

Die Stadtbesichtigung sollte zu Fuß erfolgen, da alle Sehenswürdigkeiten nahe beieinander liegen. Unverzichtbare **Highlights** sind die Stadtmauer, das Museum, die Marienkirche und einige der Kirchenruinen.

*Die wehrhafte Stadtmauer von Visby*

Der hübsche Park **Almedalen**, der sich heute vor der seeseitigen Mauer erstreckt und einen herrlichen Blick auf die Visbyer Altstadt freigibt, war einst der Hafen. Geschützt wurde er von zwei Verteidigungstürmen, von denen der Pulverturm (Kruttornet) am nordwestlichen Ende noch erhalten ist.

*Mittelalterliche Reiterspiele*

Für das **Historische Museum** (Gotlands Fornsal Museum) sollte man sich gut 1,5 Std. Zeit nehmen. Schwerpunkte der Sammlungen sind Frühgeschichte, Wikingerzeit und Mittelalter. Zu sehen sind hervorragende Beispiele der einzigartigen gotländischen Bildsteine, die zwischen 400 und 1100 n. Chr. nur auf der Ostseeinsel hergestellt wurden. Sie zeigen in ihrer frühen Phase abstrakte religiöse Symbole („Wirbelräder“, „Ewigkeitsschleifen“), später große Wikingerschiffe und Szenen der nordischen Mythologie und Sagenwelt. Beim Übergang zum Christentum weicht die figürliche Darstellung längeren Runeninschriften und später dann dem (Ring-) Kreuz als Zeichen der neuen Religion. Die Bildsteine stellen die erste und einzige **germanische Monumentalkunst** dar.

*Markttag auf dem Hauptplatz*

Der Almedalen kann auch Ausgangspunkt für einen etwa 5 km langen Spaziergang die **Stadtmauer** entlang sein. Die Mauer wurde um 1270 angelegt, hauptsächlich als Schutz der Stadt vor der einheimischen Bauernbevölkerung. Nach dem Bürgerkrieg von 1288 wurde sie erhöht, auf ihre heutige Länge von 3,6 km erweitert und mit über 50 Türmen bestückt. 36 sind noch erhalten. Dieser Wehrmauer verdankt es Visby, dass es mehr als jede andere Stadt im Norden sein mittelalterliches Aussehen bewahren konnte. *(UQ/GA)*

**INFO**

**Touristinfo:** Donners Plats 1, Visby, Tel. 0498-201700, http://gotland.com.
**Gotlands Fornsal Museum:** Strandgatan 14, 62156 Visby, Tel. 0498-292700, www.gotlandsmuseum.se, Di–So 11–16 Uhr.
**Flüge:** Flugverbindungen nach Visby unter www.gotlandsresor.se, www.swedavia.com/visby/.
**Fährverbindungen** bestehen von Nynashamn (südl. von Stockholm) und Oskarshamn (Småland), die Fahrt dauert je rund 3 Std. In der Saison sollte im Voraus gebucht werden, www.destinationgotland.se.
**Programm Mittelalterwoche:** www.medeltidsveckan.se.

# 36 Der Wasa-Lauf in Dalarna

Zwischen dem (für schwedische Verhältnisse) dicht besiedelten Süden und der unendlichen Weite des nahezu unbevölkerten Nordens liegt im Herzen des Königreichs die Traditionslandschaft **Dalarna** (die Täler). Sie ist nicht nur für ihre große Schönheit bekannt, sie hat auch das positive Schwedenbild im Ausland wesentlich geprägt: Mit der Landschaft um den Siljansee verbindet man das typisch Schwedische, wie Folklore, Mittsommer, „dalahästar" (Dalapferde) und die falunrote Farbe der Schwedenhäuschen. Carl von Linné nannte die Gegend aus diesem Grund auch „Schweden en miniature". Viele Schweden verknüpfen mit Dalarna außerdem die schmackhafte „falukorv" (Falun-Wurst) oder Namen wie die der Maler Anders Zorn und Carl Larsson oder des Dichters Erik-Axel Karlfeldt und natürlich den berühmten **Vasaloppet** (Vasalauf).

Seit 1922 findet jedes Jahr am ersten Wochenende im März dieser weltweit bekannte **Skilanglaufwettbewerb** über 90 km von Sälen bis nach Mora am Siljansee statt. Während 1922 noch 119 Teilnehmer starteten, nehmen inzwischen jährlich mehrere Zehntausend Menschen, vom Freizeitsportler bis zur internationalen Langlaufelite, an den verschiedenen Läufen während der Vasalaufwoche teil. Die eigentliche Geschichte des Vasalaufs nahm jedoch bereits rund 400 Jahre früher ihren Anfang, zur Zeit der Union Schwedens mit Dänemark, als der junge Adlige Gustav Eriksson 1521 auf der Flucht vor Getreuen des Dänenkönigs Kristian II., genannt der Tyrann, nach Dalarna gelangte. Dort wollte er die Bewohner Moras für den Aufstand gegen Kristian II. gewinnen. Da diese sich jedoch unschlüssig zeigten und Gustav verraten wurde, sah er sich gezwungen, westwärts Richtung Norwegen zu fliehen. Doch als kurz darauf weitere Gewalttaten des dänischen Königs in Mora bekannt wurden, bereuten die Bewohner ihr Zögern und schickten zwei ihrer besten Skiläufer los, die Gustav in Sälen einholten und mit ihm nach Mora zurückkehrten, um Pläne für den Kampf gegen den verhassten Dänenkönig zu schmieden. 1523 wurde Gustav unter dem Namen **Gustav I. Vasa** zu Schwedens erstem König gewählt. Sälen ist somit nicht nur der Startpunkt für eine der größten Skilanglaufveranstaltungen der Welt, sondern auch für die Geschichte ganz Schwedens.

Mittlerweile ist aus dem Vasalauf eine ganze **Vasawoche** geworden: Neben

*Jeder darf beim Wasa-Lauf mitmachen*

dem Hauptlauf (Vasaloppet) werden die Veranstaltungen Halbe Strecke (Halvvasan), Kurzlauf (Kortvasan), Staffellauf (Stafettvasan) und Frauenlauf (Tjejvasan) sowie Kinder- und Jugendläufe (Barnens Vasalopp, Ungdomsvasan) ausgetragen. Zudem besteht die Möglichkeit, eine Woche vor dem Großereignis in der Öppet spår, der **offenen Loipe**, zu laufen. Ab 2017 soll zudem mit dem Nattvasan ein Paarlauf in der Nacht hinzukommen. Populär sind inzwischen auch die Mitte August stattfindenden Wettkämpfe Cykel Vasan mit dem **Mountainbike** und der **Marathonlauf** (Ultravasan).

*Die Langlauf-Profis sind nach etwa 4 Stunden am Ziel*

Im Mittelpunkt des Interesses der sportbegeisterten Nation steht aber nach wie vor der Vasalauf, der morgens um 8 Uhr gestartet wird. Wer nicht am Ort des Geschehens ist, kann im Fernsehen oder am Radio mit verfolgen, wie die besten Läufer nach etwa vier Stunden die Ziellinie in Mora unter dem Motto „I fäderns spår för framtids segrar" („In der Spur der Vorfahren für zukünftige Siege") überqueren. Wer sich stark genug fühlt, am Vasalauf teilzunehmen, kann sich für den Hauptlauf im März oder für die gleiche Strecke – etwas geruhsamer – einige Tage vorher zu den Öppet-Spår-Veranstaltungen anmelden.

*(GA/UQ)*

INFO

**Information:** Vasaloppet Mora, Vasaloppet Hus, 79232 Mora, Tel. 0250-39200, www.vasaloppet.se. Infos für Teilnehmer und Besucher, Tipps u. a. zum Trainingsprogramm, Links zur Unterkunftssuche und -buchung. Hier befindet sich auch das **Vasaloppet Museum**.
Zum weiteren Angebot in der Region Dalarna: www.visitdalarna.se.

# 37 Luleå und Gammelstad – am nördlichen Ende der Ostsee

Auf dem Weg nach Norden sollte man keinesfalls an **Luleå** vorbeifahren, sondern mindestens einen Tag im Ort und in der Umgebung verweilen. Die Stadt liegt **am nördlichen Ende der Ostsee** und ist mit 76.000 Einwohnern innerhalb der Kommune das politische, ökonomische und administrative Zentrum Norrbottens. Gut 100 km unterhalb des Polarkreises sind die Winter kalt und die Sommer mild. Von Juni bis August betragen die Temperaturen 12 bis 15 °C.

1621 wurde die Stadt bei der mittelalterlichen Kirche von Gammelstad gegründet, doch reichte der Hafen bald wegen der Landhebung nicht mehr aus, sodass die neue Stadt gegen den Willen der Bewohner auf Befehl des Königs 11 km weiter zum heutigen Standort verlegt wurde. Doch die Neugründung war lange Zeit mehr ein Dorf als eine lebendige Handelsstadt. Immer wieder verhinderten Brände und Verwüstungen russischer Kosaken eine kontinuierliche Entwicklung, bis mit der Fertigstellung der Eisenbahn zwischen Gällivare und Luleå 1888 und der Errichtung einer Schmelzhütte Stadt und Hafen an Bedeutung gewannen. Heute ist die Stadt das **technologische Zentrum des Nordens**. Das Stahlwerk SSAB Luleå, eines der modernsten Europas, gibt 9.700 Beschäftigten Arbeit. An der Hochschule sind rund 7.500 Studenten eingeschrieben.

Die 1893 errichtete neugotische Kreuzkirche ist bereits die dritte, die an ein und derselben Stelle gebaut wurde. 1904 zur **Domkirche** ernannt, ist sie sowohl die nördlichste als auch jüngste Domkirche Schwedens. Luleås kultureller Nabel ist das 2007 eröffnete **Haus der Kultur**. Im Erdgeschoss findet man das Fremdenverkehrsamt Luleå Turistcenter und die Kunsthalle, darüber hinaus befinden sich hier die Stadtbibliothek, zwei Konzertsäle, ein Restaurant und ein Café. In der Verlängerung der Storgatan, der Hauptgeschäftsstraße, nach Westen liegt das sehenswerte **Norrbottens Museum** beim Hermelinspark mit Ausstellungen zur Kultur der Samen.

*Die Kirche von Gammelstad*

Lohnend ist ein Abstecher in das 10 km nordwestlich

*Am Hafen von Luleå*

vom Zentrum liegende **Gammelstad**, wo um die sehenswerte Kirche mehr als 400 Häuschen („kyrkstugor") liegen, die früher den Kirchbesuchern von weither als Unterkunft dienten und auch heute an kirchlichen Feiertagen genutzt werden. Die Kirche aus rotem und grauem Granit, Ende des 15. Jh. fertiggestellt, gilt als eines der schönsten sakralen Gebäude nördlich von Uppsala. Reich sind Ausstattung und Ausschmückung mit Fresken im Chor, dem um 1500 in Antwerpen gebauten Altar, mittelalterlichem Triumphkreuz, Marmortaufbecken und Chorgestühl sowie der Barockkanzel. Gammelstad gehört zum **UNESCO-Weltkulturerbe** und ist Schwedens größte und am besten erhaltene Kirchstadt, davon gibt es heute nur noch 16 im Lande.

Von der Kirche führt die Gamla Hamngatan (die alte Hafenstraße) hinunter zum **Freilichtmuseum Hägnan**, das mit typischen Norrbottenhöfen ein authentisches Bild des Lebens vom 18. bis ins 20. Jh. vermittelt. *(GA/UQ)*

**INFO**

**Kulturens hus und Luleå Turistcenter:** Skeppsbrogatan 17, Tel. 0920 455 900, www.kulturenshus.com, www.lulea.nu, Mo-Do 10-19, Fr 10-18, Sa 11-16, So 12-16 Uhr.
**Norrbottens Museum:** Storgatan 2, Tel. 0920 243 502, www.norrbottensmuseum.se, Di-Fr 10-16, Sa/So 11-16 Uhr.

**Gammelstad Visitor Centre:** Kyrktorget 1, Tel. 0920 457 010, www.lulea.se/gammelstad, Mo-Do 12-16, So 12-15, im Sommer auch Fr/Sa 12-15 Uhr.
**Hägnan:** Gamla Hamngatan 21, Tel. 0920 457 010, Juni-Anfang Aug. tgl. 11-17, sonst Di-Fr 11-15 Uhr.

# 38 Der Wintermarkt der Samen in Jokkmokk

Als Schwedens König Karl IX. zu Beginn des 17. Jh. verfügte, Marktplätze in Lappland zu errichten, um den Handel und die verstreut lebende samische Bevölkerung zu kontrollieren, wird er wohl kaum darauf gehofft haben, in der Wintersiedlung der Lule-Samen eine Tradition zu stiften, die sich auch **400 Jahre** danach größter Beliebtheit erfreut. Alle Jahre wieder treffen sich zahlreiche Bewohner der Nordkalotte und mit ihnen Touristen aus südlicheren Gegenden zum traditionellen Wintermarkt Anfang Februar im lappländischen Jokkmokk nahe dem Polarkreis.

Bis zu 45.000 Besucher fanden in den letzten Jahren den Weg in den 3.000-Einwohner-Ort. Angelockt von inzwischen rund 500 Marktständen bringen die vielen Zugereisten für drei Tage siedendes Leben in die langen, dunklen Monate arktischer Kälte. Doch nicht nur Handel und Kommerz prägen den Höhepunkt des Jahres in Jokkmokk, die Tage des Wintermarktes sind auch die Tage der **Kultur der Samen**, die als rot-blau-gelber Faden – den Farben der Jokkmokk-Samen – das Festival am Polarkreis durchziehen. In und um Jokkmokk liegen die Dörfer der Wald- und Fjällsamen (fjäll = Gebirge), die von der Rentierzucht leben und vornehmlich Träger der alten Kultur sind.

Jokkmokks Markt fiel anfangs in die Zeit der Papstmesse um den 25. Januar und dauerte zwei bis drei Wochen. Getauscht wurden Rentierprodukte, Felle und Handwerksgerät gegen Salz, Mehl, Hanf, Häute, Kleidung, Kupferkessel, später auch Kaffee und Tabak sowie Branntwein. Wer sich heute auf dem Markt in Jokkmokk bewegt, trifft nur an vereinzelten Marktständen Samen, die vorzügliches samisches Kunsthandwerk (sameslöjd), Rentierfelle oder geräuchertes Rentierfleisch und -wurst anbieten. Viele Händler von nah und fern, ohne samische Abstammung, reisen von Markt zu Markt. Es liegt eine eigenartige Stimmung über Jokkmokk, wenn sich bei Temperaturen um -20 oder -30 °C viele offensichtlich alte Bekannte im klaren oder schneediesigen Licht des Nordens treffen. Man steht in Gruppen, lacht und scherzt.

Von nordischer Zurückhaltung keine Spur. Hier macht es Sinn, dass man von Kopf bis Fuß Pelz trägt. Ausgesprochen groß ist auch das Angebot an ausgefallenen Pelzwaren. Dort, wo sich eine große Menschentraube bildet und langsam eine deutlich und klar erzählende Stimme aus dem babylonischen Sprachengewirr herauskristallisiert, zieht **Korv-Hasse** (korv = Wurst) die Zuhörer in seinen Bann. Zwei große, leuchtende Augen durchdringen das Publikum, Eis und Raureif im Bart, ganz in Pelz gehüllt, trägt er, eine Mischung aus Berserker, Wikinger und Trapper, theatralisch alte Märchen und Mythen vor, lässt Flüche und Stabreimverse vom Stapel und bietet zwischendurch Kostproben geräucherter Rentierwurstwaren an, die er zielstrebig an den Mann und die Frau bringt.

Eindrucksvoll ist das **Veranstaltungsprogramm** im Ort während der Markttage, die vom örtlichen Touristenbüro arrangiert werden. Im Mittelpunkt stehen Malerei, Musik und Kunsthandwerk der Samen in deren Ausbildungszen-

*Farbenfrohe Tracht von Kopf ...*

*... bis Fuß*

trum und andernorts, alle Institutionen am Ort sind in das Gesamtprojekt Wintermarkt eingebunden.

Südlich vom Markt kann man den Talvatissee aufsuchen und dem beliebten Rentierschlittenrennen beiwohnen. Wen es weiter hinaus in die Wildnis drängt, kann sich den Jokkmokksguider und ihren Schlittenhunden anvertrauen oder an einer Elchsafari – mit Elchgarantie – teilnehmen. Mit etwas Glück – ohne Garantie – wird man vielleicht Zeuge eines Phänomens, das schon immer die Fantasie der Menschen angeregt hat, wenn die flatternden Bänder, kunstvoll gefalteten Vorhänge oder Strahlenbündel des Polarlichts am Himmel erscheinen.

Für die Bewohner Jokkmokks gilt mit dem Ende des Wintermarktes dann wieder die neue alte Zeitrechnung, die Zeit nach („tiden efter") dem Großereignis Wintermarkt.

*(GA/UQ)*

**INFO**

**Anreise:** Hin- und Rückflug nach Stockholm, von dort Flug nach Luleå. Weitere 170 km per Bus bis Jokkmokk. Alternativ mit dem Nachtzug von Stockholm bis Murjek, von dort Anschluss mit dem Bus (60 km) nach Jokkmokk; oder mit der Inlandsbanan, die auch im Winter fährt (http://inlandsbanan.se, s. a. S. 78).

**Jokkmokks Turistbyrå:** Stortorget 4, 96231 Jokkmokk, Tel. 0971-22250, http://destinationjokkmokk.se/.

**Ájtte Svenskt Fjäll- och Samemuseum:** Kyrkogatan 3, 96223 Jokkmokk, Tel. 0971-17070, www.ajtte.com, Mitte Juni–Mitte Aug. tgl. 9–18, sonst Di–Fr 10–16, Sa 10–14 Uhr.

**Jokkmokkguiderna:** Skabram 201, 96299 Jokkmokk, Tel. 0971-12220, www.jokkmokkguiderna.com

# 39 Eishotel Jukkasjärvi

Das alte Kirchendorf **Jukkasjärvi**, zu Deutsch „Treffpunkt", war früher ein Marktplatz, an dem die Samen mit schwedischen Siedlern handelten, und ein Treffpunkt Lapplandreisender am Ufer des Torneälv. Es liegt 200 km oberhalb des Polarkreises und lockt seit einiger Zeit – vorzugsweise im Winter – Gäste aus aller Welt an.

*In freudiger Erwartung: Schlittenhunde*

Denn Jukkasjärvi, das auf Aktivitätsurlaub und Wildmarkabenteuer setzt, hat seit 1989 im Winter eine ganz besondere Attraktion zu bieten: Ein von Architekt Aimo Räisänen gezeichnetes **Gebilde aus vielen Tonnen Schnee und Eis**, das jedes Jahr im November neu errichtet wird und sich oft bis Mitte Mai hält. Die dunkelste und kälteste Jahreszeit ist für das Gebäude genau die richtige Zeit. Sobald im späteren Frühjahr die Mitternachtssonnenstrahlen auf die Eisblöcke treffen, beginnen sie zu schmelzen und das Hotel muss abgebaut werden. Im November 2016 eröffnete neben dem eigentlichen Eishotel das „Icehotel 365", in dem man das ganze Jahr über in eisiger Kälte nächtigen kann.

*Gemütliches Kaminzimmer*

## Fast 300 Jahre ...

**Die älteste Holzkirche Lapplands**, die 1726 erbaut wurde, steht Besuchern in Jukkasjärvi offen. Beeindruckend ist in der roten Kirche das farbenfrohe Altarbild von Bror Hjorth, das zeigt, wie der Priester und Erwecker Lars Laevi Laestadius gegen Trunksucht und unsittlichen Lebenswandel wettert. Bevor man zur Kirche gelangt, liegt auf der rechten Seite das kleine Heimatmuseum Jukkasjärvi Hembygdsgård mit einer Ausstellung, die Gebrauchsgegenstände der Samen zeigt, und einem Restaurant. Marknadsvägen 11, Jukkasjärvi, Tel. 0980-66807.

Coole Drinks gibt es in der Bar des Eishotels

In den rund 60 von Künstlern gestalteten Räumen verbrachten schon viele eine arktische Nacht bei unter -5 °C. Es empfiehlt sich, nur eine Nacht in den „Eissuiten“ (Snowroom, Iceroom, Northern Light Room, Ice Art Suite) zu verbringen und den restlichen Aufenthalt in einem der rund 70 warmen Hotelzimmer zu nächtigen. Neben den Suiten besteht das Hotel aus einem Restaurant, Kunsthalle, Eissauna, der Absolute Icebar und der Eiskirche. Inzwischen errichtet man jährlich auch ein Eis-Theater, dem Globe Theatre in London nachempfunden, in dem Aufführungen wie Macbeth oder Falstaff stattfinden.

Sommer wie Winter ist das Hotel zudem Ausgangspunkt für zahlreiche Aktivitäten. Im Winter bieten sich Skilanglauf, Hundeschlitten- oder Motorschlittenfahrten, Wildnis-Survival-Kurse, Ausritte zu Pferd und vor allem ein Besuch im Samenlager **Nutti Sámi Siida** an, in dem man nicht nur die samische Kultur hautnah erfahren, sondern auch Rentierschlittentouren erleben kann. Im Sommer dagegen kann man hier fischen, Kanu oder Kajak fahren, Raftingtouren unternehmen, oder eine historische Rundfahrt per Boot machen. Das ganze Jahr über kann man sich im Herstellen von Eisskulpturen üben. Auch Tagestouren sind möglich. *(GA)*

INFO

**ICEHOTEL Jukkasjärvi:**
Marknadsvägen 63, 98191 Jukkasjärvi, Tel. 0980-66800, www.icehotel.com. Reservierung unbedingt empfohlen. Informationen zum Hotel selbst, zum Aktivitätsangebot vorzugsweise im Winter, aber auch im Sommer, auf der Homepage des Hotels.

# 40 Für Spezialisten: der Fernwanderweg Kungsleden

Der **Kungsleden** (Königspfad) in Lappland ist ein berühmter und viel besuchter **Fernwanderweg**, der sich über rund 400 km von Abisko im Norden bis nach Hemavan im Süden erstreckt und dabei die Nationalparks Abisko, Stora Sjöfallet, Sarek und Pieljekaise durchquert. Der südliche Teil des Weges verläuft über etwa 350 km von Storlien nach Sälen. Der Schwedische Touristenverein (STF) unterhält an den Strecken Abisko-Kvikkjokk nördlich des Polarkreises und Ammarnäs-Hemavan in Südlappland 16 Hütten und Fjällstationen mit Übernachtungsmöglichkeiten. Die Entfernung zwischen den einzelnen Hütten und Fjällstationen beträgt etwa 15 bis 20 km, sie entspricht also einer Tagesetappe.

*Stege führen durch morastiges Gelände*

Der **Wanderpfad** ist für Touren im Winter und Sommer entsprechend markiert. Die Winterwege sind durch Pfähle mit einem roten Andreaskreuz, die

*Rast in weiter Landschaft*

Sommerwege durch rote Steinpyramiden gekennzeichnet. Sommer- und Winterwege haben oft die gleiche Routenführung.

*Sympathischer „Schilderwald"*

Das **Gelände** ist im Allgemeinen leicht begehbar. An schwierigen Furten sind Brücken vorhanden. Wege, die durch morastige Gebiete führen, sind oft mit Bohlen versehen. Größere Seen überquert man entweder mit Hilfe eines Bootsführers oder man benutzt eines der am Ufer liegenden Ruderboote und rudert selbst.

**Skitouren** sind möglich von Anfang März bis Mitte Mai. Die **Sommersaison** beginnt Ende Juni und endet Mitte September.

### Der Fjällräven Classic

Jedes Jahr im August wird ein **Wanderwettbewerb** veranstaltet, der sieben Etappen umfasst und von Nikkaluokta nach Abisko führt. Rund 2.000 Leute nehmen daran teil, um die 110 km zu wandern, für die man nicht länger als sieben Tage brauchen darf. Der Weg führt durch unterschiedlichste und reizvolle Landschaftsabschnitte, die zum Teil schnell wechselnden Witterungsverhältnissen ausgesetzt sind. Eine entsprechende Ausrüstung ist wichtig.

Weitere Informationen zu den Startbedingungen und Fragen der Ausrüstung unter www.fjallraven.de/classic/die-wanderung

Der nördliche Teil des Kungsleden verläuft von Abisko nach Kvikkjokk über 172 km. Der Weg führt durch landschaftlich abwechslungsreiches Gelände, überwiegend oberhalb der Baumgrenze, durch breite Bergtäler, über Hochplateaus und enthält einige starke Steigungen. Die Strecke zwischen Aktse und der Hütte in Pårte verläuft durch den Sarek-Nationalpark. In Kvikkjokk unterschreitet man wieder die Baumgrenze.

Die am stärksten frequentierte Strecke führt von **Abisko bis zum Kebnekaise**, Schwedens höchstem Berg. Sie ist sehr gut geeignet für eine Wochentour. Von dort aus kann man das verlockende Nordlicht auch am besten sehen.

Allerdings kann es in den Hütten während der **Hochsaison** vom 10. Juli bis Mitte August eng werden. Alle Gäste sind gern gesehen, und selbst wenn die Hütten doch einmal voll belegt sein sollten, erhält jeder einen Schlafplatz und ein Dach über dem Kopf. Infos unter www.svenskaturistforeningen.se/omraden/kungsleden/. *(GA)*

# Finnland

Finnland, in der Landessprache Suomi, ist bei vielen auch als das „Land der tausend Seen" bekannt. An den Seen kommt niemand vorbei und sie machen oft eines der Hauptmotive für eine Reise nach Finnland aus. Seen und Wälder sind zwar der bekannteste, aber natürlich nicht der einzige Bestandteil einer Landschaft, die sich (im Gegensatz etwa zur norwegischen) nie spektakulär in Szene setzt. Höchstens die lappländischen Nationalparks verdienen Attribute wie „grandios" oder „majestätisch". Die Wiesen und Felder des Südens, die Sandstrände am Bottnischen Meerbusen, die unzähligen Schären der Åland-Inseln, all das erschlägt einen nicht mit Eindrücken, reizt aber immer zum Bleiben und zum Wiederkommen. Dabei ist klar, dass der Finnland-Reisende das Ursprüngliche und Unverfälschte sucht. Es versteht sich von selbst, dass dieser Naturraum eine Fülle von Outdoor-Möglichkeiten bietet, die jeder Sportinteressierte nutzen kann. Dass Finnland ein traditionsreiches Wintersportland mit besten Schneeverhältnissen von Dezember bis April ist und für viele zu einer Alternative zum Rummel in den Alpen werden könnte, ist wohl den meisten Wintersportfreunden bewusst.

Neben der Natur werden oft auch die politische Stabilität sowie die vergleichsweise moderaten Preise als Motive für die zunehmende Beliebtheit Finnlands genannt. Vor Ort wird man dann feststellen, dass Suomi auch kulturell einiges zu bieten hat. Alte Feldstein- und Holzkirchen, eine Vielzahl ansprechender moderner Bauten, dazu eine äußerst lebhafte Musik- und Festivalszene sorgen für mehr als interessante Kontrapunkte zum Naturerlebnis. Und es lohnt sich, Bekanntschaft mit dem finnischen Volk zu machen, das eine ungewöhnliche Sprache spricht und auf eine ungewöhnliche Geschichte zurückblicken kann.

## STECKBRIEF

**Name:** Suomi (Finnland); amtlich: Suomen tasavalta (Republik Finnland)
**Flagge:** blaues Kreuz auf weißem Grund
**Fläche:** 338.432 km²
**Klima:** gemäßigt bis kalt, kalte Winter und vergleichsweise heiße Sommer. Große Temperaturunterschiede in Süd-/Nordrichtung. Sommer und Winter dauern im Süden des Landes etwa einen Monat länger als im Norden.
**Nationalfeiertag:** 6. Dez. (Unabhängigkeitstag)
**Bevölkerung:** 5,5 Mio., darunter etwa 7.000 Sami (Lappen) mit eigener Sprache und Kultur.
**Sprache:** Finnisch (92 %) und Schwedisch (5,5 %), 292 Gemeinden sind finnischsprachig, 19 Gemeinden im Land sind schwedischsprachig, 31 sind zweisprachig.
**Hauptstadt:** Helsinki
**Staatsform:** Parlamentarische Republik
**Ministerpräsident:** Juha Petri Sipilä (Zentrum)
**Wirtschaft:** Exportorientiertes, industriell hochentwickeltes und wohlhabendes Land: Holz- und Papierindustrie, Metall- und Elektronikindustrie, Landwirtschaft und Tourismus. Die wichtigsten Handelspartner sind Deutschland, Schweden und Russland.
**Währung:** 1 Euro = 100 Cent
**Telefonvorwahl:** +358
**Internet-TLD:** fi

41 Der Klassiker – die finnische Sauna
42 Spezialitäten wie Aalquappen-Rogen, Malzbrei, Piroggen, Moltebeeren, Elchbraten oder Rentiergeschnetzeltes
43 Design und Architektur in Helsinki
44 Alvar Aalto – Großmeister der Moderne
45 Stadtplanung in Tapiola und Otaniemi
46 Inselfestung Suomenlinna
47 Schärenidylle bei Tammisaari (Ekenäs)
48 Festivals in Turku
49 Musik – von HIM über Rasmus zu den Monsterrockern
50 Auf der historischen Königsstraße
51 Åland-Inseln
52 Die Altstadt von Rauma
53 Lahti – nicht nur für Langläufer
54 Bootswandern auf vielen Seen
55 Die Opernfestspiele Savonlinna
56 Die größte Holzkirche der Welt
57 Vaasa – die schwedische Exklave
58 Mit dem Hundeschlitten durch Lappland (Nordkalotte)
59 Wo bitte wohnt der Weihnachtsmann?
60 Dem Polarlicht ganz nah – Kakslauttanen Artic Resort

# 41 Der Klassiker – die finnische Sauna

Man muss schon lange nicht mehr nach Finnland reisen, um in den Genuss eines Saunabesuchs zu kommen – die Sauna hat ihren Siegeszug um die ganze Welt angetreten und hat dabei auch eines der wenigen finnischen Wörter in den internationalen Wortschatz gebracht. Zu einem Finnland-Urlaub gehört der Gang in die Sauna einfach dazu. Eine Sauna zu finden, dürfte leicht fallen, es gibt im Land rund 1,6 Millionen.

Ein finnisches Einfamilienhaus ohne Sauna-Häuschen ist unvorstellbar, auch hat fast jedes Mietshaus seinen Saunabereich. Und finnische Wanderer behelfen sich bei Mehrtagestouren mit einem Provisorium, indem sie einfach aus Stöcken und Planen eine Art Zelt in die Wildmark bauen, im Lagerfeuer Flusskiesel erhitzen und diese in einem Metalleimer ins Innere setzen …

Reisende werden feststellen, dass eine Sauna in den Hotels und Jugendherbergen, in Feriendörfern und Campingplätzen zum Standard gehört. Manche First-Class-Hotels bieten Zimmer mit Privatsauna an und viele Hotelsaunas sind auch für externe Gäste geöffnet.

Warum ist das Schwitzvergnügen in Finnland so beliebt? Zunächst ist es sicherlich die Entspannung, die man im „Schwitzkasten" und danach erfährt. Dazu kommt die abhärtende Wirkung, Erkältungen wird vorbeugt,

### Kleine Sauna-Kunde

- Falls Sie als erste Sauna-Gäste die Temperatur einstellen müssen: **85 bis 100 °C sind ideal** (gemessen in Kopfhöhe). Untersuchungen belegen, dass eine hohe Luftfeuchtigkeit und die genannten Temperaturen gesünder sind als eine zu heiße und zu trockene Sauna.
- **Keine Angst vor einer Überhitzung** des Gewebes: wegen des Schwitzens entsteht auf der Haut Verdunstungskälte.
- Neben dem Ofen, der die Sauna auf mindestens 85 °C erhitzen kann, müssen die **Luftzirkulation** und die Luftfeuchtigkeit stimmen. Sechs Mal stündlich sollte die Luft in der Sauna ausgetauscht werden. Aufgüsse lassen die Luftfeuchtigkeit ansteigen.
- Nehmen Sie sich **genügend Zeit**, denn nur bei richtiger Abkühlung und Ruhepausen zwischen den einzelnen Saunagängen stellt sich die entspannende Wirkung ein.
- **Wie lange bleibt man in der Sauna?** Ihr Körper signalisiert Ihnen, wann es genug ist. Lassen Sie sich nicht von der Sanduhr irritieren, die absolut nicht maßgeblich für das eigene Wohlbefinden ist.

*Ein Bündel frischer Birkenzweige gehört zum Saunagang dazu*

*Das Saunieren hat in Finnland Tradition*

der Kreislauf stabilisiert, der Stoffwechsel aktiviert, der Körper entschlackt und die Haut verschönt.

Und **wie sauniert man am besten?** Bei den Finnen gehört zum richtigen Schwitzen neben der idealen Temperatur auch die Massage mit einem Bündel frischer Birkenzweige *(vihta)* dazu. Ein Aufguss, den man über die heißen Steine gießt, darf ebenso wenig fehlen etwas zu trinken oder Saunagerichte zwischendurch. Zur Abkühlung nach den einzelnen Saunagängen springt man am besten in den See – deshalb sind in ländlichen Regionen fast alle Saunas direkt am Wasser. Ist dieser im Winter zugefroren, schlägt man eben ein Loch in die Eisdecke. So eine Abkühlung sollte jedoch den wirklich Mutigen und Erfahrenen vorbehalten bleiben, während der Sprung bei minus 30 °C für Ungeübte riskant sein kann. In den städtischen und Hotelsaunas ersetzen natürlich Dusche und Tauchbecken den See.

In Finnland geht es in den Saunas vergleichsweise prüde zu. In Hotels etwa sind sie nach Damen und Herren getrennt bzw. Paaren vorbehalten, auch sonst schwitzt man meist im Kreis der Familie oder zusammen mit Geschlechtsgenossen. Und auf Campingplätzen oder in Jugendherbergen werden im Allgemeinen Saunazeiten reserviert.

*(DK/UQ)*

# 42 Spezialitäten wie Aalquappen-Rogen, Malzbrei, Piroggen, Moltebeeren, Elchbraten oder Rentiergeschnetzeltes

Die finnische Küche wird in besonderem Maße vom Wechsel der Jahreszeiten bestimmt. Im **Januar** wird bevorzugt Aalquappen-Rogen serviert, den man auf Blinis (einer Art Pfannkuchen) und zusammen mit russischer saurer Sahne *(smetana)* und kleingehackten Zwiebeln schlemmt. Auch die Aalquappen-Suppe ist eine Köstlichkeit, die mancherorts mit klarer Brühe, zerlassener Butter und Kartoffeln zubereitet wird. Im **Februar** vertreibt man die bittere Kälte mit deftigen Suppen und Eintöpfen, bei denen Fleisch, Fisch, Kohl oder Wurst die Zutaten sind.

Eine Delikatesse: frisch zubereiteter Fisch

Der Donnerstag ist im ganzen Land für die Erbsensuppe reserviert, Nachtisch sind Pfannkuchen mit Konfitüre *(lettu)*. Eine traditionelle Spezialität in der **Osterzeit** ist der süße Malzbrei *mämmi*, der als Nachtisch zu Hühner-, Eier- und Lammgerichten gegessen wird. Vor allem in orthodoxen Gemeinden macht sich Ostern mit der Quarkspeise *pascha* und den Gebäcksorten *kulitsa* oder *baba* der östliche Einfluss bemerkbar. In den Monaten **März und April** kommen u. a. Hecht, Barsch und Brachse oft auf den Tisch.

Beliebt beim **Vappu-Fest am 1. Mai** ist *tippaleipä*, ein dünn gerollter Berliner-Teig. Dazu gibt es *sima*, ein leicht vergorenes Getränk aus Rohzucker. Der kulinarische Sommer beginnt mit dem **Mittsommerfest** *(juhannus)*: Erbsen, Erdbeeren, Blaubeeren, Moltebeeren, Gurken, Tomaten werden angeboten, auch wohlschmeckende Kartoffeln, die als Vorspeise mit Butter und frischem Dill gereicht werden. Aus frischem Gemüse und Milch bereitet man die Sommersuppe *(kesäkeitto)* zu. Den Johannis-Käse sollte man probieren, ebenso den traditionellen finnischen Eierkuchen *(muurinpohjalettu)*, dessen Teig im Freien in einem großen gusseisernen Topf gebacken wird – dazu gibt's Erdbeer- und Himbeerkonfitüre.

Kein **Sommer-Dessert** kommt ohne die leckeren Wildbeeren mit Schlagsahne oder Dickmilch *(viili)* und Pfannkuchen aus. Beliebt ist die Moltebeere, die wie eine gelbe Himbeere aussieht und im ganzen Land wächst. Am **21. Juli** beginnt die bis September andauernde Flusskrebs-Saison.

*Selbst gepflückte Wildbeeren schmecken am besten*

Im Erntemonat **August** kündigt sich langsam der Herbst an: Während die See nun Flunder *(kampela)* und Ostseehering *(silakka)* bietet, stellen Jäger den Enten nach. Fast alle Finnen zieht es in die Wälder, wo jeder gute Stellen kennt, um Pfifferlinge, Trompetenpfifferlinge, Milchlinge, Röhrenpilze und andere Speisepilze zu finden. Im **September** wird die Jagd auf Hasen und Elche eröffnet, Wanderer sammeln Preisel- und Moosbeeren. Feinschmecker sehnen den **Oktober** herbei, weil dann aus dem Rogen von Hering sowie kleiner und großer Maräne der unübertroffene rote Kaviar gewonnen wird. Auf den Märkten wird geräucherter, gebeizter, marinierter oder gesalzener Fisch angeboten.

Ab **Dezember** bieten die besseren Restaurants jene Spezialitäten, die aus dem hohen Norden kommen und für die die lappländische Küche berühmt ist: Elch- und Rentierbraten, Rentiergeschnetzeltes *(poronkäristys)* oder Schneehuhn in Cremesauce *(riekko)*. Andere Wild- und Fischgerichte sind leicht geräucherter Lachs mit Morchelsoße oder aufgekochter Stockfisch *(lipeäkala)*. Sonst bereitet man sich auf **Weihnachten** vor und setzt den berühmten Glühwein *(glöggi)* an. Auf der Festtafel findet man dann Fisch (z. B. Hering, Lachs, Schellfisch) und Aufläufe, Pasteten, Palatschinken oder Truthahn. Auch der gewürzte finnische Pfefferkuchen *(piparkakku)* gehört zu jedem traditionellen Weihnachtsfest.

*(DK/UQ)*

# 43 Design und Architektur in Helsinki

Wenn Suomi als Kulturlandschaft einem größeren Kreis von Kunstinteressierten in aller Welt bekannt gemacht wurde, dann durch seine **Architekten und Designer**. Technisch exakt und künstlerisch sorgfältig durchdacht und gearbeitet, vermochte es die finnische Bau- und Gestaltungskunst von Anfang an, für ihr Heimatland zu werben. Natürlich gab es nach dem Krieg auch in Finnland Bausünden. Der Wohnraumbedarf war in den 1950er- und 1970er-Jahren zu groß und manche Vororte der großen Städte wirken mit ihren Plattenbau-Siedlungen trist. Doch insgesamt hat sich das Land beim Aufbau der modernen Wohlfahrtsgesellschaft so gut „geschlagen", dass ihm der Architekturkritiker Kenneth Frampton **„eine großartige moderne architektonische Kultur"** bescheinigte.

*Museum für moderne Kunst*

Besonders gut erleben kann man diese Kultur in Helsinki. Auf der breiten Halbinsel, die sich **südlich des Zentrums** ausdehnt, trifft man auf große Grünanlagen und beschauliche Holzvillen, aber auch auf lebhafte Shoppingadressen, wunderschöne, geschlossene Stadtviertel und ein Zentrum der kreativen Szene. Damit bietet sich die Halbinsel für einen **Rundgang** an, bei dem Shopping, Kultur und Naturgenuss im Vordergrund stehen. Wer müde wird, kann mit der Tramlinie 2 abkürzen, die eine große Runde durch dieses Gebiet dreht.

Ein bestens geeigneter Startpunkt ist die Esplanade, deren zwei Straßen bereits einen Großteil der arrivierten Shoppingadressen auf sich vereinigen. An ihrem westlichen Ende, am Schwedischen Theater, kommt man zum Erottaja-Platz und geht über die gleichnamige Straße südwärts bis zum kleinen, dreieckigen Park Kolmikulma. Die vielen Boutiquen, Galerien und Läden mit Mode, Möbeln und Accessoires, die In-Kneipen und Clubs, schrägen Musikshops und trendigen Friseursalons künden unübersehbar davon, dass man sich hier in einem der angesagtesten Helsinkier Stadtteile befindet, dem sogenannten **Design-Distrikt**.

*Am Bahnhof von Helsinki*

In der Nähe des Parks befinden sich zwei Museen, die eng mit dem Thema, Lifestyle, Architektur und Design verknüpft sind. Das **Designmuseum** an der Korkeavuorenkatu dokumentiert mit seinen Exponaten die Entwicklung des finnischen Industrie- und Wohndesigns. Daneben gibt es stets gute Wechselausstellungen. Untergebracht ist das Museum in einem ehemaligen Gymnasium von 1894.

Das **Museum für Finnische Architektur** an der Kasarmikatu verspricht angesichts der berühmten Namen, die Suomi der internationalen Baukunst geschenkt hat, nicht nur für besonders Interessierte neue Einsichten. Neben Wechselausstellungen findet man in dem dreistöckigen klassizistischen Bau ein Fotoarchiv, eine Sammlung von Originalzeichnungen, eine Spezialbibliothek und einen gut bestückten Museumsshop.

*(DK/UQ)*

INFO

**Designmuseo:**
Korkeavuorenkatu 23,
Tel. 09 622 0540,
www.designmuseum.fi,
Juni–Aug. tgl. 11–18 Uhr, Sept.–Mai Di 11–20, Mi–So 11–18 Uhr, zu erreichen mit Tram 10, Bus 24, 10 €.

**Arkkitehtuurimuseo (Architekturmuseum):** Kasarmikatu 24,
Tel. 09 8567 5100, www.mfa.fi,
Di–So 11–18, Mi 10–20 Uhr, zu erreichen mit Tram 10, Bus 24, 8 €.
**Infos** zu den zahlreichen Galerien, Shopping, Restaurants etc. im Design District: https://designdistrict.fi/en/

# 44 Alvar Aalto – Großmeister der Moderne

Als Großmeister der Moderne und einer der **wichtigsten Architekten des 20. Jh.** ging Alvar Aalto in die Geschichte ein. Schon als 23-Jähriger hatte er sein Architekturstudium in Helsinki abgeschlossen und hospitierte in europäischen Architekturbüros. Ab 1925 bildeten Alvar Aalto und seine Frau Aino ein höchst effektives Team, das einen unverwechselbaren Baustil entwickelte und wichtige Bauwerke bis ins kleinste Detail plante: Die Aaltos bestimmten sowohl die Bodenbeläge und Farbgebung der Räume als auch Platzierung und Form von Aschenbechern, Lampen oder Lichtschaltern. Auf diese Weise schrieb das Ehepaar auch Design-Geschichte. Am bekanntesten sind dabei die Artek-Möbel aus Kiefernbugholz und gebogenem Sperrholz, die ab 1930 industriell gefertigt wurden, sowie die weich geschwungene **Savoy-Vase** (1936).

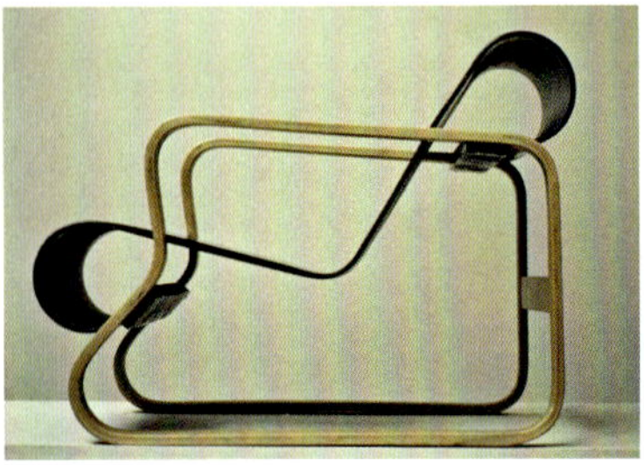

*Klassiker: der Armsessel „Paimio“ und die Vase „Savoy“*

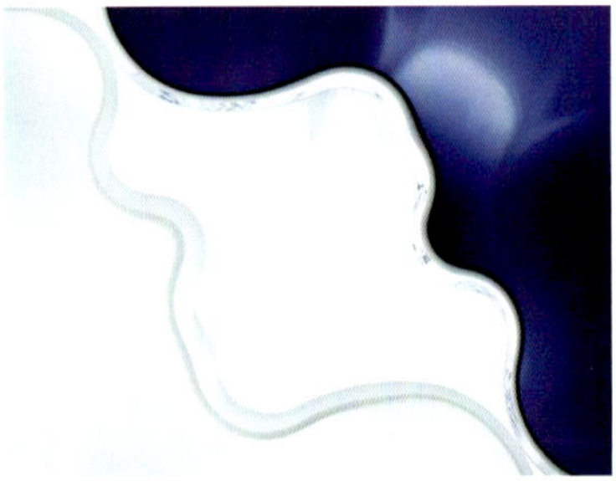

Aaltos **Formensprache** war von Anfang an funktional, d. h. der Zweck sowie die technischen Anforderungen bestimmten das Aussehen eines Gebäudes und seiner Räumlichkeiten. Folgende Aspekte waren für Aalto von großer Wichtigkeit: Das Funktionale durfte die Architektur nie langweilig werden lassen – überraschende Konturen, geschwungene Fassaden oder keilförmige Strukturen waren einige der organisch-dynamischen Mittel, mit denen er dieses Ziel erreichte. Das Bauwerk sollte für seine Benutzer funktionieren, denn Ansprüche und Erfordernisse sind bei Wohnhäusern, Hospitälern, Universitäten oder Kongresszentren jeweils höchst unterschiedlich.

Nach Aaltos Verständnis musste die Architektur dafür sorgen, dass auch die sozialen und/oder psychischen Faktoren so weit berücksichtigt werden, dass sich die Menschen im entsprechenden Raum wohlfühlen. Schließlich wollte Aalto ein **harmonisches Miteinander von Gebäude und umgebender Natur** erreichen – ein See etwa konnte durch große Fensterflächen in das Bauwerk integriert, felsiger Untergrund sichtbar gemacht und als Baumaterialien natürliche Stoffe gewählt werden. Seine 1939 fertiggestellte **Villa Mairea** diente dem Paar als eine Art Labor, in dem praktische Lösungen für eine breit angelegte Häuserproduktion erarbeitet wurden.

**Der internationale Durchbruch** kam für das Büro, nachdem es auf den Weltausstellungen von Paris und New York jeweils den finnischen Pavillon gestalten konnte – und Alvar Aalto zwei Gastprofessuren am renommierten Massachusetts Institute of Technology (MIT) erhielt. Zurück in Finnland, widme-

*Die Finlandia-Halle in Helsinki (1971)*

te sich das Architektenpaar städtebaulichen Aufgaben für **Helsinki, Rovaniemi und Tapiola** sowie repräsentativen öffentlichen Einzelgebäuden. In dieser sogenannten Roten Periode entstanden in Helsinki u. a. das Kulturhaus der finnischen Volksdemokratie (1955–1958) und der Komplex des Polytechnikums von Otaniemi (1955–1964). Aaltos bekanntestes Gebäude ist die **Finlandia-Halle** in Helsinki (1962–1975). Ein Jahr nach deren Fertigstellung starb Alvar Aalto.

Im **Alvar Aalto Museum** in Jyväskylä im Zentrum des Landes sind die wichtigsten Arbeiten Aaltos dokumentiert. In Helsinki ist u. a. das **Studio Aalto** bei einer Führung zu besichtigen, in dem der Architekt sein Büro unterhielt. *(DK/UQ)*

INFO

**Alvar Aalto Museum:** Alvar Aallon katu 7, 40600 Jyväskylä, Tel. 040 135 6210, www.alvaraalto.fi, Juli/Aug. Di–Fr 10–18, Sa/So 11–18, sonst Di–So 11–18 Uhr, 6 €.
**Studio Aalto:** Tiilimäki 20, 00300 Helsinki, Tel. 09 480 123, Führung Di–Sa 11.30, Sommer 11.30, 12.30 Uhr (Aug. tgl.), 17 €. Kombiticket mit Aalto Museum.
**Tipp:** Auf einer Fahrt mit der **Tram 4** von Katajanokka nach Munkkiniemi kommen Fans von Alvar Alto auf ihre Kosten. Sie führt an verschiedenen Gebäuden des Architekten wie der **Finlandia-Halle**, dem **Aalto-Studio** und der **Villa Aalto** vorbei. Mehr Infos unter www.visithelsinki.fi.

## 45 Stadtplanung in Tapiola und Otaniemi

Zu den städteplanerischen Hauptsehenswürdigkeiten am Rande Helsinkis gehören Tapiola und Otaniemi, die beispielhaft für die **Prinzipien der finnischen Stadtplanung** ab den 1950er-Jahren stehen. Da die benachbarten Stadtteile nur wenige Fahrminuten von Helsinki entfernt liegen, sind sie oft auch in den Sightseeing-Programmen enthalten.

Die „Gartenstadt" **Tapiola** – heute unübersehbar markiert durch das Hochhaus des finnischen Ölkonzerns Neste Oil – ist sicher Helsinkis bekanntester Vorort und stieß seit seiner Planung in den 1950er-Jahren auf ein großes internationales Echo. Damals konnte man für den neuen Stadtteil Alvar Aalto, Reima Pietilä und andere namhafte Architekten gewinnen, die gemeinsam eine Heimat für ca. 20.000 Menschen schaffen wollten, die funktionell und bürgerorientiert zu sein hatte, gleichzeitig aber auch die vorgefundene Natur und den Rhythmus der Landschaft einbezog. Ob das Ergebnis diesem Ideal entspricht, mag jeder selbst entscheiden.

*Das Kulturhaus von Tapiola*

Programmatisch für Tapiola ist, dass sein Mittelpunkt aus einem künstlichen See besteht, um den herum sich weiße Geschäftsbauten, ein Hotel, Kirche, Kulturzentrum, die Schwimmhalle und Supermärkte gruppieren. Den besten Blick auf dieses Ensemble hat man von der Terrasse im 13. Stock des zentralen Turms (Eintritt), in dem sich auch das Fremdenverkehrsamt befindet. Hinter See und Turm befindet sich das **Ausstellungs- und Kulturzentrum WeeGee**, ein ambitioniertes Projekt, das mehrere Museen und Wechselausstellungen unter einem Dach vereint. Dazu gehören das große Museum für Moderne Kunst **EMMA (Espoon modernin taiteen museo)** und das **Helinä Rautavaaran Museum**, das den außereuropäischen Kulturen gewidmet ist.

*Die Technische Universität von Otaniemi*

Von hier aus bis zum Nachbarort **Otaniemi** ist es nur knapp 1 km. Der Bebauungsplan dieses Stadtteils, der sich nordöstlich jenseits der Hagalundintie ausbreitet, stammt von Alvar Aalto. Die Stadt, seit 2017 mit eigener Metrostation, ist heute bedeutende Hightech-Hochburg mit der Alvar-Aalto-Universität, Forschungszentrum und Technologiepark als zentralen Punkten.

Einer der bekannteren Bauten von Alvar Aalto ist der **Campus der TU**. Das mitten in der Natur gelegene Universitätszentrum besteht aus ziegelsteinroten Gebäuden und wird von dem Amphitheater des Audimax beherrscht, in dem außen und innen alle architektonischen Kräfte zusammenlaufen.

Doch auch andere bekannte Architekten haben sich in Otaniemi verewigt. Hier sind Reima Pietilä und Raili Paatelainen zu nennen, auf deren Pläne das 1966 gebaute **Kongresszentrum Dipoli** zurückgeht. Den auffälligen, mit Natursteinblöcken, Holz und Beton errichteten Komplex findet man östlich vom Campus. Die **Kapelle von Otaniemi**, klein und schlicht, kann die Prinzipien der hiesigen Architektur besonders deutlich machen. Die 1967 vollendete Kapelle der Architekten Kaija und Heikki Sirén liegt mitten im Kiefernwald, dessen Natur durch ein wandfüllendes Fenster einbezogen wird.

*(DK/UQ)*

**INFO**

Touristeninformation: **Espoo Centre Citizens Office**, Shopping Centre Espoontori, Kamreerintie 3 C, 02770 Espoo, Tel. 09 8164 7230; **Tapiola Citizens Office**, Espoo Cultural Centre, Kulttuuriaukio, 02100 Espoo, www.visitespoo.fi.

Näyttelykeskus WeeGee (Ausstellungs- und Kulturzentrum WeeGee): Ahertajantie 5, Tapiola, 02100 Espoo, Tel. 09 8163 1818, www.weegeenayttelykeskus.fi, Di–Fr 11–18, Sa/So 11–17 Uhr, 12 €. Von Helsinki aus zu erreichen mit Bus 106, 110T, 194.

Kapelle Otaniemi: Jämeräntaival, Otaniemi, Juni–Aug. Mo–Fr 11–16 Uhr.

# 46 Inselfestung Suomenlinna

Im Sommer gibt es eine richtige kleine Armada von „Wasserbussen", die vom Helsinkier Marktplatz aus **Suomenlinna** ansteuern. Außerdem ist die geschichtsträchtige Stätte auch mit Fähren und in strengen Wintern sogar auf einer außerplanmäßigen Busroute über die zugefrorene Ostsee zu erreichen.

Die Geschichte der Festung, die 2018 ihr 270. Jubiläum feiert, geht auf die Schweden zurück, die im Kampf gegen das Zarenreich und das aufstrebende St. Petersburg (mit dessen Festung Kronstad) im 18. Jh. sowohl ein starkes Bollwerk zum Schutz der gefährdeten Ostflanke ihres Reichs benötigten als auch einen militärisch nutzbaren Naturhafen im Finnischen Meerbusen. Beides konnten die Schären vor dem damaligen Helsingfors bieten. So beauftragte man den Bau der Festung Sveaborg (= „Schwedenburg"). Sehr lange konnte die Sveaborg ihre Aufgabe jedoch nicht erfüllen: Im Jahre 1809 kapitulierten die Schweden nach längerer russischer Belagerung. Der zaristische Doppeladler wurde über Viapori – wie Sveaborg auf Slawisch genannt wurde – gehisst. In der 110 Jahre währenden russischen Epoche ist die Festung modernisiert und zu einer richtigen kleinen Stadt vergrößert worden. Mit der

### Helsinki Card

Wer alle sechs Museen auf der Festungsinsel besuchen will, für den lohnt sich evtl. der Kauf der Helsinki Card. Infos unter www.helsinkicard.de.

*Das Festungsgelände ist heute beliebtes Naherholungsgebiet*

finnischen Unabhängigkeit ging der Archipel 1918 in den Besitz der einheimischen Armee über, und die Festung erhielt ihren Namen Suomenlinna (= „Burg der Finnen"). Nach Auflösung der Garnison 1973 wurde das nationale Denkmal aufwendig saniert. Es ist eine der meistbesuchten Touristenattraktionen des Landes.

Die reizvolle Lage Suomenlinnas wird auch von den Hauptstädtern als **Naherholungsgebiet** ausgiebig genutzt: Bei den Inselchen handelt es sich um ei-

*Gebaut als Bollwerk*

nen Teil des Helsinkier Schärengürtels, mit Granitfelsen, Badeklippen, hübschen Buchten und niedriger Vegetation, ergänzt durch einige rare Pflanzen. Die vier größten Eilande sind durch Brücken miteinander verbunden und verfügen sowohl über gepflegte Parks als auch über Wanderwege.

Ergänzt wird das Angebot durch mehrere Galerien, sechs Museen und ein Sommertheater. Dazu gehören u. a. das multimediale Suomenlinna Museum über die Geschichte der Festung, das **U-Boot Vesikko** aus dem Zweiten Weltkrieg, ein Zoll- und ein Spielzeugmuseum. Suomenlinna wird aber nicht nur museal in Szene gesetzt, sondern erscheint als lebendiger Stadtteil mit rund 500 Bewohnern und wartet mit einigen netten Cafés und Restaurants auf. Diese einmalige Mischung von Kultur und militärischer Tradition wurde als **Kulturerbe** in die UNESCO-Liste aufgenommen. *(DK/UQ)*

INFO

**Infos zur Festungsinsel:** Tel. 0295-338 410, www.suomenlinna.fi.
**Visitor Centre:** am Fährhafen, Mai-Sept. 10-18, Okt.-April 10-16 Uhr.
**Geführte Touren** (englisch) gibt es Juni-Aug. tgl. 11, 12.30 und 14.30 Uhr, sonst Sa/So 13.30 Uhr ab dem Suomenlinna Centre. Infos unter Tel. 09 684-1850, www.suomenlinnatours.com.
Die einzelnen **Museen** sind i. d. R. geöffnet Juni-Aug. tgl. 10/11-17/18 Uhr und Mai, Sept. Sa/So 10/11-16 Uhr. Aktuelle Infos unter www.suomenlinna.fi/en/opening-hours/

**Überfahrt:** Die Insel ist zu erreichen ab dem Marktplatz (Kauppatori) mit Wasserbussen, z. T. inkl. Führung. Überfahrten (ca. 15 Min.) in beide Richtungen ab 8 Uhr, letzte Verbindung je nach Jahreszeit um ca. 23 Uhr (Fahrpläne unter www.jt-line.fi, www.hsl.fi, www.suomenlinnanliikenne.fi). Anlegestellen: am Königstor, in der Bucht Tykistölahti.
Für Spaziergänge durch das weitläufige Gelände, Ausstellungs- und Cafébesuch sollte ein halber Tag geplant werden. Hilfreich ist ein Lageplan (auch dt.).

# 47 Schärenidylle bei Tammisaari (Ekenäs)

Zweifellos ist das 15.000-Einwohner-Städtchen **Tammisaari** (schwedisch Ekenäs, Landzunge der Eichen) mit seinen Parkanlagen und hübschen Holzhäusern einer der idyllischsten Orte an Finnlands Südküste.

Wer die malerische Villenstadt erreicht, stößt einige hundert Meter hinter der Brücke auf die Hauptstraße Raseborgsvägen und das Zentrum. Die Häuser der Altstadt stammen aus dem 18. und 19. Jh., wobei dem Ort bereits 1546 vom schwedischen König Gustav Wasa Stadtrechte verliehen wurden – einige Jahre vor Helsinki. Heute ist Ekenäs ein lebendiges Städtchen mit kleinen Läden und Cafés, z. B. auf der Gustav Wasa gata und der Kungsgatan. Vom „Mühlenhügel" und dessen altem Wasserturm aus bietet sich ein schöner **Überblick über das Städtchen**, seine Parks und die vorgelagerten Inseln.

Von der Kirche führen mehrere Gassen zum südlichen Hafen, der von Jachten, Ausflugsbooten und Fischerbooten angelaufen wird. Von hier aus kann man herrlich über die **Strandpromenade** zum Nordhafen spazieren und kommt dabei zunächst am Viertel Barckenin niemi (schwed.: Barckens udde) vorbei, einer weitgehend erhaltenen Altstadt mit etlichen Holzhäuschen. Durch den Stallörspark gelangt man anschließend zum nördlichen Hafen, in dem u. a. die Wasserbusse „Myggen III" oder „Sunnan II" anlegen, die im Sommer zu **Schärenkreuzfahrten** aufbrechen.

Ein **Ausflug aufs Wasser** lohnt unbedingt, liegt doch der **Nationalpark** des Ekenäs-Archipels (Tammisaaren Saaristo) direkt vor der Tür. In dem 52 km$^2$ großen Naturschutzgebiet liegen Hunderte von Inselchen des inneren und äußeren Schärengürtels. Im Ekenäs Nature Centre kann man sich über Flora und Fauna informieren und praktische Hinweise etwa zu Bootsverbindungen erhalten.

*Sommerhäuser in den Schären*

*Die Schären: ideal für Segler und Erholungssuchende*

Das zentral in der Ostsee gelegene „**Schärenmeer**“ stellt eine einzigartige wie typische Naturlandschaft dar. Schären kommen sowohl vor der norwegischen und westschwedischen Küste als auch an der schwedischen „Blauen Küste“ in der Ostsee vor, doch ist allein die Region zwischen Stockholm und Turku so mit Inseln und Inselchen durchsetzt, dass hier der Begriff „Schärenmeer“ angemessen ist.

Das Grundgestein all dieser Eilande ist Granit – bearbeitet und abgeschliffen von den Eiszeiten. Nach dem Abschmelzen der letzten Gletscher tauchten die Schären langsam aus dem Meer auf und bildeten ihrerseits eine Verbindung für Menschen, Tiere und Pflanzen von Ostseeküste zu Ostseeküste. Aufgrund eines spürbar wärmeren Klimas als auf dem Festland, verbunden mit geringeren Niederschlägen und einer größeren Sonnenscheindauer, können auf den größeren Schären sogar Eschen, Linden und Haselnussbäume wachsen.

Die zahllosen Seen zwischen Hanko und Inari sind ein ideales Revier für ausgedehnte **Segeltörns**. Die vielen umliegenden Gast- und Jachthäfen sind i. d. R. mit allen modernen Einrichtungen ausgestattet, und eine Sauna ist auch hier selbstverständlich. Mehr noch als die Binnenseen gilt aber der Schärengarten mit seinem Labyrinth von Inseln, Sunden und Buchten als das wohl schönste Segelrevier Europas. *(DK/UQ)*

INFO

**City Tourist Office:**
Rathaus, Rådhustorget, 10600 Ekenäs, Tel. 019 289 2010, www.visitraseborg.com, Juni–Aug. Mo–Fr 8.30–18, Sa 10–14 Uhr, Sept.–Mai Mo–Fr 8.30–16 Uhr.

**Ekenäs Nature Centre:** Strandallén, 10600 Ekenäs, Tel. 020 639 4613, im Sommer 10–18, Juli bis 19 Uhr, www.nationalparks.fi/en/ekenasnaturecentre. Infos über den Park sowie zu Bootstouren (z. B. http://guidematti.fi).

# 48 Festivals in Turku

Die Gleichung, dass **Finnland ein Festival-Land** ist, geht für Kulturbeflissene schon seit Langem auf. Das Fremdenverkehrsamt hat über 300 Veranstaltungen als „für Touristen interessant" klassifiziert. Dabei sind viele Folklore- und Akkordeon-Festivals, die ohne die Begeisterung und aktive Mitarbeit der Einheimischen nicht möglich wären. Mehrere überregional beachtete Tango-Veranstaltungen registrieren Ausländer oft mit Erstaunen.

Neben Frankreich kann Finnland als bedeutendste europäische **Hochburg des Tangos** bezeichnet werden. Dabei wurde das argentinische Vorbild zu einer ganz eigenen und besonders schwermütigen Spielart weiterentwickelt.

## Kulturelle Abwechslung

Aus dem **Veranstaltungskalender** de überwiegend jährlich stattfindenden Events: Fast schon südländisch tempe mentvoll geht es Ende Juli zu, wenn d Stadtfest „Down by the laituri" am Au joki-Ufer abgehalten wird, ein viertäg Veranstaltungsmarathon mit klassisc Musik, Rock, Jazz, Tanz, Theater und Ausstellungen (www.dbtl.fi). Ebenfall im Juli finden das Rockfestival Ruisro (www.ruisrock.fi) und die Mittelalterfestspiele statt. Im August sorgen die Musikfestspiele (www.turkumusic festival.fi/en/) und das Jazzfestival fü reichen Klang (www.turkujazz.fi).

Die Chancen stehen also gut, dass jeder Urlauber irgendwo in Finnland eine dieser eher volkstümlichen Veranstaltungen kennenlernen wird, doch wird die

*Eine Stadt ganz im Zeichen der Musik*

Mittelalterspiele in Turku

**Festival-Szene** darüber hinaus auch von einer Fülle hochkarätiger Opern-, Kammermusik- oder Jazzkonzert-Reihen bestimmt.

Im Bewusstsein der Finnen jedoch ist **Turku die alte Hauptstadt**, die mit ihren Lehranstalten und als Sitz des lutherischen Erzbischofs immer noch das geistige Zentrum der Nation eher repräsentiert als der „Emporkömmling" Helsinki. Besuchern präsentiert sich die alte Stadt mit ihren vielen Studenten ausgesprochen jung, wozu auch die Kneipenszene, das kulturelle Angebot und der reiche Veranstaltungskalender beitragen.

Die Umgebung der Stadt darf nicht unerwähnt bleiben. Ein Ausflug in die **Turkuer Schären** ist fast schon ein „Muss" – sei es mit dem Auto, mit dem Wasserbus, mit dem Fahrrad oder mit dem Dampfer „Ukkopekka" (www.ukkopekka.fi). Die nächsten bewaldeten und hübschen Inseln heißen **Vepsä, Maisaari und Pähkinäinen**.

*(DK/UQ)*

INFO

Nähere Informationen über den finnischen **Veranstaltungskalender** unter www.festivals.fi (dt.) oder http://kalenteri.turku.fi/en/events/calendar.

**Turku Touring:** Aurakatu 4, Tel. 02 262-7444, www.visitturku.fi, Mo–Fr 8.30–18, Sa/So 9–16 Uhr (Okt.–März Sa/So 10–15 Uhr).

## 49 Musik – von HIM über Rasmus zu den Monsterrockern

In der Rockmusik konnten populäre Bands wie Eppu Normaali wegen ihrer finnischsprachigen Texte kaum außerhalb des Landes bekannt werden – ganz im Gegensatz zu den **Leningrad Cowboys**! Diese dreizehnköpfige Gruppe, deren Markenzeichen bizarre Haartollen und spitze Schuhe sind, wurde für einen Kaurismäki-Film gegründet, dessen Erfolg zum Weitermachen animierte. Ihre Musik ist weder innovativ noch besonders gut (die Band bezeichnet sich selbst als The World's Worst Rock 'n' Roll Band), dafür hat die Kapelle aber mit spaßigen Bühnenshows Kultstatus erlangt.

In der jüngeren Vergangenheit machte das finnische Quartett **Apocalyptica** von sich reden, dessen Repertoire einen gewagten Spagat zwischen klassischer Musik und hartem Rock darstellt. Die gelernten Kammermusiker spielen auf ihren Cellos elektronisch verstärkt ausschließlich Heavy-Metal-Stücke. Mehr dem Mainstream zuzurechnen ist die Gruppe **HIM**, deren Sänger Ville Valo sich mit traurigen Balladen in die Charts sang. Auch **The Rasmus, Giant Robot** oder **The Crash** kennt bzw. kannte man in der Welt, ohne meist zu wissen, dass es sich um finnische Bands handelt. Die Rockband **Sunrise Avenue** um Frontman Samu Haber ist besonders auch in Deutschland beliebt.

Dass die Hard Rock- und Heavy-Metal-Szene in Finnland eine Heimat hat, ist Insidern schon längst bekannt. Eine landestypisch schrille Formation, die Gruppe **Lordi** aus Rovaniemi, landete 2006 als Monster und Zombies verkleidet sogar beim 51. European Song Contest auf dem ersten Platz – für Finnland das erste Mal in der Grand-Prix-Geschichte. Die Gruppe erhielt daraufhin vom finnischen Staatspräsidenten einen Preis für die Förderung und Verbreitung finnischer Musik über die Landesgrenzen hinaus. *(DK/UQ)*

*Die Gruppe Lordi*

## 50 Auf der historischen Königsstraße

Viele Fremdenverkehrsämter an der Südküste machen auf ihren Broschüren und in Landkarten durch das Logo mit einer kleinen Krone darauf aufmerksam, dass der jeweilige Ort an der uralten **Königsstraße** (finn. Kuninkaantie) liegt, die schon in vorhistorischer Zeit als leichte und geschützte Fahrroute nach Russland von Bedeutung war. Der Name rührt daher, dass ab dem 13. Jh. die Könige der nordischen Reiche diesen Weg nutzten, auf dem ihre Kuriere und Händler Skandinavien von Westen nach Osten und bis zum Baltikum hin durchqueren konnten. Bald war der Weg einer der wichtigsten in Nordeuropa und wurde von Märkten und Handelsstationen gesäumt, zu deren Schutz man wiederum Befestigungen anlegen ließ. Jene Regionen, durch die die Route führte, waren die wohlhabendsten im ganzen Land. Besucher treffen daher entlang der Königsstraße die wichtigsten und schönsten Städte des Landes an, ebenso viele ländliche Mittelalterkirchen, großzügige Bauernhöfe und herrschaftliche Bürgerhäuser.

Die alte **Straße entlang der finnischen Südküste** war natürlich nur eine relativ kurze Etappe des gesamten Weges, der viel weiter im Westen begann. Von norwegischen Städten wie Oslo und Bergen wurden damals im Auftrag des dänisch-norwegischen Königs Post und andere Waren nach Karlstad am Vänersee und weiter nach Örebro und Stockholm gebracht. Dort lud man die Waren mit einem entfernteren Bestimmungsort auf Boote um, die schwedische Kuriere über die Åland-Inseln und weiter nach Turku beförderten. In Finnland verband die Königsstraße seit dem 13. Jh. Turku im Westen mit Vyborg im Osten und berührte dabei alle wichtigen Städte und Ortschaften der Provinz.

*Malerisch: Porvoo mit seiner alten Kirche*

Aufgrund der Straßenführung bzw. der Warenbeförderung nannte man den Kuninkaantie damals auch Suuri Rantatie (= „Großer Küstenweg“) oder Suuri Postitie (= „Großer Postweg“). Doch blieb die Bedeutung der Verkehrsroute weder auf das Mittelalter und die frühe Neuzeit noch auf den reinen Transport von Waren, Soldaten oder Privatpersonen beschränkt. Mindestens genauso wichtig ist die Rolle, die die Königsstraße als Vermittler von Ideen, geistigen Strömungen und Moden zwischen West und Ost spielte. Vor allem in der russischen Epoche Finnlands kann diese Rolle nicht hoch genug eingeschätzt wer-

*Beliebtes Volksfest in der Hafenstadt Kotka, die grenznah zu Russland liegt*

den. Damals wurde die **Strecke Turku-Salo-Helsinki-Hamina-Vyborg-St.Petersburg** (390 km) nicht nur zur regelmäßigen Postzustellung, sondern auch als Schiene für die industrielle Revolution (später auch für die politische Revolution) genutzt – deshalb können heutige Besucher entlang des Weges mit die besterhaltenen Relikte der ersten finnischen Industrien und andere Denkmäler aus der jüngeren Vergangenheit bewundern.

Aufgrund der langen Geschichte der Königsstraße und der vielen Sehenswürdigkeiten, die sie sowohl in Schweden – wo sie Kungsvägen genannt wird – als auch in Finnland bietet, haben die örtlichen Fremdenverkehrsämter dieser nordischen Länder in einer gemeinsamen Strategie den alten Straßenverlauf kenntlich gemacht und touristisch erschlossen. Das Kulturerbe entlang der Strecke, etwa mittelalterliche Schlösser, Feldsteinkirchen, Burgruinen und elegante Herrenhäuser, alte Ortskerne und interessante Museen, aber auch Relikte vergangener Industrien, ist bis heute lebendig und lädt immer wieder zu einem Halt ein.

*(DK/UQ)*

**INFO**

Weitere **Infos zur Königsstraße** quer durch Südfinnland von Turku über Salo, Espoo, Vantaa, Porvoo, Hamina nach Miehikkä bei den örtlichen Fremdenverkehrsämtern etwa unter www.visitturku.fi, www.visitraseborg.com, www.visitporvoo.fi, www.visitkotka.fi und www.visithameenlinna.fi.
Zu Planung, Veranstaltern, Unterkunft siehe www.visitfinland.de, www.fintouring.de, www.skandinavien.eu.

# 51 Åland-Inseln

Die Åland-Inseln sind eines der unbekannteren Reiseziele Europas. Dabei handelt es sich bei dem Archipel um die **größte Inselgruppe des Kontinents**. Und sie stellt eine einzigartige Ferienlandschaft dar, die Einsamkeit und Ruhe ebenso bieten kann wie quirliges Leben in Mariehamn und turbulente Jachthäfen, die herrliche Segelreviere aufweist und ideale Bedingungen zum Wandern, Angeln, Fahrradfahren, Golfen oder Baden.

Die Ålands sind der **westlichste Landesteil Finnlands** und unterscheiden sich durch die geografische Lage sowie in ethnischer, kultureller und politischer Hinsicht vom Mutterland. Am auffälligsten sind dabei die **schwedische Sprache** und die Sonderrolle als **autonome Provinz**.

Der Archipel ist viel zu schade für eine kurze Stippvisite. Denn die Inseln sind paradiesisch schön, sie verführen zum Bleiben, zumindest für einen Urlaub lang. Zwar haben längst nicht alle der 50 bewohnten Inseln des Archipels eine reguläre Fähranbindung, doch können Autofahrer trotzdem ein gutes Stück des Schärenparadieses „erfahren". Segler genießen im Inselgewirr eines der schönsten europäischen Reviere, ihnen stehen 14 Marinas zur Verfügung. Sie müssen allerdings in der kurzen Sommersaison damit rechnen, dass in manchen Jachthäfen alle Liegeplätze belegt sind. Und Autofahrern sei gesagt, dass Einheimische auf den Inselfähren Vorrang haben. Also spricht viel dafür, die Inseln per Fahrrad zu erkunden.

*Baumallee im Park*

*Schafe auf den Åland-Inseln*

Unter dem „**Festen Åland**" (Fasta Åland) verstand man ursprünglich die Hauptinsel, auf der auch Mariehamn liegt und die 70 % der Landmasse des Inselreichs ausmacht. Im Laufe der Zeit sind immer mehr Inseln durch Brücken oder Dämme an die Hauptinsel angeschlossen worden. Außer der Stadt Mariehamn umfasst das „Feste Åland" die Gemeinden Lemland und Lumparland, Eckerö, Jomala,

*Inselidylle: eine der 6.500 Åland-Inseln*

Finström, Hammarland, Geta, Saltvik und Sund. Sie alle sind von der Hauptstadt aus ohne Fähre oder Boot zu erreichen.

**Mariehamn** liegt auf einer schmalen Landenge im äußersten Süden der Hauptinsel und ist mit rund 11.000 Einwohnern die einzige Stadt der Ålands. Sie hat eine recht junge Geschichte: Als nach der russischen Zeit der Völkerbund den Åland-Inseln einen autonomen Status zusprach, sorgte das für einen erheblichen Bevölkerungszuwachs, sodass Mariehamn schließlich zu einer wahren „Metropole" heranwuchs, in der heute fast jeder zweite Insulaner zu Hause ist.

Besonderen Charme bezieht die Stadt aus ihrer großzügigen Anlage und einer gut besuchten, aktiven kulturellen Szene, wie dem renommierten zweitägigen **Alandia Jazz Festival** im Juli. Das maritime Flair wird besonders in den beiden Jacht- und Fährhäfen deutlich. Beide sind durch eine fast 1 km lange, lindenbestandene Prachtallee verbunden, die Mariehamn den Beinamen „**Stadt der tausend Linden**" eingebracht hat.

*(DK/UQ)*

INFO

**Visit Åland:** Storagatan 8, 22100 Mariehamn, Tel. 018 24000, www.visitaland.com/de, Mitte Juni–Aug. tgl. 9–18, Sept.–Mai Mo–Fr 9–16, im Mai auch Sa 10–15 Uhr.
Das **Reisebüro Ålandsresor,** Torggatan 2, Tel. 018 28040, www.alandsresor.fi, gibt praktische Reisehilfen und weitere Informationen; dort kann man auch Unterkünfte oder Ausflüge buchen und Autos, Fahrräder etc. mieten. Weitere **lokale Fremdenverkehrsbüros** gibt es in Storby, in Geta und in Långnäs (nur in der Sommersaison geöffnet).

# 52 Die Altstadt von Rauma

Eine Besichtigung wert: das Holzhausareal von Rauma

Die Stadt Rauma (40.000 Einwohner) ist eine der schönsten und geschichtsträchtigsten an der Westküste Finnlands und insbesondere wegen ihrer Altstadt bekannt. Diese stellt mit rund 600 Gebäuden aus dem 16. bis 19. Jh. das größte geschlossene **Holzhausareal** Skandinaviens dar, weshalb sie im Jahr 1991 zum **UNESCO-Welterbe** erklärt wurde. Wie viele andere Städte verdankt Rauma seine Entstehung einem günstigen Naturhafen, der bereits im Mittelalter eine rege Handelstätigkeit ermöglichte. Der schwedische König verlieh im Jahre 1442 die Stadtrechte – als dritter Stadt in Finnland überhaupt. Natürlich stellten auch hier immer wieder Brände einen starken Einschnitt dar, doch verzeichnen die Annalen den letzten Großbrand bereits 1682. Es gab auch keinen Anlass, das enge Straßennetz zu verbreitern und zu begradigen.

Die **Altstadt** ist ohne Zweifel Raumas größte Attraktion, ergänzt durch ein breit gefächertes Kulturprogramm: So ist z. B. das alljährlich im August stattfindende Blues-Festival **Rauma Blues** weithin bekannt, ebenso die „Spitzenwoche", in der Klöppelspitzen-Handwerkerinnen jedes Jahr Ende Juli ihr Können vorführen.

Bei einem Rundgang sollte man von der **Heilig-Kreuz-Kirche** aus die Besichtigung beginnen. Vor der im 15. Jh. gegründeten Kirche ist eine moderne Statue des Heiligen Franz von Assisi platziert, die darauf hinweist, dass die Kirche einst zu einem Franziskanerkloster gehörte. Im Inneren sind u. a. schöne Kalkmalereien im Chor und an den Gewölben zu sehen. Von hier überquert man den Raumaa kanaali und geht in die eigentliche Altstadt. Die Bausubstanz stammt überwiegend aus dem 16. und 17. Jh. Die meisten Häuser wurden Ende des 19. Jh. vergrößert und neu verkleidet.

Auf dem Weg kommt man zum **Marktplatz**. Dahinter erhebt sich das 1776 fertiggestellte **Alte Rathaus**, ein markantes gelbes Backsteingebäude mit Glockenturm. Es beherbergt heute das Museum für Stadtgeschichte, gezeigt wird vor allem die Geschichte der Segelschifffahrt und der Spitzenklöppelkunst.

*Die Heilig-Kreuz-Kirche von Rauma stammt aus dem 15. Jh.*

Vom Rathaus gelangt man zum **Marela-Haus**, das wohl am besten den Wohlstand zeigt, den die Epoche der Segelschifffahrt mit sich brachte. Besichtigt werden kann eine originale Reeder-Wohnungseinrichtung. Gleiches gilt für das nahe gelegene **Pinnala-Haus**, ein 1795 fertiggestelltes Gebäude, das den schönen Rahmen für das **Rauma-Kunstmuseum** bildet. Als Schauplatz der Rauma Biennale Balticum zieht es regelmäßig Freunde der Gegenwartskunst aus nah und fern an.

Südlich davon und in wenigen Minuten zu erreichen, lohnen die Ruinen der **Dreifaltigkeits-Kirche** einen Besuch, ein Feldsteingebäude aus dem 14. Jh., das 1640 einem Brand zum Opfer fiel.

Wer etwas mehr Zeit mitbringt, sollte sich nach dem Stadtrundgang in einem der Reisebüros ein Fahrrad leihen und mit einer Radwegkarte Raumas Umgebung erkunden.

*(DK/UQ)*

INFO

**Rauma Tourist Information:** Valtakatu 2, 26100 Rauma, Tel. 02 834 3512, www.visitrauma.fi, Mo–Fr 8–16 Uhr, in der Hauptsaison Mo–Fr 8–18, Sa 10–15, So 11–14 Uhr. Erhältlich ist eine Broschüre für Stadtspaziergänge.

Programm und Infos zum **Bluesfestival** unter www.raumablues.com.

**Rauman taidemuseo** (Kunstmuseum): Kuninkaankatu 37, Tel. 02 822 4346, www.raumantaidemuseo.fi, Di–Fr 12–17, Sa/So 11–16 Uhr, 6 €.

# 53 Lahti – nicht nur für Langläufer

Zu Recht hat Finnland einen legendären Ruf unter Skilangläufern. Selbst im Sommer sieht man Finnen, die auf Rollen „Trockenski“ fahren, um nicht außer Übung zu kommen und fit zu bleiben. Welchen Stellenwert der Sport hat, beweist am besten der 75 km lange **Finlandia-Lauf** von Lahti nach Hämeenlinna, an dem alljährlich Zehntausende aktiv teilnehmen, die wiederum von Hunderttausenden von Zuschauern angefeuert werden. Doch auch hinsichtlich der alpinen Möglichkeiten braucht sich Suomi nicht zu verstecken – schließlich fanden in Lahti und anderswo im Land bereits Welt- und Europameisterschaften statt.

Etwa 120 Abfahrtszentren sind übers ganze Land verteilt, die größten davon mit 30 Pisten und 20 Liften. Auch Snowboarder kommen hier voll auf ihre Kosten. Die **Wintersportaktivitäten** werden in mehr als 70 Skizentren gebündelt, an denen so-

### Für die Winteraktiven

Eines der 13 größten Skizentren des Landes ist **Lahti-Messilä:** 70 km Langlauf-Loipen, 14 Abfahrtspisten, davon die längste 880 m, 13 Lifte, Höhenunterschied 111 m. Beste Möglichkeiten gibt es für Snowboarder. Geöffnet in der Wintersaison Mo–Sa 10–20, So 10–18 Uhr.
Der nächste Flughafen ist Helsinki (95 km), nächste Bahnstation Lahti (5 km).
Unterkünfte aller Art befinden sich in Lahti. Großes Kulturangebot.
Infos über das Skigebiet, die aktuelle Schneesituation, Lifte, Tickets, Unterkünfte und Restaurants unter www.messila.fi.

*Die Sprungschanzen von Lahti mit Skimuseum*

wohl Skilanglauf als auch alpiner Skisport möglich ist.

*Die Gegend um Lahti bietet tolle Langlaufmöglichkeiten*

Eines dieser Zentren ist Lahti. Unbestritten ist sein Ruf eines internationalen Wintersportzentrums, das alljährlich die Weltelite im Langlauf, Biathlon, Skisprung oder in der Nordischen Kombination versammelt. Als Schauplatz von Weltmeisterschaften fungierte die Stadt bereits mehrfach (u. a. in Skilanglauf, Biathlon und Eishockey) und wird das auch in Zukunft tun. Die größte Hoffnung setzen die Einwohner darauf, irgendwann einmal die Olympischen Winterspiele ausrichten zu dürfen.

Ein Sessellift befördert im Sommer auch Touristen zu den **Sprungschanzen** hinauf. Von diesen ist die 113 m hohe Große Schanze das dominierende Bauwerk. Von zwei Aussichtsplattformen hat man die beste Aussicht über Stadt, Land und Seen, außerdem eine Perspektive die Schanze hinab, wie sie sonst nur den Skispringern vorbehalten ist. Rechts der Betonschanze stehen die Mittlere (90 m) und die Kleine Schanze (64 m) aus Stahl sowie drei weitere Trainingsschanzen.

Das **Skimuseum** dokumentiert die Entwicklung des Skisports. Im interessanten interaktiven Museumsbereich gibt es u. a. eine Simulationskabine, in der sich sich jeder als „fliegender Finne" versuchen kann. Auch Skilanglauf oder Biatholon kann man an eigenen Geräten ausprobieren.

Das waldreiche Gelände der Umgebung ist von beleuchteten Loipen durchzogen, die im Sommer als **Trimm-Dich-Pfade und Radwanderwege** genutzt werden. *(DK/UQ)*

INFO

**Lahti INFO**: Shopping Center Trio, Aleksanterinkatu 18, 15140 Lahti, Tel. 0207 281 750, www.lahtiregion.fi/en

**Aussichtsplattform der Großen Sprungschanze:** Juni–Aug. tgl. 10–17 Uhr, 8 € inkl. Sessellift, Tickets gibt es unten an der Schanze, oder Kombiticket mit Skimuseum.

**Skimuseum:** Sport Centre, Salpausselänkatu 8, Tel. 050 398 5523, www.lahdenmuseot.fi, Di–Fr 9–17, Sa/So 11–16 Uhr, 9 €. Das Museum wird nach einer Renovierung Anfang 2017 wiedereröffnet. Kombiticket für Skimuseum, Aussichtsplattform der Sprungschanze und Lift.

# 54 Bootswandern auf vielen Seen

Als Tourist kann man die reguläre Seen-Schifffahrt zu einem erholsamen Bestandteil des Urlaubs machen. Einige Reedereien bieten sogar einen **Chauffeur-Service** an: Während die Urlauber auf einer Kreuzfahrt durch das Seensystem unterwegs sind, bringt ein Chauffeur den Wagen zum Zielort.

## Seen-Verbindung

Die unzähligen Buchten, Seen, Kanäle, Flüsse und Meerengen sind nicht nur ein grandioses Naturschauspiel, sondern auch eine Herausforderung für die moderne Infrastruktur. Wo Auto- oder Schneescooterfahrer im Winter zugefrorene Wasserflächen in Luftlinie überbrücken, braucht es im Sommer jede Menge von Binnenschiffen, Fähren, Wasserbussen und -taxis, um Einheimische und Touristen zum anderen Ufer zu bringen. Die meisten dieser Linien operieren im **Westlichen Seengebiet**, im **Schärengürtel**, auf dem **Päijänne-See**, auf der **Saimaa-Seenplatte** sowie auf dem **Inari-See**.

Am bekanntesten sind die Schiffsverbindungen der **Silverline** zwischen Tampere und Hämeenlinna (8,5 Std.) und der „Dichterweg" zwischen Tampere und Virrat (7,5 Std.), doch verkehren zwischen Lahti und Jyväskylä (10 Std.), Lahti und Heinola (4,5 Std.), Kuopio und Savonlinna (11,5 Std.) oder Inari und Ukonkivi (2 Std.) Personen- und Autofähren auf genauso spektakulärer Route. Alle größeren Schiffslinien operieren nach einem festen Fahrplan mit mehreren Stationen unterwegs.

*Fähre von Helsinki in winterlicher Landschaft*

Zu Recht gilt Finnland zudem als ideale Destination für Bootswanderer, die das Reiseziel per **Kajak, Kanu oder Ruderboot** erkunden. Angesichts Hunderttausender Inseln, vieler Flüsse, Kanäle, Buchten und anderer Wasserwege ist nicht die Frage ob, sondern wo man seiner Passion nachgehen möchte. Bei den 300 km zwischen **Lappeenranta und Kuopio** muss man nie große Wasserflächen überqueren, sondern bleibt immer im Schutz des nahen Ufers. Das vielleicht herrlichste Eldorado für Kanuten ist die **Saimaa-Seenplatte**, deren einzelne Gewässer durch natürliche Kanäle von 2.000 km Länge verbunden sind.

An vielen Stellen in Finnland stößt man auch auf **Wildwasser**. Die spektakulärsten Stromschnellen befinden sich eindeutig in Lappland. Der wilde Ounasjoki etwa ist auf einer Länge von 280 km als äußerst anspruchsvolle Tour für erfahrene Kanuten bzw. Rafting-Teilnehmer ausgewiesen. Und der finnisch-schwedische Grenzfluss Torniojoki wartet mit Europas längster ungebändig-

*Der schöne Saimaa-See ist Finnlands größter See*

ter Flussroute auf. Zahlreiche Stromschnellen gibt es auch in der Region um Kuusamo in Ostfinnland, neben Lappland die reizvollste Destination für Wildwasser-Sportler.

Die unzähligen Seen zwischen Hanko und Inari eignen sich hervorragend zu ausgedehnten **Segeltörns**. Mehr noch als die Binnenseen gilt aber der Schärengarten mit seinem Labyrinth von Inseln, Sunden und Buchten als das wohl schönste Segelrevier Europas, das im Sommer überdies ideale Wind- und Klimaverhältnisse aufweist.

Der **Saimaa-See** gilt als größter finnischer See. Mit seinen unmittelbaren Nachbarn wie Pihlajavesi, Haukivesi, Porovesi, Orivesi, Pyhäselkä, Kallavesi und Haapajärvi ist er zudem durch natürliche Wasserstraßen verbunden. Das einzigartige Wasser-Land-Labyrinth erstreckt sich von Lappeenranta im Süden bis hinauf nach Savonlinna, Varkaus, Mikkeli, Kuopio und Joensuu im Norden.
*(DK/UQ)*

INFO

Das Fremdenverkehrsamt informiert in einer Gratis-Broschüre über **Finnlands Binnen- und Küstengewässer** unter www.visitfinland.de.

**Infos zur Silverline**, die zwischen Juni und Aug. fährt, unter www.hopealinja.fi; Reedereibüro: Suomen Hopealinja Oy, Laukkontori 10 A3, 33200 Tampere, Tel. 010 422 5600.

# 55 Die Opernfestspiele Savonlinna

Savonlinnas Name ist durch die alljährlichen **Opernfestspiele** weltberühmt. Schon 1912 stellte man erste Versuche an, die historischen Gemäuer der romantischen Wasserburg für Opern zu nutzen. Doch der internationale Durchbruch kam erst, nachdem sich seit 1967 ein modernes Management gegen alle kritischen Stimmen durchsetzte und es schaffte, alljährlich im Juli bekannteste in- und ausländischen Opernstars und internationales Publikum in die finnische Provinz zu holen. So etablierten sich die Savonlinna Opernfestspiele als eines der berühmtesten europäischen Musikfestivals.

Die Hauptveranstaltungen finden im Innenhof der Burg statt, der bei schlechtem Wetter ein Segeltuch-Dach erhält. Die vorzügliche Akustik nutzen Orchester und Sänger, das wechselnde Programm berücksichtigt Stücke wie „Aida" und „Die Zauberflöte" ebenso wie moderne Schöpfungen der jungen finnischen Komponistengarde. In einem umfangreichen Rahmenprogramm werden Konzerte sowohl klassischer als auch neuer Musik gegeben, z. B. in der Holzkirche von Kerimäki (s. S. 130), in der unterirdischen Konzerthalle von Retretti oder in der Savonlinna-Halle am Casino.

Savonlinnas wichtigste Sehenswürdigkeit lohnt sich natürlich auch abseits der Festspiele: Schließlich ist die **Burg Olavinlinna** die wohl schönste in ganz Skandinavien. Der Bau geht auf eine schwedische Festung des Jahres 1475 zurück, erhielt sein heutiges trutziges Aussehen aber erst durch die russischen Erweiterungen und Modernisierungen ab 1742. Nach 1809 hatte das Gebäude als militärisches Bollwerk ausgedient und wurde verschiedenen Nutzungen zugeführt, u. a. als Staatsgefängnis.

*Verbeugung nach dem Schlussakkord*

*Die Burg Olavinlinna ist die wohl schönste Burg Skandinaviens*

Mehrfach von Bränden heimgesucht, war das Schicksal der Burg lange Zeit ungewiss, bis die Republik mit großem finanziellen Aufwand eine Restaurierung des Baudenkmals durchsetzte. Wie früher erhebt es sich nun mit Zickzack-Bastionen und drei markanten Rundtürmen auf dem Granitinselchen **Kyrönsalmi**, das Besucher über eine Pontonbrücke erreichen. Im restaurierten Inneren kann man sich die beiden Museen anschauen (das Orthodoxe Museum mit Ikonen und sakralen Gegenständen sowie das Historische Museum mit einer historischen und architektonischen Ausstellung zur Burg) oder im Rahmen von Führungen einige der schönsten Räume.

Den besten Blick auf die Burg hat man freilich aus der Distanz, sodass man unbedingt noch ein wenig auf der Strandpromenade mit ihren Cafés und Restaurants entlangspazieren sollte, die sich einige hundert Meter südlich der Hauptstraße befindet. Hier gelangt man auch zum benachbarten Inselchen **Riihisaari**, auf der ein alter Getreidespeicher das sehenswerte **Provinzmuseum** beherbergt.

*(DK/UQ)*

**INFO**

**Savonlinna Tourist Service:** http://visitsavonlinna.fi/de/.
Weitere **Infos zu den Festspielen** unter www.operafestival.fi.
**Für Opernfans**, die eine Reise buchen möchten: www.tourfinland.de.
**Burg Olavinlinna:** Tel. 0295 33 6942, www.kansallismuseo.fi, Juni-Mitte Aug. tgl. 11-18, Mitte Aug.-Mai Mo-Fr 10-16, Sa/So 11-16 Uhr; Juni-Mitte Aug. Führungen in englischer Sprache jede volle Stunde, 9 €.
**Savonlinna maakuntanmuseo** (Provinzmuseum): Riihisaari, Tel. 044 417 4466, www.savonlinna.fi/museo, Juni-Aug. tgl. 10-17, sonst nur Di-Sa 11-17 Uhr, 7 €.

# 56 Die größte Holzkirche der Welt

Auf dem Weg von Joensuu nach Savonnlinna geht es 7 km südlich der Kreuzung der Straßen 482/6 von der Schnellstraße über die 71 in westliche Richtung, durch Kiefern- und Fichtenwälder, die immer wieder den Blick auf blaue Gewässer freigeben. Die größte Ortschaft an dieser Straße heißt **Kerimäki** und wäre nicht weiter erwähnenswert, gäbe es hier nicht eine unübersehbare, riesige hölzerne Kreuzkuppelkirche.

Drei Jahre brauchten die einheimischen Bauern und ihre Frauen, bis sie im Jahre 1847 zufrieden auf das Werk ihrer Eigenarbeit schauen konnten. Was sie damals wahrscheinlich selbst nicht wussten: Sie hatten die größte Holzkirche der Welt gebaut! Warum sie das taten, ist bis heute Gegenstand von Spekulation, denn 3.400 Sitzplätze waren für die damalige Zeit deutlich überdimensioniert. Wollte man die Kirche bis auf den letzten Platz besetzen, könnten sogar 5.000 Menschen hinein.

Nach einer nicht bewiesenen Erzählung haben sie als Schildbürger einfach die Pläne des Architekten A.F. Granstedt missverstanden: Wo jener alle Größenangaben in Fuß berechnete, deuteten sie die Maße als Meter ... Doch es gibt auch die Ansicht, dass die Kirche mindestens die Hälfte der damaligen Gemeindemitglieder gleichzeitig fassen können sollte, um diesen die Teilnahme am Gottesdienst zu ermöglichen. Die Kirchen hatten zur damaligen Zeit eine große Bedeutung für die Menschen, die zu den Feier- und Marktagen zusammenkamen und dabei stets die Gottesdienste besuchten.

Die Holzkirche von Kerimäki spiegelt den neoklassizistischen Stil der Zeit wider, ist auf kreuzförmigem Grundriss errichtet und mit einer mächtigen Kuppel überdeckt. Die Länge übertrifft mit 45 m die Breite von 42 m nur geringfügig. Der helle Innenraum ist in zwei Geschosse gegliedert und strebt mit seinem frei sichtbaren Gebälk 27 m in die Höhe. Dekor und Inneneinrichtung sind spärlich, sodass man sich ganz auf den zweifellos außergewöhnlichen Raumeindruck konzentrieren kann.

Neben der auf einer Anhöhe gelegenen Kirche steht der ebenfalls hölzerne Kampanile, der jedoch auf einem massiven Feldstein-Geschoss fußt; in seinem Inneren ist ein Souvenirladen untergebracht.

Während der **Opernfestspiele von Savonlinna** (s. S. 128) wird die Kirche ebenfalls als Spielstätte genutzt.

*(DK/UQ)*

INFO

**Holzkirche von Kerimäki:**
www.kerimaenseurakunta.fi,
Kirche geöffnet Juni und 1.-10. Aug. tgl. 10-18, Juli 10-19, 11.-31. Aug. (Turm geschl.) tgl. 10-16 Uhr,
Eintritt frei, Spende willkommen.

# 57 Vaasa – die schwedische Exklave

Ein kurzer Blick in die Geschichte: Nahe einer Burg aus dem 14. Jh. und am damaligen Küstenverlauf war die **Hafenstadt von Alt-Vaasa**, rund 6 km östlich des heutigen Zentrums gelegen, bereits anno 1606 gegründet worden, und zwar vom schwedischen König Karl IX. aus der Vasa-Dynastie (daher der Name). Nach einem verheerenden Brand im Jahre 1852, der die gesamte Stadt einäscherte, verlegte man die Siedlung 1855 an ihre heutige Stelle – auch, weil der alte Platz wegen der Landhebung als Hafen nicht mehr zu gebrauchen war. Bei der Gelegenheit wurde Vaasa gleich umgetauft: nach Zar Nikolaus I. in Nikolaistad bzw. Nikolainkaupunki – ein Name, der bis 1917 offiziell gültig war. Für die Planung von Nikolaistad zeichnete der Stadt- und Provinzialarchitekt Carl Axel Setterberg verantwortlich, dessen Entwurf mit zahlreichen öffentlichen Gebäuden im neugotischen Stil, breiten Alleen und großzügigen Plätzen realisiert wurde.

Für die Landesgeschichte von Bedeutung ist jene Episode kurz nach der Unabhängigkeit von Russland, in der Marschall Mannerheim hier statt im unsicheren Süden seine Truppen versammelte und Vaasa Anfang 1918 zur provisorischen Hauptstadt ernannte. Erst nachdem die „Weißen" erfolgreich nach Süden vorgestoßen und die „Roten" besiegt hatten, ging die Hauptstadtfunktion wieder auf Helsinki über.

Heute ist Vaasa mit rund 58.000 Einwohnern – darunter etwa 25 % Schwedischsprachige – die größte Stadt der Region Österbotten und gleichzeitig deren **wirtschaftliches und kulturelles Zentrum**. Mit seiner renommierten **Universität** (vier Fakultäten), dem westfinnischen Designzentrum und mehreren schwedischsprachigen Handels- und Fachhochschulen sowie anderen Ausbildungsstätten gilt sie zudem als eine der wichtigsten Lehrstätten in der ganzen Republik, wofür die Vielzahl junger Leute aus dem In- und Ausland sowie eine lebhafte Kneipenszene sichtbarer Beweis sind.

Kulturtouristen, die hier ein schönes Stadtbild erwarten, lässt Vaasa etwas enttäuscht zurück. Denn die

*Die Stadtkirche von Vaasa entwarf Setterberg*

*Blick auf Vaasa mit Universität und Hafen*

elegante Neuschöpfung des Stadtplaners Setterberg ist in einigen Vierteln während der 1970er-Jahre leider durch neue Verkehrsstraßen und scheußliche Plattenbauten bis zur Unkenntlichkeit verändert worden. Trotzdem gibt es viele gute **Gründe für einen Besuch**:

Zum einen ist da die **gute Infrastruktur** mit einer Vielzahl von Unterkünften und Gaststätten, die Vaasa zur idealen Zwischenstation auf dem Weg von Pori (bzw. Turku) nach Oulu machen. Außerdem wird vor Vaasa der Bottnische Meerbusen, der hier am schmalsten ist, mit einer ganzjährigen **Fährverbindung nach Schweden** (Umeå) überbrückt – eine Vier-Stunden-Fahrt, die nicht nur Skandinavier, sondern auch viele Lappland-Reisende nutzen. Schließlich bezeichnet sich der Ort zu Recht als **Sonnenstadt**, da die Region klimatisch begünstigt ist und man sich an mehreren ausgedehnten Stränden zum Sonnenbaden oder im manchmal bis zu 20 °C warmen Ostseewasser entspannen kann.

Darüber hinaus lockt Vaasa kulinarisch: Österbotten ist für seine **eigenständige Esskultur** bekannt. So kann man im historischen Sommer-**Restaurant Strampen** sehr gut essen. Es ist am Wasser gelegen und besitzt eine schöne Terrasse. *(DK/UQ)*

INFO

**Vaasa Region Tourism:** Rewell Center, 2. Stock, Tel. 06 325 1145, www.visitvaasa.fi, Juni–Aug. Mo–Fr 9–17 Uhr, Rest des Jahres auch Sa 10–14 Uhr. Eine weitere Touristeninformation am Marktplatz ist Juni–Aug. tgl. 9–19 Uhr geöffnet, Tel. 040 159 8012.

**Für Studierende**, die sich für ein Auslandssemester interessieren, gibt es Infos unter www.uva.fi.

**Restaurant Strampen:** Rantakatu 6, 65100 Vaasa, Innerer Hafen, Tel. 041 4514512, www.strampen.com.

# 58 Mit dem Hundeschlitten durch Lappland (Nordkalotte)

**Lappland** – schon der Name allein genügt manchem, fern- und sehnsüchtig an die riesige Weite jenseits des Polarkreises zu denken. Allein der finnische Teil Lapplands ist größer als die Benelux-Staaten und hat gerade einmal 200.000 Einwohner! Diese menschenleere Landschaft lässt sich kaum beschreiben, da es für sie zumindest in Europa keinen Vergleich gibt; man müsste schon nach Sibirien oder in den Norden Kanadas fahren. Sicher ist hingegen, dass die **Nordkalotte** wohl keinen Reisenden unberührt lassen wird. Bei vielen hat der erste Lappland-Besuch dazu geführt, dass sie in schöner Regelmäßigkeit in diese abgelegene, herbe und weite Landschaft zurückkehren.

Falsche Vorstellungen herrschen oft über die **klimatischen Verhältnisse** an der Nordspitze des Kontinents. Immerhin liegt das Land nördlich des Polarkreises auf gleicher Höhe wie Alaska und Grönland, sodass manche Urlauber ihre arktistaugliche Kleidung bereits einige Tage vor der Polartaufe auspacken. Die Sommer können nicht nur warm, sondern richtiggehend heiß werden bei Temperaturen über 30 °C. Die nördliche Breite spürt man allerdings im Winter, wenn das Quecksilber oft und deutlich unter -40 °C fällt! Zwischen der Periode der Mitternachtssonne und jener der Polarnacht liegen kurze, aber in ihrer Dynamik **atemberaubende Jahreszeiten.** Fast scheint es so, als ob es überhaupt keinen Frühling in Lappland gibt – wenn Ende April (dann scheint im Norden die Sonne bereits 15 Stunden!) die ersten Blüten direkt aus dem abtauenden Schnee emporsprießen. Und auch der Herbst reizt mit angenehmen Temperaturen, bei denen es sich gut wandern lässt, man die Farbenpracht der Ruska genießen und nach Sonnenuntergang vielleicht das erste Nordlicht beobachten kann.

*Traumhaft: eine Hundeschlittenfahrt*

*Schönes Plätzchen zum Aufwärmen*

Bei einer Tour mit dem von Huskys gezogenen Schlitten geht es **durch die schneeglitzernde Weite Lapplands**, vorbei an zugefrorenen Seen, durch verschneite Wälder, meist von Blockhütte zu Blockhütte. Wer so etwas ein paar Tage hintereinander erlebt hat, wird sich enorm erholt fühlen. Wer möchte, kann die Husky-Schlitten selbst einspannen und führen – in Begleitung eines ortskundigen Tourguides. Im Laufe der Safari lernt man nicht nur „seine" Huskys genau kennen, auch das einzigartige Landschaftserlebnis, die Ruhe und die faszinierenden Eindrücke bleiben lange im Gedächtnis.

Eine **Lapplandrundfahrt** während des Sommers kann sich innerhalb der finnischen Landesgrenzen bewegen, geht aber bei den meisten Touristen darüber hinaus. Zu Recht, denn die Nordkalotte stellt eine landschaftliche wie historische Einheit dar, in der immer schon Handel und Wandel grenzüberschreitend waren – so wie die Wanderungen der Rentiere und der ihnen folgenden Sámi. Eine große Lapplandrundfahrt sollte also das Nachbarland Norwegen einbeziehen und an den Küsten des Nordatlantiks und des Eismeeres vorbeiführen, die – das sei bei aller Finnland-Liebe gesagt – zu den landschaftlichen Höhepunkten des hohen Nordens gehören. *(DK/UQ)*

INFO

**Tourist Information Saariselkä:**
Siula Building, Kelotie 1,
99830 Saariselkä, Tel. 040 168 7838,
tourist.info@saariselka.fi,
www.inarisaariselka.fi.
Infos zu Unterkünften und Touren, z. B. mit Huskys.
Mehrtägige Tour-Angebote bei **Scandtrack Touristik:** Sperberstr. 25, 16556 Hohen Neuendorf/Borgsdorf, Tel. 03303-2973 123, www.huskytrack.de, oder **Nordic Holidays:** Marie-Curie-Str. 5, 25337 Elmshorn, Tel. 04121-79110, www.nordic-holidays.de.

# 59 Wo bitte wohnt der Weihnachtsmann?

Wenn Anfang November die Quecksilbersäule unter null fällt und bis etwa April Minusgrade bis -30 bis -45 °C nichts Ungewöhnliches sind, fällt **Rovaniemi** in den Winterschlaf – sollte man meinen. Doch während der Polarnacht herrscht ein emsiges Treiben, auf dem Flughafen landen große Chartermaschinen, Hotelzimmer sind ausgebucht. Man kann sich verwundert fragen, warum ganze Heerscharen von Besuchern aus England, Amerika oder Japan ausgerechnet in diesen abgelegenen und bitterkalten Winkel der Welt einfallen. Die schlichte Antwort: Sie besuchen den Weihnachtsmann!

Es ist schon ein merkwürdiger Ortswechsel, den der Heilige Nikolaus vom türkischen Myra in die schneebedeckten Wälder des Nordens vollzogen hat. Aber der amerikanische Santa-Claus-Rummel und das Ideal von der „White Christmas" wollten es so, dass er seine Gaben mit einem **Rentierschlitten zu den Kindern dieser Welt** bringt. Wegen der Rentiere war die Heimat des Weihnachtsmannes auf den schneesicheren Norden festgelegt. Und ab den 1940er-Jahren sagten die Stadtväter einiger nördlich gelegener Gemeinden, zumindest postalisch sei Santa Claus bei ihnen zu erreichen.

Das lappländische Rovaniemi rief bei der Frage, wo der Weihnachtsmann (finn: Joulupukki) wohnt, am lautesten „Hier"! Verwiesen wurde auf die alte Tradition, nach der es an der Ostgrenze Lapplands einen „Ohrberg" (= Korvatunturi) gibt, in dem der Heilige sitzt und alle Wünsche hören kann. Dieser „Ohr-

*Der Weihnachtsmann macht sich auf den Weg*

berg" war bereits seit 1927 in der Radio-Kinderstunde der Nation bekannt, und noch im gleichen Jahr begannen finnische Kinder, Briefe an den „Weihnachtsmann im Ohrberg, Lappland" zu schreiben. Diese Briefe kamen tatsächlich dort an und wurden teils von Holzfällern in Rovaniemi beantwortet.

Sehr geschäftstüchtig wurde 8 km nördlich von Rovaniemi auf dem Polarkreis das **Weihnachtsmann-Dorf** eingerichtet, das im Laufe der Zeit immer größere Ausmaße annahm und zunehmend Besucher anlockt: Dort gibt es ein Theater, mehrere Restaurants und Souvenirshops, eine Werkstatt der Weihnachtswichtel, ein Rentiergehege, ein Postamt mit Sonderstempel (in dem Besucher ihre Weihnachtspost bestellen können, die dann pünktlich abgeschickt wird). In einem Blockhäuschen empfängt Santa Claus Kinder zum Fototermin. Zwar schwitzt er hier auch im Sommer unter seinem leuchtend roten Pelz, doch geht es naturgemäß in der Adventszeit am lebhaftesten zu.

*Der Ort, an dem sich alles um Weihnachten dreht*

Für die Tourismus-Manager von Lappland waren die jährlich 500.000 von der Santa-Claus-Euphorie angesteckten Besucher „ein Geschenk des Himmels", aber sie verweilten ihnen nicht lang genug an diesem Ort. Um dem entgegenzuwirken, entstand neben dem Weihnachtsmann-Dorf mit dem **Santapark** eine weitere Attraktion. Mit über hunderttausend Kilo Dynamit sprengte man ein Gangsystem in den Syväsenvaara-Hügel, das nun alles bietet, was wahrscheinlich auch Walt Disney unter einem Weihnachtspark verstanden hätte.

Wo aber wohnt nun der Joulupukki – in der Blockhütte auf dem Polarkreis oder in der Höhle des Santaparks? Und lohnt sich überhaupt ein Besuch bei ihm zu Hause? Wer es rausfinden möchte, sollte genügend Kleingeld mitbringen – und Kinder, die noch an den Weihnachtsmann glauben! *(DK/UQ)*

INFO

**Joulupukin Pajakylä** (Santa Clause Office): Joulumaantie 1, 96930 Napapiiri, Tel. 020-700 999, www.santaclausvillage.info, http://santaclauslive.com, geöffnet tgl. Dez.-6. Jan. 9-19, 7. Jan.-Mai, Sept.-Nov. 10-17, Juni-Aug. tgl. 9-18 Uhr, das Postamt Mo-Fr 10-17, Dez. 9-19 Uhr, einzelne Shops und Restaurants auch länger.

**Rovaniemi Tourist Information:** Maakuntakatu 29-31, 96200 Rovaniemi, Tel. 016 346270, www.visitrovaniemi.fi.

# 60 Dem Polarlicht ganz nah – Kakslauttanen Artic Resort

Der Grund, weswegen die meisten Menschen das **Iglu-Hotel** in Kakslauttanen meist aufsuchen, ist die Mitternachtssonne – das Nordlicht, das von Ende August bis Anfang April leuchtet. Will man es im Norden Lapplands bestaunen, ist es nicht nötig draußen vor der Tür in der Kälte zu stehen. Denn im Hotel & Igloo Village lässt sich das imposante Nordlicht ganz bequem vom Bett aus durch das Iglufenster betrachten. Wenn es soweit ist und sich das Lichtspektakel über den Nachthimmel erhebt, wird kräftig geläutet, sodass niemand verschläft, aber trotzdem liegen bleiben kann. Die Iglufenster sind mit Thermoglas versehen und beheizbar, damit die Sicht auf den Nordhimmel immer klar ist.

Das Hotel etwa **250 km oberhalb des Polarkreises** in der Nähe des Urho-Kekkonen Nationalparks bietet u. a. Aufenthalt in etwa zwanzig Schnee-Iglus an. Darin herrscht im Winter -3 bis -6 °C Kälte während es draußen um die -40 °C kalt ist. Auf Rentierfellen gebettet und mit koppelbaren Daunenschlafsäcken ausgestattet, ist es dann gleich sehr gemütlich und warm. Ein besonderes Erlebnis versprechen auch die rund 20 Glas-Iglus, denn die eindrucksvollen Nordlichter und ein unvergesslicher Sternenhimmel bilden das nächtliche Firmament über dem bequemen und warmen Nachtlager.

*Leckeres Essen, serviert im coolen Ambiente des Schneerestaurants*

Der Ort ist auch etwas **Besonderes für Hochzeitspaare**, sie können in einer Eiskapelle heiraten, im Eisrestaurant ihr Festmenü einnehmen und die Hochzeitskammer buchen.

Das Polarlicht kann man vom warmen Glas-Iglu aus bestaunen

**Weitere Specials** sind rund 32 bestens ausgestattete Blockhäuser, mehrere Restaurants, darunter das mit 150 Plätzen größte Schneerestaurant der Welt, eine Eisbar, drei Rauchsaunas oder ein typisches Lappen-Torfhaus. Die Natur drumherum ist vielfältig, sehr einsam und sehr weit. Man kann während der Wintermonate auf beleuchteten Loipen Skilanglauf machen oder im Rentier-, Hunde- oder Motorschlitten fahren. Im Sommer erleben Angel- und Naturfreunde am Inari-See ein wahres Paradies. Rentierfarmen laden zum Besuch ein, das Eismeer bei Murmansk ist nicht allzu weit entfernt, man kann sich beim Goldwaschen in den Bächen und Flüssen in der Nähe üben und das Golddorf Tankavaara aufsuchen.

*(RI)*

INFO

**Kakslauttanen Artic Resort:**
(Hotel & Igloo Village ) Kakslauttanen, Kiilopääntie 9, 99830 Saariselkä, Lappland, Tel. 016 667 100, www.kakslauttanen.fi

Wer einfach nur neugierig ist und sich das Artic Resort einmal ohne Übernachtung anschauen möchte, kann eine Einführungstour buchen.

# Dänemark

*„Danmark er et lille land!"* – Dänemark ist ein kleines Land!, behaupten die Einheimischen gerne in sympathischem Understatement. Doch stellt sich beim Bereisen des Landes heraus, dass es doch nicht gar so klein ist. Es braucht seine Zeit, Dänemark wirklich kennenzulernen, auch aufgrund der annähernd 500 Inseln, die neben dem jütländischen Festland, mit 30.000 km² der größte Landesteil, das Königreich ausmachen. Die Küstenlinie beträgt etwa 7.500 km. Die Natur ist ideal für einen aktiven Urlaub, der Fahrradtouren, Wanderungen, Segeltörns oder Kanuausflüge einschließt. Jenseits von Badestränden und Natur beeindruckt die Kulturlandschaft. Viele Zeugnisse aus Stein-, Bronze-, Eisen- und Wikingerzeit gibt es zu besichtigen, Kunstschätze in den dänischen Mittelalterkirchen und unzählige Schlösser und Herrensitze. Zahlreiche schmucke Dörfer und Kleinstädte scheinen mit ihren reetgedeckten Häuschen geradewegs einem Bilderbuch zu entstammen. Hinzu kommt, dass die sprichwörtliche *hygge* (Gemütlichkeit) das Alltagsleben bestimmt und dem Gast das Gefühl gibt, willkommen zu sein.

Als Außengebiete gehören die Färöer und Grönland zu Dänemark, die jedoch beide über eine weitreichende Autonomie verfügen und nicht zum eigentlichen Dänemark gezählt werden. Allein Grönland, die größte Insel der Welt, ist 50 Mal größer als der Kern des Königreichs. Beide Außengebiete entsenden je zwei Abgeordnete in das Folketing, das dänische Parlament.

## STECKBRIEF

**Name:** Kongeriget Danmark (Königreich Dänemark)
**Flagge:** „Dannebrog", weißes Kreuz auf rotem Grund
**Fläche:** Kernland 43.094 km², zugehörige Färöer 1.396 km², zugehöriges Grönland 2,2 Mio. km²
**Klima:** Mildes Klima bei relativ geringen Niederschlägen für die Lage zwischen Ost- wie an der Nordsee. Im Winter Temperaturen nur um den Gefrierpunkt.
**Nationalfeiertag:** 5. Juni
**Bevölkerung:** 5,6 Mio. im Kernland, 48.350 Einw. auf den Färöer, 56.600 Einw. auf Grönland
**Sprache:** Dänisch, das mit Isländisch, Färörisch, Norwegisch und Schwedisch zum nordgermanischen Zweig der indogermanischen Sprachen gehört.
Auf Färöer spricht man Färörisch, auf Grönland Kalaallisut neben Dänisch
**Hauptstadt:** Kopenhagen mit etwa 1,7 Mio. Einwohnern im Großraum
**Wahrzeichen der Hauptstadt:** die kleine Meerjungfrau
**Staatsform:** Parlamentarische Erbmonarchie
**Staatsoberhaupt:** Königin Margrethe II.
**Ministerpräsident:** Lars Løkke Rasmussen (Venstre)
**Wirtschaft:** Industrie, Tourismus, Landwirtschaft, Fischerei, Schiffsbau
**Währung:** 1 Dänische Krone = 100 Öre, 1 Euro = 7,44 DKK
**Telefonvorwahl:** +45
**Internet-TLD:** dk

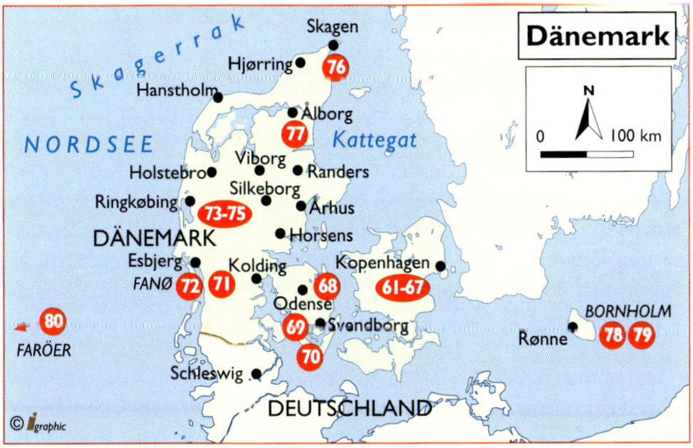


61 Das Königliche Schloss Frederiksborg
62 Musik und Meer - Operhaus und Aquarium Der Blaue Planet in Kopenhagen
63 Carlsberg - Geschichte einer Brauerei
64 Dänemarks Freizeit- und Vergnügungsparks: Tivoli, Bakken, Djurs Sommerland, Legoland, Kattegatcentret
65 Radtour auf der Traumstraße der dänischen Riviera
66 Øresund-Brücke - die dänisch-schwedische Verbindung
67 Dänische Delikatessen
68 Mit Hans Christian Andersen durch Odense
69 Segeln in der „Dänischen Südsee" bei Langeland
70 Für Inselfans: Avernakø, Bjørnø, Drejø, Hjortø, Lyø, Skarø
71 Aufstieg und Fall der Wikinger in Ribe
72 Insel Fanø - Seefahrtstradition, Ferienhäuser und endloser Sandstrand
73 Strände in Jütland
74 Eine Klasse für sich - Urlaub im dänischen Ferienhaus
75 Bernstein - das Gold der Nordsee
76 Skagen - der nördlichste Punkt
77 Aalborg - das Utzon Center an der Hafenfront
78 Bornholm - das Inseljuwel
79 Anglerparadies Bornholm
80 Die autonomen Färöer-Inseln

# 61 Das Königliche Schloss Frederiksborg

Das Wasserschloss Frederiksborg liegt etwa 40 km nördlich von Kopenhagen im kleinen Ort Hillerød auf der Insel Seeland. Das Gebäude gilt als das bedeutendste Beispiel für die Renaissance in Nordeuropa. Christian IV. ließ es 1600–1620 nach den Plänen des Architekten Steenwinckel d. Ä. errichten. In der Schlosskapelle wurden fast alle dänischen Könige des Hauses Oldenburg gekrönt. Im Laufe der Jahrhunderte sahen die eleganten Gemäuer viele königliche Besucher und Gesandtschaften aus ganz Europa, große Staatsereignisse und Hochzeiten, aber auch Plünderungen und Intrigen. Während des Absolutismus wurden die Könige hier und nicht in Kopenhagen gesalbt.

Auf Frederiksborg musste Frederik III. mit dem schwedischen König Karl X. Gustav einen Frieden unterzeichnen, der die Abspaltung des östlichen Landesteils Schonen zementierte. Die Schweden nahmen damals auch gleich einen Teil der Ausstattung mit, u. a. den Neptunsbrunnen, der heute das Schloss Drottningholm bei Stockholm schmückt. Das letzte bedeutende historische Ereignis auf Frederiksborg war 1840 die Krönung des letzten absolutistischen Herrschers, Christian VIII. Sein Sohn Frederik VII., war für seinen Eigensinn bekannt – er war es auch, der auf die Proteste seiner Diener nicht hörte und am 17.12.1859 ein Kaminfeuer brennen ließ. Dadurch geriet zuerst eine Balken-

*Das Schloss Frederiksborg mit schöner Gartenanlage*

decke und schließlich das gesamte Schloss in Brand. Am nächsten Morgen standen außer der intakten Kapelle nur noch die nackten Mauern da. Ganz Dänemark trauerte um das traditionsreiche Schloss. Der originalgetreue Wiederaufbau wurde mit viel Energie und hohem Aufwand vorangetrieben, sodass Frederiksborg bereits 1865 von außen das alte Bild zeigte und 20 Jahre später war auch der Innenausbau abgeschlossen. Das, was dann 1878 eingeweiht wurde, war allerdings keine Königsresidenz mehr, sondern das dänische **Nationalhistorische Museum**.

*Sehenswert: die Kapelle*

Die von Sandsteinskulpturen geschmückte „**Große Galerie**" ist im Innenhof der quadratischen Anlage des Hauptschlosses zu bewundern. Dort steht auch eine Kopie des zuvor nach Schweden abtransportierten Neptunbrunnens. Eine Brücke mit Geheimgang verbindet den Königsflügel mit dem Audienzhaus, das zur Zeit Christians IV. die eigentliche Schaltstelle der Macht im Königreich war. Eine Innenbesichtigung des weitläufigen Komplexes beansprucht einige Zeit. Zu sehen sind die Räumlichkeiten, Möbel, Paradebetten, Rüstungen sowie die umfangreiche nationale Porträtgalerie. Interessant sind auch die bemalten Wappenschilder des Elefantenordens … Die beim Brand unversehrt gebliebene **Kapelle** stellt jedoch die größte Sehenswürdigkeit dar, ein überreich dekorierter, zweistöckiger Raum, der u. a. die einzige erhaltene **Compenius-Orgel** der Welt (1610) enthält. *(DK/UQ)*

## Bootstour

Wegen seiner einmaligen Lage im See kann die Architektur des Schlosses auch auf einem Bootsausflug bewundert werden. Die kleine „M/F Frederiksborg" befährt im Sommer tgl. 11-17 Uhr die „schönste Seemeile Dänemarks" zwischen Marktplatz, Schlossanlegebrücke und Barockgarten.

**INFO**

**Det Nationalhistoriske Museum, Frederiksborg Slot** (Nationalhistorisches Museum, Schloss Frederiksborg): 3400 Hillerød, Tel. 48 26 04 39, www.dnm.dk, April-Okt. 10-17, Nov.-März 11-15 Uhr, das Äußere samt Innenhof ist frei zugänglich, der Barockgarten tgl. ab 10 Uhr bis Sonnenuntergang, Schloss DKK 75. Audioguides kostenlos. Führungen auch in Englisch und Deutsch; Infos über das **Hillerød Tourist Office**, Tel. 49 21 13 33, www.visitnordsjaelland.com.

# 62 Musik und Meer – Opernhaus und Aquarium Der Blaue Planet in Kopenhagen

Fast alle europäischen Hauptstädte und Metropolen haben mittlerweile mit dem Bau spektakulärer Opernhäuser von sich Reden gemacht. So auch Kopenhagen, wo im Januar 2005 das **Kongelige Teater** für Oper und Ballett mit Verdis „Aida" feierlich eingeweiht wurde.

**Henning Larsen** ist der Stararchitekt dieses imposanten, mit einem Flachdach versehenen Opernhauses aus Jurastein und Glas. Das architektonische Highlight prägt das Stadtbild, da es eine neue Sichtachse schafft: von der Oper über das Wasser zum Park Amaliehaven und weiter quer über den Platz des Schlosses Amalienborg bis zur Kuppel der Marmorkirche. Rechts und links des Gebäudes verlaufende Kanäle unterstreichen die exponierte Lage. Als mit dem Boot auf das Haus zufahrender Besucher schaut man auf das lichtdurchflutete Foyer.

*Reizvoll: per Schiff in die Oper zu fahren*

Von den höher gelegenen Ebenen eröffnet sich ein großartiger Blick über den Hafen. Und das Haus hat es in sich: 14 Etagen, wovon sich einige unter der Erde befinden, sechs Bühnen, ein Auditorium für 1.400 Zuschauer sowie eine modernste Bühnentechnik. Vor dem Haus gibt es genügend Platz und Raum für Aufführungen im Freien.

Das Gebäude wurde von der **A.P. Møller und Chastine Mc-Kinney Møller Stiftung** dem „dänischen Volk" geschenkt. Arnold Peter Møller war Mitbegründer der Mærsk Line, einem Global Player mit der größten Containerschiff-Reederei der Welt.

Etwa 8 km weiter südlich erwartet den Besucher ebenfalls spektakuläre Architektur. **Den Blå Planet**, das größte Aquarium Nordeuropas, entstand 2013 ganz in der Nähe des Flughafens Kopenhagen Kastrup auf der Insel Amager am Øresund.

Der preisgekrönte Entwurf des dänischen Architekturbüros 3XN löste das nach über 70 Jahren zu klein gewordene Aquarium in Charlottenlund ab und gilt nun mit deutlich mehr als 1 Mio. Besuchern jährlich als touristisches

*Geschwungene Formen: das Aquarium in Kopenhagen*

Flaggschiff des Landes. Das **größte Aquarium Nordeuropas** beeindruckt nicht allein durch seine Zahlen von rund 20.000 Meerestieren in 53 Tanks mit insgesamt 7 Mio. l Wasser, sondern auch und vor allem durch seine Architektur und seinen Erlebniswert. Aus der Vogelperspektive erscheint der von Wasser umgebene Komplex wie ein riesiger Whirlpool, von der Landseite her wie ein futuristisches, gestrandetes UFO. Von seinem Zentrum aus erstrecken sich fünf Arme mit unterschiedlichen Bereichen. Besonders eindrucksvoll sind das enorme Ozeanbecken mit Hammerhaien, Rochen und Muränen, das Korallenriff und der Amazonasbereich, in dem auch Schmetterlinge und Vögel frei umherfliegen und wo unter einem imposanten Wasserfall 3.000 Piranhas und Anakondas schwimmen. Mehrere Aquarien können ober- und unterhalb der Wasserlinie erlebt werden. Etwas Besonderes sind stets die Fütterungen, die man miterleben kann, aber auch das Sinnes-Aquarium, bei dem man sich trauen kann, Meerestiere zu ertasten, ist ein Erlebnis. Auch ökologisch setzt der Blaue Planet mit seinem niedrigen Energieverbrauch (u. a. durch doppelverglaste Fenster und einem Kühlsystem auf Meerwasserbasis) neue Maßstäbe.

Der nahe Strandpark, die Jachthäfen der Umgebung und der wunderschöne Ausblick über den Øresund machen das Aquarium zu einem mehr als lohnenden Ziel für einen Tagesausflug.

*(DK/UQ)*

INFO

**Kongelige Teater – Operaen** (The Royal Opera House): Ekvipagemestervej 10, 1438 Kopenhagen K, Tel. 33696933, Tickets: Tel. 33696969, http://kglteater.dk. Teure **Gruppenführungen** auf Englisch (75 Min.) können online gebucht werden.

**Den Blå Planet – National Aquarium Denmark:** Jacob Fortlingsvej 1, 2770 Kastrup, Tel. 44222244, www.denblaaplanet.dk, Mo 10–21, Di–So 10–17 Uhr, DKK 170, Führungen möglich. Anfahrt vom Zentrum mit der U-Bahn zur Metrostation Kastrup, kurzer Fußweg zum Aquarium.

# 63 Carlsberg – Geschichte einer Brauerei

Die Carlsberg-Brauerei hat ihren festen Platz nicht nur in der Wirtschafts-, sondern auch in der Kulturgeschichte Dänemarks. Als Gründer gilt J.C. Jacobsen (1811–1887), dessen Karriere aber bereits in einer älteren Brauerei begann, die sein Vater mitten in Kopenhagen führte.

Auf Studienreisen nach Deutschland lernte er die **Kunst des untergärigen Bierbrauens** kennen und beschloss, diese Technik und die Standards des deutschen Reinheitsgebots in eine eigene Bierproduktion einfließen zu lassen. 1847 gründete er eine Brauerei auf einem Hügel (= berg) gelegen und nach seinem damals fünfjährigen Sohn Carl benannt. Das hier gebraute Bier wurde ein voller Erfolg. Der junge Carl lernte um 1860 bei führenden europäischen Brauereien und trat in die Fußstapfen seines Vaters. Schon 1868 begann der Verkauf des Bieres auf außerdänischen Märkten wie in Großbritannien, den anderen skandinavischen Ländern und auf den westindischen Inseln. 1875 wurde das **Carlsberg-Laboratorium** eingerichtet (heute Teil des Carlsberg-Forschungszentrums, dessen Ergebnisse – einmalig in der Welt – allen frei zur Verfügung gestellt werden), dessen Ziel eine bessere Qualität und Kontrolle der Produktionsabläufe war.

Wirtschaftlich ist Carlsberg ein erfolgreicher und wichtiger Faktor in Dänemark. Täglich werden 114 Millionen Flaschen verkauft, die aus dem Carlsberg-Konzern stammen. Das Unternehmen zählt heute weltweit etwa 40.000 Mitarbeiter und erzielt einen Umsatz von fast 9 Milliarden Euro; damit stand man 2014 auf Platz vier hinter den Brauereigruppen Anheuser-Busch/InBev, SAB Miller und Heineken.

War schon der Vater kunstinteressiert, so traf das auf seinen Sohn Carl Jacobsen (1842–1914) und dessen Frau Ottilia (1854–1903) erst recht zu. Sie begeisterten sich für archäologische Ausgrabungen und begannen, die Schätze der Antike zu sammeln. Gleichzeitig interessierten sie sich für die Kunst ihrer Zeit. Ihre Sammlung vermachten sie 1888 dem dänischen Volk. Sie ist heute als Grundbestand in der 1897 eingeweihten **Ny Carlsberg Glyptothek** zu sehen. Doch ging es den beiden nicht nur um eine aktive Unterstützung aller möglichen kulturellen und sozia-

*Die Brauereipferde von Carlsberg kommen zu besonderen festlichen Anlässen zum Einsatz*

len Einrichtungen. Seit 1902 wurden Museen, Gärten, Schulen, Theater und Hospitäler von der Carlsberg-Stiftung unterstützt, die bereits 1876 ins Leben gerufen wurde.

Der Wiederaufbau des Schlosses Frederiksborg und seine Erhaltung als Nationalhistorisches Museum waren bzw. sind nur dank der Stiftung möglich. Und Genießer des Carlsberg-Bieres verweisen gerne darauf, dass von jedem getrunkenen Glas Bier einige **Øre in kulturelle Einrichtungen** fließen.

Architektur ist ein weiterer Schwerpunkt des Carlsberg-Engagements. Gebäude der Brauerei im In- und Ausland sind oft preisgekrönt. Ein eigener Carlsberg-Preis für Architektur wird seit 1992 vergeben. Weitere Gebiete des Engagements sind die Philosophie oder die Natur- und Sozialwissenschaften.

*(DK/UQ)*

## Nach alter Tradition hergestellt

Die Besonderheit des Stammsitzes der Carlsberg Brauerei in der Kopenhagener Vorstadt Valby ist schon an der außergewöhnlichen Industriearchitektur ablesbar, die sich mit Skulpturen, schön gestalteten Schornsteinen und vor allem dem imponierenden Elefantentor darstellt. Die vier Ungetüme tragen ein Torhaus, in dessen Loggienöffnung eine Doppelbüste von Carl und Ottilia Jacobsen sichtbar ist. Die als dekoratives Element eingesetzten Hakenkreuze waren offizielle Zeichen der Brauerei, bis ihnen die Nazis in Deutschland eine politische Bedeutung gaben. Hinter dem Elefantentor liegt rechts das klassizistische Haus, das die Alte Carlsberg-Glyptothek beherbergt. Im **Besucherzentrum** kann man sich anhand von Infotafeln und Ausstellungsstücken über die Geschichte der Brauerei und den Produktionsprozess informieren. In der ersten Etage befindet sich die Bar, von der aus man einen Blick auf die Kupferkessel und Zapfanlagen der Kleinbrauerei hat. Die Brauerei stellt hier in vergleichsweise geringen Mengen Spezialbiere der Marke Carlsberg nach alter handwerklicher Tradition her.

*Glyptothek und Wintergarten*

INFO

**Carlsberg Visitor Center:** Gamle Carlsberg Vej 11, 1799 Kopenhagen V, Tel. 33271282, www.visitcarlsberg.dk, Di–So 10–17 Uhr, DKK 95. März–Sept. fährt ein kostenloser Shuttlebus vom Royal Hotel (Vesterbrogade 6, neben dem Hauptbahnhof) zum Carlsberg Visitor Center (hin 12/13/14, zurück 12.40/13.40/14.40 Uhr).

**Ny Carlsberg Glyptoteket:** Dantes Plads 7, 1556 Kopenhagen, Tel. 33418141, www.glyptoteket.com, Di–So 11–17 Uhr, DKK 95.

# 64 Dänemarks Freizeit- und Vergnügungsparks: Tivoli, Bakken, Djurs Sommerland, Legoland, Kattegatcentret

Dänemarks Vergnügungsparks locken Jung und Alt gleichermaßen an. Eines haben alle gemeinsam: Vieles dreht sich, bewegt sich, leuchtet und blinkt oder macht Musik. Die Parks bieten der ganzen Familie jede Menge Abwechslung und Spaß.

Der **Tivoli** ist eine der berühmtesten Kopenhagener Attraktionen. Sein wunderschöner Haupteingang liegt auf der Vesterbrogade. Der alte Märchengarten mitten im Herzen der Stadt stammt aus dem Jahre 1843 und wurde vom König mit dem Hintergedanken erlaubt, dass eine Bevölkerung, die sich amüsiert, gegen Politisierung gefeit sei. Es gibt viele andere, berühmte Vergnügungsparks auf der Welt, und die meisten sind größer als der Tivoli, doch kaum einer besitzt eine solche Poesie. Trotz aller neuzeitlichen Spielgeräte wird die spezielle Stimmung durch altmodische Institutionen bestimmt, z. B. die Pantomimenbühne, auf der allabendlich Pierrot mit Harlekin und Columbine auftritt, die Gaukler und Zauberer, das „kleine Riesenrad“ oder die Achterbahn von 1914. Allerdings kann es in der Hochsaison am späteren Abend brechend voll sein. Samstags bleiben die meisten Gäste bis Mitternacht, wenn das traditionelle Feuerwerk den Tag beschließt. Ab Mitte November öffnet der Park seine Tore für ein weihnachtliches Märchenland mit Wichteldörfern.

*Die Drachenbahn im Legoland*

Etwas nördlich von Kopenhagen in einem Wald liegt **Bakken**. Bereits 1583 eröffnet, gilt er als ältester Vergnügungspark der Welt. Hier geht es recht volkstümlich und lebendig zu. Ein Karussell mit überdimensionierten Kaffeetassen, eine riesige hölzerne Achterbahn laden zur Fahrt ein. Künstler treten auf, Bierzelte, Imbissbuden und Restaurants sorgen für das leibliche Wohl.

In **Djurs Sommerland** warten rund 60 Attraktionen auf abenteuerlustige und badebegeisterte Besucher. Bei der Dschungel-Safari bekommt man es mit wilden Tieren und Kopfjägern zu tun. In der größten und schnellsten Achterbahn des Landes stockt schon mal der Atem und im Lilliputland sind die ganz Kleinen mit ihren Eltern unterwegs. Die Wasserratten gehen ins Erlebnisbad, wo Wellenbecken und Riesenrutschen für Schwung sorgen.

Fast jedes Kind regt seine Fantasie mit Legosteinen an und in Jütlands **Legoland** geht es noch weiter. Über 50 Millionen Steine wurden dort bisher verbaut. Da staunen die kleinen Legobauer, die hier an Bauwettbewerben teilnehmen können. Die Modellhäuser lassen sich anschauen, man kann mit Bahnen um sie herumfahren, aus der 400 m langen Achterbahn auf ihre Dächer schauen. In verschiedenen Themenbereichen taucht man in unterschiedliche Welten ein, ob ins Abenteuerland, ins Polarland oder lieber ins Mittelalter mitsamt Königsburg. Im Piratenland kann man sich selbst als Freibeuter versuchen.

*Schöne Drehungen: Karussell im Freizeitpark Bakken*

Das **Kattegatcentret** in Grenaa ist für alle, die sich für das Kattegat als Lebensraum interessieren. Man schaut draußen den Seehunden bei der Fütterung zu. Ein riesiges Becken mit tropischem Wasser beherbergt Rochen und Haie, die einem ganz nah kommen, wenn man durch den Haitunnel geht. Und im Ozeanarium kann man tauchen gehen und Bekanntschaft mit Steinbutt oder Meeraalen machen.

*(DK/UQ)*

**INFO**

**Tivoli:** Vesterbrogade 3, Tel. 33151001, www.tivoli.dk, Mitte April–Mitte Sept. ab 11 bis 23/24 Uhr, Weihnachtsmarkt ab Mitte Nov. Die Eintrittspreise sind hoch, außerdem sind die meisten Attraktionen nicht frei, sondern müssen zusätzlich mit Wertmarken bezahlt werden, die man vorher an der Kasse gekauft hat.

**Bakken:** Dyrehavsbakken, 2930 Klampenborg, Tel. 39633544, www.bakken.dk, geöffnet März–Sept. mit wechselnden Öffnungszeiten, Infos auf der Homepage. Eintritt in den Park selbst ist frei, Tickets für Attraktionen.

**Djurs Sommerland:** Randersvej 17, 8581 Nimtofte, Tel. 86398400, www.djurssommerland.dk, Juni (fast) tgl. 10–17/18, Juli–Mitte Aug. tgl. 10–20/21, Mai, Mitte Aug.–Sept. Sa/So 10–18 Uhr, Tages- und Zweitagestickets. Der Wasserpark ist Juni–Mitte Aug. geöffnet.

**Legoland:** Nordmarksvej, 7190 Billund, www.legoland.dk, Ende März–Juni 10–18, Juli/Aug. 10–20, Sept./Okt. Fr–Mo 10–18 Uhr, Tages-, Zweitages-, Familienkarten. Wenn man im Voraus online bucht wird es etwas günstiger.

**Kattegatcentret:** Færgevej 4, 8500 Grenaa, Tel. 86325200, www.kattegatcentret.dk/de/, Ende Juni–Mitte Aug. tgl. 10–17, sonst 10–16 Uhr, 9.–26. u. 31.Dez./1. Jan. geschl., Eintritt.

# 65 Radtour auf der Traumstraße der dänischen Riviera

Ein idyllisches Stück Dänemark ist der **Strandvejen**, die 42 km lange Strecke von Kopenhagen nach Helsingør am Øresund entlang. Ist man hier mit dem Rad unterwegs, wird man mit schönsten Aus- und Ansichten reichlich belohnt. An warmen Sommertagen lassen der blaue Øresund mit seinen Badestränden und Jachthäfen sowie das Grün des waldreichen Hinterlandes durchaus mediterrane Assoziationen aufkommen. Hier siedelten sich schon im 19. Jh. die reichen Hauptstädter an, deren Villen die hübschesten Plätze entlang der Uferstraße besetzt halten.

### Die erste Fahrrad-Botschaft der Welt

In Dänemark wird viel mit dem Fahrrad gefahren. Allein in Kopenhagen liegt der Anteil der Radfahrer bei über 35 %. Und dieser Anteil soll in den nächsten Jahren erhöht werden. Aber nicht allein dafür gibt es eine Fahrrad-Botschaft mit Sitz in der dänischen Hauptstadt. Fragen zum Rad, zu Radwegen, Radtourismus, Stadträdern, Rad-Parkplätzen – aus dem In- und Ausland von Radlern, Stadtplanern, Radherstellern – können an die Botschaft gerichtet werden: **Cycling Embassy of Denmark**, Rømersgade 5, 1362 Kopenhagen, Tel. 40708362, www.cycling-embassy.dk.

In Richtung Norden geht es zunächst nach **Østerbro**, heute ein gesuchter Wohnort. Nördlich von Hellerup lädt der Strand von **Charlottenlund** zum ersten Bad ein. Das große Waldgebiet linkerhand gehört zum frei zugänglichen Park des Schlosses, das 1731–1733 erbaut und bis 1828 königliche Residenz war.

Einige Kilometer weiter erreicht man **Klampenborg** mit seinen prächtigen Villen, ein populäres Ausflugsziel für Familien, die den Vergnügungspark Bakken besuchen. Das Jagdschlösschen **Eremitagen**, das 1736 unter Christian IV. im sächsischen Rokoko-Stil erbaut wurde, liegt nicht weit entfernt. Von außen und aus nächster Nähe lässt es sich bewundern. Die Umgebung des Badeorts **Vedbaek** ist als Erholungsgebiet sehr reizvoll und am besten per Rad oder mit dem Kanu zu erkunden.

*Gut ausgeschildert: die Radwege entlang der Küste*

*Mit dem Rad unterwegs: ein besonderes Landschaftserlebnis*

Weiter gelangt man bald zum recht belebten ehemaligen Fischerort **Rungsted**. Gern besucht wird hier das **Karen-Blixen-Museum**, das im Eltern- und späteren Wohnhaus der bekannten Schriftstellerin eingerichtet ist.

Weiter nördlich passiert man den Ort **Nivå** mit einem See und einem Herrensitz namens **Nivågård**.

Durch Sletten führt der Weg weiter nach **Humlebæk**. Am Ortsausgang weisen die Schilder zur größten Sehenswürdigkeit, dem **Louisiana Museum of Modern Art**. Es ist der Privatinitiative des Kaufmanns Knud W. Jensen zu verdanken und es zeigt dänische und internationale Kunst des 20. Jh. Wer einen Spaziergang durch den einzigartigen Skulpturenpark mit Blick über den Øresund macht und die Skulpturen auf sich wirken lässt, spürt die harmonische Einheit von Kunst, Architektur und Landschaft. Kein Wunder, dass Louisiana zu einem der beliebtesten Ausflugsziele der Kopenhagener und zum meistbesuchten Museum Skandinaviens geworden ist.

Auf dem weiteren Weg nach **Helsingør** kommt man noch durch die Badeorte **Espergærde** und **Snekkersten**, wo man sich nach anstrengender Fahrt und bei gutem Wetter erfrischen kann.

*(DK/UQ)*

**INFO**

**Cykelkort Danmark:** die **Radwanderkarte** Dänemark im Maßstab 1:500.000, ist u. a. zu bestellen unter www.fahrradtouren.de.
**Karen Blixen Museet:** Rungsted Strandvej 111, 2960 Rungsted Kyst, Tel. 45571057, http://blixen.dk, Mai-Sept. Di-So 10-17, Juli/Aug. auch Mo 12-19, Okt.-April Mi-Fr 13-16, Sa/So 11-16 Uhr, DKK 75.
**Louisiana Museum of Modern Art:** Gammel Strandvej 13, 3050 Humlebæk, Tel. 49190119, Di-Fr 11-22, Sa/So 11-18 Uhr, DKK 115.

# 66 Øresund-Brücke – die dänisch-schwedische Verbindung

Ähnlich wie die Untertunnelung des Ärmelkanals ist auch die Querung des Øresunds ein **lang gehegter Traum** gewesen. Konkrete Pläne für eine feste Verkehrsanbindung zwischen Dänemark und Schweden existierten schon seit 1872. Bis es zum Bau kam, wurde viel überlegt, geplant und entworfen. Mit dem einsetzenden wirtschaftlichen Aufschwung nach dem Zweiten Weltkrieg entschied man sich auf dänischer Seite, zunächst die eigenen Landesteile miteinander zu verbinden. Erst nach Baubeginn der Großen-Belt-Querung und nach langen Untersuchungen, vor allem zu den Konsequenzen des Projekts für die Umwelt, war daher der Weg für die Øresund-Brücke frei.

**Einige Daten:**

| | |
|---|---|
| Gesamtlänge | 15,9 km |
| Höhe der 4 Pylonen | 203,5 m |
| Lichte Höhe | 57 m |
| Spannweite | 490 m |
| Abstand der einzelnen Pfeiler zueinander | 140m |
| Verarbeiteter Beton | 320.000 m³ |
| Gewicht der Kabel | 2.300 t |
| Beschäftigte während des Baus | 5.000 |
| Baukosten | 3 Milliarden Euro |
| Bauzeit | 5 Jahre |
| Bewohner der Øresund-Region | 3,6 Millionen |
| Berufspendler | 18.000 täglich |

Es handelt sich dabei um die **längste Schrägseilbrücke der Welt** für den Straßen- und Schienenverkehr zwischen Kastrup/Kopenhagen und Lernacken/Malmö. Sie wurde im Jahr 2000 fertiggestellt. Die gesamte Verbindung besteht aus einer künstlich geschaffenen Halbinsel, einem 3,5 km langen Tunnel unter der Fahrrinne des Øresunds, einer künstlichen Insel von rund 4 km Länge, zwei Zufahrtsbrücken von 6,7 km Länge und einer imposanten 1,1 km langen Hochbrücke.

Dank dieser Verbindung entstand eine ganz **neue Wirtschafts- und Urlaubsregion**, indem Großstädte wie Kopenhagen und Malmö bzw. die Provinzen Seeland und Schonen zusammengewachsen sind. Für den Alltag bedeutet die Verbindung eine große **Zeitersparnis** auf dem Weg zum jeweiligen skandinavischen Nachbarn. Die Fährverbindung Dragør – Limhamn oder Kopenhagen – Malmö dauerte etwa eine Stunde, so braucht man mit dem Auto nun 10 Minuten, die Züge benötigen von Hauptbahnhof zu Hauptbahnhof ca. 34 Minuten Fahrzeit. Eingestellt wurde inzwischen der regelmäßige Schiffsverkehr zwischen Kopenhagen und Malmö.

Mit der Øresund-Brücke ergeben sich völlig neue Möglichkeiten für Reisende, denn auf der dänischen Seite baute man nicht nur den Flughafen Kastrup weiter aus, sondern errichtete mit Ørestad einen völlig neuen Stadtteil. Dass der Flughafen Kastrup (Station „Københavns Lufthavn") heute vom schwedischen Malmö fast so schnell zu erreichen ist wie von der Innenstadt Kopenhagens aus, verblüfft selbst die Dänen, die ihrerseits gern in Malmö abheben, denn dort starten die Billigflieger. Und mit Brostaden entstand auf der schwedischer Seite ebenfalls ein neues Stadtviertel.

*Eindrucksvoll: der Blick auf die Øresund-Brücke*

Ein Nachteil für Urlauber könnten die hohen Mautgebühren sein. Hohe Zuwächse verzeichnet seit der Eröffnung der **Regionalverkehr**. Die Nahverkehrsbahnen fahren im 20-Minuten-Takt zwischen Kopenhagen und Malmö hin und her. **Kombitickets** sind für manchen Reisenden reizvoll, denn so kann man z. B. mit der Bahn von Malmö nach Kopenhagen fahren, darf dort alle öffentlichen Verkehrsmittel umsonst nutzen und braucht keinen Parkplatz fürs Auto. Die Bahnreise im „Untergeschoss" der Brücke bietet beste Aussichtsmöglichkeiten und der Zug ist zudem mit Höchstgeschwindigkeiten von bis zu 200 km/h schneller als der Autoverkehr darüber.

Für Autofahrer gibt es auf der Brücke selbst keine Haltemöglichkeit für Fotostopps. Auf dänischer Seite bietet sich vom ehemaligen Fährhafen Dragør ein guter, jedoch nur entfernter Blick auf die Brücke. Am besten ist die Sicht auf schwedischer Seite vom Ufer des Vorortes Limhamn aus. *(GA/DK/UQ/aem)*

**INFO**

**Informationen zu Maut, Buchungen, Kombitickets:** Website der Øresund-Brücke: http://de.oresundsbron.com
**Verkehrsgesellschaften Bahnen:** DSB Øresund bzw. Öresundståg, http://dsboresund.dk (dänisch) bzw. www.oresundstag.se (schwedisch).
**Øresund-Rundfahrschein:** Die Tageskarten für die gesamte Strecke „Rund um den Sund" („Around the Sound") inkl. Fährpassage Helsingborg-Helsingør werden beiderseits des Øresunds verkauft. Es ist die preiswerteste Art, den kompletten Sund kennenzulernen. Tickets z. B. über www.skanetrafiken.se und bei den Touristeninformationen.

# 67 Dänische Delikatessen

In Dänemark versorgen sich viele Urlauber selbst. Entlang der Straßen kann man sich an kleinen Verkaufsständen mit dem Obst und Gemüse eindecken, das gerade im Garten nebenan reif ist. Und in vielen Hafenorten kann man frischen Fisch und Krabben gleich vom Boot aus kaufen oder die nächste Räucherei aufsuchen. An Imbissständen gibt es eine anerkannte dänische Spezialität: die legendären **pølser**. Gegrillt (risted) oder als knallrote Bockwürstchen. Zum **Hot Dog** werden sie mit Brot und wahlweise frischen und gerösteten Zwiebeln, Gurken, Senf und Ketchup, wobei Kenner oder Unentschlossene einfach alles nehmen (med alt).

Ebenso weit verbreitet ist das **smørrebrød**. Die Übersetzung „Butterbrot" hat mit den dick belegten Broten kaum noch etwas zu tun. Restaurants und Kros haben meist einige Smørrebrød-Gerichte auf der Karte (oft als frokost-Platte). In speziellen Smørrebrød-Restaurants kann die Speisekarte sehr lang sein! Die bekanntesten Kreationen sind die mit Krabben, geräuchertem Lachs, mariniertem Hering, geräuchertem Hering mit Eigelb, Radieschen und Schnittlauch, geräuchertem Aal mit Rührei, Schweinebraten mit Rotkohl, Äpfeln und Backpflaumen, Rinderbrust mit Meerrettich, Roastbeef mit Pickles sowie Leberpastete mit eingelegten Senfgurken oder Gewürzgurken. Oft gibt es auch Spezialitäten, die eigene Beinamen bekommen haben, z. B. dyrlægens natmad, „Abendessen des Tierarztes", das aus Salzfleisch und Leberpastete, garniert mit rohen Zwiebeln, besteht. Smørrebrød wird i. d. R. mittags gegessen, gern begleitet von Bier und Aquavit.

*Täglich frisch: Gemüse und Obst*

**Mittag ist abends!** Die Bezeichnungen für die einzelnen Mahlzeiten können verwirrend sein. Das ehemalige „zweite Frühstück", **frokost**, wurde im Laufe der Zeit zum Mittagessen. Und das warme Mittagessen, das früher am Nachmittag eingenommen wurde, ist trotz seines Namens **middag** heute nichts anderes als das Abendessen, das man üblicherweise um 18–20 Uhr zu sich nimmt. Mit dem Abendessen, **aftensmad**, ist ein Imbiss eher im privaten festlichen Rahmen gemeint, der gegen 22–23 Uhr serviert wird und auch aus Kaffee und Kuchen bestehen kann.

*Immer delikat: das Smørrebrød*

Andere **traditionelle Gerichte** sind z. B. Enten-, Gänse- oder Schweinebraten mit Äpfeln, Backpflaumen, in Zucker gebräunten Kartoffeln, Rotkohl und brauner Soße oder gekochter Kabeljau in Senfsoße, Buttersoße, gehacktem Ei, Meerrettich und gekochten Kartoffeln. Unter den Begriff „**Hausmannskost**“ fallen hauptsächlich Gerichte mit Schweinefleisch, meist mit Kartoffeln sowie der charakteristischen und kalorienhaltigen dicken Soße. Oft kommen auch Frikadellen und Bratwurst auf den Tisch.

Unter „**dänischer Küche**“ versteht man, dass der natürliche Reichtum des Landes bevorzugt verarbeitet wird. Frische Zutaten vom Lande, aus dem Meer und aus Binnengewässern: u. a. Hering, Flunder, Aal, Scholle, Lachs, die gebraten, gekocht, gebeizt, eingelegt, mariniert oder geräuchert werden. Zu den ganz großen Delikatessen gehören auch die frisch gefangenen, kleinen Fjordkrabben oder frische Austern.

Zum Dessert gibt es die leckeren traditionellen Kompotts und Obstgerichte wie **rødgrød** (Rote Grütze) oder **sødsuppe** (Obstsuppe) oder Milchprodukte wie Käse und Joghurt. Am bekanntesten sind **Ymer** (mit Schwarzbrotkrümeln bestreut eine Delikatesse) und Buttermilch (Kærnemælk). Das Angebot an Kuchen ist reichhaltig, es reicht von süßen Brötchen (Boller), Zimtschnecken, Zimtkuchen (Kanelstang), kleinen Krapfen (Æbleskiver), bis zu hin Lebkuchen (Honningkager), Blätterteiggebäck (wie Wienerbrød) oder Schokoladenkugeln. *(DK/UQ)*

# 68 Mit Hans Christian Andersen durch Odense

Hans Christian Andersens Märchen sind weltbekannt. Wer erinnert sich nicht an die „Die Prinzessin auf der Erbse", „Der standhafte Zinnsoldat", „Die kleine Meerjungfrau" oder an „Däumelinchen"? In Odense erblickte Andersen im Jahr 1805 das Licht der Welt. Seit 1908 ist sein (mutmaßliches) Geburtshaus an der Ecke Hans Jensen Stræde und Bangs Boder ein Museum. Im Inneren des unscheinbaren, eingeschossigen Häuschens wird anhand persönlicher Gegenstände, Dokumente und Briefe das spannende Leben des Dichters dargestellt. In einem angebauten, modernen Trakt, dem eigentlichen Museum, kann man Buchillustrationen, Bilder sowie eine umfangreiche Sammlung von dänischen und ausländischen Buchausgaben seiner Werke besichtigen.

Der spätere Dichter wuchs in armen Verhältnissen auf, interessierte sich jedoch früh für Geschichten, Bücher und das Theater. Mit seiner schönen Stimme trug er in Bürgerhäusern Gedichte oder Lieder vor. Seinen Gedanken und seiner Fantasie ließ er gern freien Lauf. Wenn er im Armenhospital seiner Großmutter und alten Frauen einen Besuch abstattete, bekam er zum Dank Märchen erzählt. So versuchte er sich bald an selbst verfassten Komödien und träumte davon, am Königlichen Theater in Kopenhagen als Schauspieler, Tänzer oder Chorsänger zu reüssieren. Zunächst sollte er jedoch einen richtigen Beruf erlernen, daraus wurden aber nur kurze Aufenthalte in einer Tuchfabrik in der Klaregade oder in einer Tabakfabrik in der Vestergade. Mit 15 Jahren

*Das Elternhaus von Hans Christian Andersen*

begab sich Hans Christian Andersen nach Kopenhagen und kam die nächsten 50 Jahre nicht nach Odense zurück. Bei seinem Tod 1875 hatte er es als Schriftsteller zu Weltruhm gebracht und insgesamt über 200 Märchen, Novellen, Autobiografien und Erzählungen, Theaterstücke und Reiseberichte geschrieben.

*Aufführung von „Des Kaisers neue Kleider"*

In der Stadt Odense begegnet man ihm auf vielfältige Weise, sein Profil mit großer Nase und Zylinder ist ein markantes Bild. Auf Bilder und Figuren aus seinen Märchen, wie den eitlen Monarchen aus „Des Kaisers neue Kleider", trifft man in der Fußgängerzone, an anderer Stelle steht der standhafte Zinnsoldat auf einem Bein. Ein Restaurant namens „Hässliches Entlein" hat den stolzen Schwan im Logo.

Spielerisch können sich Kinder im **Kinderkulturhaus Fyrtøjet** den Märchen von Andersen annähern – durch Geschichten, Theaterspielen, Verkleiden, Schminken und Malen. Alljährlich wird ein Andersen-Märchen im **Fünischen Dorf**, einem Freilichtmuseum mit ländlichen Gebäuden aus dem 18. und 19. Jh., für Kinder aufgeführt. Bei der **H.C. Andersen-Parade** werden drei Mal täglich (um 11, 13 und 15 Uhr) „20 Märchen in 20 Minuten" vorgestellt. Und zur Adventszeit gibt es beim H.C. Andersen-Museum einen Weihnachtsmarkt, der den Besucher auf eine kleine Zeitreise ins 19. Jh. mitnimmt. *(DK/UQ)*

**INFO**

**VisitOdense:** Vestergade 2, 5000 Odense C, Tel. 63757520, www.visitodense.com. Hier ist der Odense City Pass erhältlich (24 Std. freier Eintritt in Museen, kostenloser Bustransport usw.).
**H.C. Andersen Haus:** Bangs Boder 29, Tel. 65514601, www.museum.odense.dk, Juli/Aug. tgl. 10-17, sonst Di-So 10-16 Uhr, DKK 95. Kombiticket mit Andersens Kindheitshaus.
**H. C. Andersen Kindheitshaus** (Barndomshjem): Munkemøllestræde 3-5, Tel. 65514601, www.museum.odense.dk, Juli/Aug. tgl. 10-17, sonst Di-So 10-16 Uhr. DKK 30, Kinder unter 18 frei.
**Kinderkulturhaus Fyrtøjet:** Hans Jensen Stræde 21, Tel. 65514601, www.museum.odense.dk, Feb.-11. Dez. Fr-So 10-16 Uhr, in den Ferien tgl., 15. Dez.-Jan. geschl.
**Fünisches Dorf (De Fynske Landsby):** Sejerskovvej 20, www.museum.odense.dk, Juni-Mitte Aug. tgl. 10-18, sonst Di-So 10-17 Uhr, 20. Okt.-März geschl., Hochsaison DKK 85, sonst DKK 60.
**H.C. Andersen Center:** Universität von Süd-Dänemark, www.andersen.sdu.dk.
**Souvenir-Tipp:** Andersens Scherenschnitte, erhältlich im Museumsshop.

# 69 Segeln in der „Dänischen Südsee" bei Langeland

Mit seinen Fjorden, seichten Küstengewässern, Hochseegebieten und reizvollen Buchten ist Dänemark nicht nur ein einmaliges Segelrevier, sondern bietet jedem Wassersportler das seinem Niveau entsprechende Gewässer. Die kleinen und großen Inseln mit idyllischen Ankerplätzen offerieren mit historisch gewachsenen Städten auch kulturelle Attraktionen oder Natur und Ruhe pur.

Die **dänische Südsee** – der dänische Teil der Ostsee und nur von Deutschen so genannt – ist das herrliche Segelrevier um die Inselwelt zwischen Großem und Kleinem Belt, um die Inseln Fünen und Langeland und weitere kleinere und größeren Inseln herum. Ein bisschen fühlt man sich an weit entfernte Inselwel-

*Vor der Küste kreuzen alte Holzsegelschiffe*

ten in der Südsee oder im Pazifik erinnert: Zwar keine Palmen, aber weiße Strände, nett anzuschauende Häuser und angenehm frische Luft. Man vergisst hier gern die Zeit.

**Langeland** ist 52 km lang und bis zu 11 km breit und bei Rudkøbing über eine Brücke mit Fünen verbunden. Die lange Küste bietet viele Anlaufmöglichkeiten. Die fünf Häfen Lohals, Rudkøbing, Bagenkop, Spodsbjerg sowie Lindelse Nor als Ankerplatz können angelaufen werden. Auf dessen Halbinsel Ristinge befindet sich eines der schönsten Badeparadiese: Ristinge Hale. Vom Strand aus geht es flach ins Wasser, sodass die Badetemperatur meist angenehm ist.

*Schöner Familienausflug auf See*

Für Segel- und Motorjachten unter 20 Bruttoregistertonnen besteht keine Führerscheinpflicht. Und eine Jacht zu chartern, ist in Dänemark relativ preiswert, allerdings ist dies nur in wenigen Häfen möglich. Dass aktuelles Seekartenmaterial notwendig ist, versteht sich von selbst, da immer wieder die Betonnung der dänischen Küstengewässer geändert wurde. Bei Notfällen auf Wasser und zu Land ist das UKW-Seefunkradio die wichtigste Funkverbindung. Den Kanal 16 hört die dänische Küstenfunkstation Lyngby Radio rund um die Uhr ab.

*(DK/UQ)*

**INFO**

**Bootsvermietungen:** Adressen von Anbietern unter www.visitdenmark.de. Bootscharter auch von Anbietern in Deutschland möglich.
Informationen für diejenigen, die gern **mitsegeln** möchten, in Hamburg unter Tel. 040-6754044, www.skipperteam.de.
Informationen zum **Segelrevier** und den **Häfen** auf Langeland unter www.esys.org/rev_info/langeland.html.
**Seekarten** unter www.bsh.de.

## 70 Für Inselfans: Avernakø, Bjørnø, Drejø, Hjortø, Lyø, Skarø

Wer auf Fünen, Langeland, Tasinge oder Ærø seinen Urlaub verbringt, ist wahrscheinlich Inselfan. Auf der weiteren Suche nach ursprünglichem Inselambiente eignen sich neben einem Dutzend unbewohnter Inselchen, die nur per Boot angelaufen werden können, Avernakø, Bjørnø, Drejø, Hjortø, Lyø, Skarø besonders für einen Abstecher.

**Avernakø:** Von Fäborg aus in einer einstündigen Fährfahrt erreicht, erwartet einen eine lang gestreckte Insel mit immerhin 19 km Küstenlinie. Die 114 Inselbewohner leben überwiegend von der Landwirtschaft und vom Fischfang. Für den Besucher gibt es neben der Kirche, in der eine Kopie des Inselschatzes aufbewahrt wird, schöne Badestrände und gute Angelmöglichkeiten. Derweil kann man die Vogelwelt der Ostsee betrachten. Für Segler gibt es Liegeplätze in den Häfen Avernak und Korshav Bro. Dort kann man auch Räder leihen, um sich auf den Weg über die Insel zu machen.

*Unterwegs in Dänemark: von Insel zu Insel mit der Fähre und dem Rad*

**Bjørnø:** Die etwa 150 ha große Insel liegt etwa 3,5 km südlich von Fäborg. Die Insel ist leicht hügelig und die höchste Erhebung liegt bei 24 m ü. d. M. Es wechseln sich Felder und kleine Wäldchen, vereinzelte Strände und flache Wiesen mit reichem Vogelleben, Steilküsten und schmucke Bauernhöfe ab. Wer die Insel mit dem Segelboot erreicht, kann in der Mole von Bjørnø einen Liegeplatz finden, einen Hafen gibt es nicht. Die Insel eignet sich für eine Rundwanderung oder man geht angeln oder baden oder fährt mit dem Rad umher. Im Hauptort gibt es einige nette Fachwerkhäuser zu sehen. Auf einem Campingplatz, nur 50 m vom Strand entfernt, kann man auch sein Zelt für die Nacht aufschlagen.

**Drejø:** Die zwischen Fünen und Ærø gelegene Insel gehört mit 426 ha zu den größeren dieser Inselgruppe. Der nördlichere Teil ist ein Vogelschutzgebiet mit Küstenwiesen, Teichen, Mooren und Schilf. Hier können u. a. Schwäne, Graugänse, Möwen oder Turmfalken beobachtet werden. Die 1535 geweihte Kirche etwas südlich von Drejø By ist das älteste Gebäude auf der Insel. Die touristische Infrastruktur hat einen Jachthafen mit 35 Liegeplätzen zu bieten sowie ein paar Ferienhäuser, einen Zeltplatz, einen Kro und einen Laden für den täglichen Bedarf.

**Hjortø:** Mit 90 ha Größe ist diese autofreie Insel die kleinste und von Svendborg aus mit der Minifähre oder eben dem eigenen Boot zu erreichen. Die Insel ist flach und weitgehend eingedeicht, die höchste Erhebung misst gerade einmal 3,50 m. Bei Stürmen kann man das Festland fast zu Fuß erreichen, wenn das recht flache Wasser weggeblasen wird. An schönen Tagen können Besucher die kinderfreundlichen, reinen Badestrände nutzen oder über die Strandwiesen an der Süd- und Ostküste spazieren. Einem selten vorkommenden Tier, dem Glockenfrosch, kann man hier auch begegnen. Sein Gequake erinnert an Kirchenglockengeläut.

*Typische Farben in Dänemark: blauer Himmel über einem reifen Getreidefeld*

**Lyø:** Gute Badestrände und Angelmöglichkeiten, ein reiches Tier- und Pflanzenleben, schöne Wander- und Radwege, all das prädestiniert die Insel für einen erholsamen Tagesausflug. Allein das Dorf Lyø By lohnt schon einen Besuch. Mit seinen reetgedeckten Häusern überwiegend aus dem 18. Jh., verwinkelten Gassen, ansehnlichen Gärten vor bunt bemalten Haustüren zählt der Ort zu den besterhaltenen dörflichen Gemeinwesen im ganzen Königreich und wird entsprechend gern besucht. Im Norden der Insel gibt es einen Jachthafen. Der Ort bietet mit Kunstgalerie, Kro, Vermietung von Rädern und Reitpferden u. Ä. touristisch mehr als die benachbarten Inseln.

**Skarø:** Die 197 ha große Insel hat eine kompakte, nierenförmige Gestalt. Deutlich schmaler und länger ragt im Norden die Landzunge Skarø Odde weit ins südfünische Meer. Der 9 m hohe Vesterbjerg bietet einen schönen Panoramablick. Im Norden der Insel liegt der Jachthafen, von dort sind es 200 m zum Inselort Skarø By mit Dorfteich und drumherum gruppierten Höfen, die alte Tradition ausstrahlen. Für Vogelfreunde lohnt der Besuch ganz besonders, denn allein 50 Arten Watt- und Wasservögel nisten hier. Hinzu kommen die Zug- und Raubvögel, die alljährlich im Herbst beobachtet werden können.

*(DK/UQ)*

# 71 Aufstieg und Fall der Wikinger in Ribe

Ribe ist eine der ältesten Städte, vielleicht sogar die **älteste Stadt Dänemarks**. Belegt ist durch Ausgrabungen, dass es bereits um 700 n. Chr. eine Handelssiedlung der Wikinger zwischen Ribe und Tved gegeben hat, etwa dort, wo heute die Nicolaj Gade entlangführt. Die Wikinger nutzten die vor den Gewalten der Nordsee geschützte Binnenlage, bauten Lagerhäuser und wohnten damals in reetgedeckten Langhäusern. Um 860 ließ der Erzbischof von Hamburg-Bremen in Ribe eine Kirche errichten, 948 wurde die Stadt Bischofssitz. Zu Beginn des 10. Jh. hatte die Stadt bereits große Bedeutung im Handel, der, wie man aufgrund gefundener Münzen annehmen kann, bis in die arabische Welt gereicht zu haben schien. In den folgenden Jahrhunderten wurden Fisch und vor allem Ochsen aus Ribe exportiert. Im Gegenzug importierte die Stadt Keramiken aus Holland, Tuche aus England und Baumaterialien aus dem gesamten europäischen Raum.

Die eigentliche **Boomzeit** begann im 12. Jh., als die Valdemar-Dynastie Ribe zur Königsstadt und zu einer ihrer Residenzen erklärte, und sie dauerte bis ins 16. Jh. Es gab in dieser Zeit sieben Kirchen und vier Klöster. Ribe unterhielt mit allen wichtigen Städten Europas Handelsbeziehungen. Sturmfluten, Feuerbrünste oder die Pest – besonders schlimm 1350 – bedrohten immer wieder die Stadt, der lukrative Handel brachte sie aber stets von Neuem auf die Beine.

*Wikinger unterwegs in der vielleicht ältesten Stadt Dänemarks*

Anschauliche Darstellungen im Ribe VikingeCenter

Das ging so lange gut bis sich die Rückschläge ab 1530 häuften und der **Abschwung** einsetzte. Die vordringende Reformation führte ab 1530 zur Auflösung der Klöster. 1580 entzündete sich in Ribe ein großes Feuer, wodurch ein Drittel der Stadt zerstört wurde. Die Eindeichung des Vorlandes ließ den Hafen immer wieder versanden, und die Schweden-Kriege im 17. Jh. beeinträchtigten den Handel in Dänemark. Ribes Bevölkerung ging stark zurück, und die Kaufleute kehrten ihr den Rücken. Als 1868 auch noch der Hafen von Esbjerg eröffnet wurde, führte jeglicher Handelsverkehr an der Stadt vorbei. Ribe verarmte so sehr, dass es nicht einmal mehr reichte, die alten Häuser abzureißen und neue aufzubauen.

### Ein Abend mit dem Nachtwächter

Jeden Abend dreht ein traditionell gekleideter Nachtwächter in Uniform, ausgestattet mit Morgenstern, Holzstange mit Eisenspitze sowie den Initialen des Regenten, seine Runden durch die Altstadt. Dabei singt und erzählt er Geschichten und Anekdoten aus der Stadtgeschichte. Startpunkt ist der Marktplatz, März-Mitte Okt. um 20 Uhr und Juni-Aug. auch um 22 Uhr (in der Nebensaison nicht jeden Tag, aktuelle Zeiten unter www.visitribe.com). Den Nachtwächter zu begleiten ist kostenlos.

Dadurch ist vieles jedoch erhalten geblieben: Seit 1899 wird dafür gesorgt, dass die historischen Gebäude für die Nachwelt erhalten bleiben. 1963 wurde nahezu der gesamte **Altstadtkern unter Denkmalsschutz** gestellt, wonach die alten Gebäude nur noch nach genauen Richtlinien renoviert werden dürfen, die Straßen wieder mit Kopfsteinpflaster versehen werden und Ausgrabungen an alten Wikingersiedlungen verstärkt durchgeführt werden. *(DK/UQ)*

**INFO**

**VisitRibe:** Torvet 3, 6760 Ribe, Tel. 75421500, www.vistitribe.com. Modernes Besucherzentrum, in dem man sich tgl. 9-22 Uhr mit Infomaterial eindecken und am Computer Infos suchen kann. Mit Personal besetzt ist die Infostelle Juli/Aug. Mo-Fr 9-18, Sa 10-16, So 10-15, Rest des Jahres Mo-Fr 9-16 Uhr.

Vielfältige **Veranstaltungen** zum Thema Wikinger gibt es im **Ribe VikingeCenter**, südlich von Ribe in Lustrupholm, Lustrupvej 4, Tel. 75411611, www.ribevikingecenter.dk, 23. Juni-24. Aug. tgl. 11-17, Ende April-20. Juni und 25. Aug.-Mitte Okt. Mo-Fr 10-15.30 Uhr, DKK 100. Wikingermarkt Ende April/Mai.

# 72 Insel Fanø – Seefahrtstradition, Ferienhäuser und endloser Sandstrand

Fanø, am Westufer von Süd-Dänemark und 50 km nördlich von der deutschen Insel Sylt gelegen, ist eine Familieninsel. Im Sommer fahren die Fähren von Esbjerg aus im 20-Minuten-Takt in die Inselhauptstadt Nordby. Der einzige andere Ort ist das kleine Sønderho. Schon 1890 kamen reiche Kopenhagener und auch erste begüterte Familien aus Hamburg zur Sommerfrische auf die Insel. Damit ist die Insel das älteste Seebad Dänemarks mit einem einzigartigen Sandstrand. Der ist 16 km lang und bei Ebbe vielerorts 2 km breit und dehnt sich noch immer aus, da die Nordsee ständig Sand anspült.

So entstand viel Platz für *Ferieboliger*, wie Ferienhäuser auf Dänisch heißen. Ganze 2.800 gibt es davon auf Fanø. Zudem hilft das Erbe der Vergangenheit bei der Suche nach einer Unterkunft: Als noch Großsegler über die Weltmeere fuhren, kannte jeder Seemann Fanø. Hier war bis zum Anfang des 20. Jh. die zweitgrößte Handelsflotte Dänemarks zu Hause. Die Kapitäne von Fanø kehrten mit Reichtümern auf ihre Heimatinsel zurück und wollten ihre Erfolge auch vorzeigen. Die stattlichen Kapitänshäuser in der Inselhauptstadt **Nordby** gehören zu den Sehenswürdigkeiten. Stolz auf ihren Besitz, verzichteten sie auf Hausnummern und gaben ihren Anwesen klangvolle Namen wie „Villa Quisisana" oder „Stuckmanns Hus". Bescheidenheit war nicht angebracht, die Kapitäne hatten meist viele Kinder.

### Wattwanderung auf Fanø

Ohne seinen kräftigen Gabelspaten geht Jesper Voss nie an den Strand. Den braucht der Wanderführer und Touristikmanager von Fanø für seine Arbeit. Mit dem Spaten erschreckt er den Wattwurm und demonstriert, wie viel Leben im Sand verborgen ist. Seine Wattwanderungen zu den Sandbänken, auf denen sich Seehunde und Robben sonnen, gehören zu den Attraktionen vom Fanø-Turistbureau und sind schnell ausgebucht. Kinder – aber nicht nur sie – sind dabei ganz versessen darauf, „richtige, lebendige Nordseerobben in echt" zu erleben. Immer wieder wird der Strandboden umgegraben. „Dies ist eine Herzmuschel, die vergräbt sich, so schützt sie sich davor, von Möwen entdeckt und gefressen zu werden." An Themen fehlt es bei einer solchen kilometerlangen Begehung des Strands nicht. Noch während er sagt: „Unsere Insel ist Teil des ‚Nationalparks Wattenmeer', jede Pflanze und jedes Tier hat seine Aufgabe und ist unverzichtbar im Ökosystem", bückt er sich: „Schaut dieser kleine Krebs, wie er flieht und sich eingräbt." Auch Miesmuscheln werden ausgegraben. „Da unter den kleinen Trichtern im Sand sind noch mehr Muscheln", wieder sticht Jesper den Gabelspaten in den nassen Sandboden und erklärt, wie sich Muscheln ernähren und dabei das Nordseewasser filtern. Das gehört, er betont es immer wieder, zum Ökosystem Wattenmeer und lässt seine Watt-Gäste noch einmal staunen: „In einem Kubikmeter Wattboden gibt es etwa 30.000 Spezies." Viele der Bodenbewohner sieht man kaum mit bloßem Auge: „Miniwürmchen, aber für die Wattgesundheit unbedingt wichtig." „Und oben drauf liegen dann die Robben", sagt ein Kind. „Ja, wenn sie nicht schwimmen, tauchen und fischen ..."

*Die Insel Fanø schmückt sich mit besonders schönen Häusern*

In Haus „**Møllesti**" etwa, das sich der Seekapitän Nørby 1892 bauen ließ, gibt es acht Zimmer. Das sind mehr, als Dorit Grumsen und ihr Mann Niels Gørgensen, die dies Kapitänshaus vor 14 Jahren gekauft haben, für sich brauchen. Deshalb machten sie 2007 daraus, was auf der Insel „Værelsesudlejning" oder „Overnatning" und „Gæstehus" und in anderen Ländern „Bed & Breakfast" genannt wird: Privathäuser mit gehobener Ausstattung, in denen zahlende Gäste aufgenommen werden. Vor etwa zehn Jahren wurde auf Fanø das erste „B&B" eröffnet, seither ist ein Dutzend hinzugekommen.

Auf Fanø gibt es zudem mehrere Museen, die an die Zeit der Insel als Schifffahrtszentrum erinnern, z. B. die **Fanø Skibsfarts- og Dragtsamling** (Schifffahrts- und Trachtensammlung) in Nordby oder das **Hannes Hus** in Sønderho, ein Schifferhaus aus dem 18. Jh.

**Tipp:** Wenn man auf dem Rückweg von der Fähre in Esbjerg kommt, gleich links abbiegt und immer am Hafen entlang geht, kommt man zum **Mennesket-ved-Havet**. Das Menschen-am-Meer-Denkmal besteht aus vier 9 m hohen Monumentalfiguren; sie sind schlohweiß und seit 1995 das Wahrzeichen von Esbjerg. *(aem)*

**INFO**

**Touristenbüro Fanø:** Skolevej 5-7, Nordby, 6720 Fanø, Tel. 70264200, http://visitfanoe.dk, Mo-Fr 10-12 u. 13-16, Juli/Aug. tgl. 10-16 Uhr.
**Møllesti B&B:** Møllesti 3, 6720 Fanø, Tel. 75162949, www.mollesti.dk.
**Fanø Skibsfart & Dragtsamling:** Hovedgaden 28, Nordby, 6720 Fanø, Tel. 21140043, www.fanoskibs-dragt.dk, Mitte März-Sept. Mo-Fr 11-17, Sa 10-15, Okt. Mo-Fr 11-15, Nov.-Mitte Feb. geschl., DKK 25, vier Museen 70 DKK.
**Hannes Hus:** Øster Land 7, Sønderho, Tel. 22413201, www.fanohus.de/museen/

# 73 Strände in Jütland

Bei Jütland an der dänischen Nordseeküste werden viele an frische Luft und flach abfallende, lange, breite Strände denken. Man hat sofort weite Dünen und sehr weißen Sand vor Augen.

Insbesondere der Küstenstreifen bis Esbjerg und die vorgelagerten Inseln Fanø oder Rømø stehen für Familienurlaub, und das vorzugsweise im Juli und August. Das ist jedoch nicht die einzige Zeit des Jahres, die man dort verbringen kann. Die Region lockt ganzjährig Urlauber an, gerade im Herbst oder Winter kann man sich richtig durchpusten lassen.

Von Esbjerg sind es nur 15 Minuten mit der Fähre zur Insel **Fanø** (s. auch S. 166). Sie misst von Nord nach Süd etwa 15 km und ist bekannt für den weiten Sandstrand an der Westküste, die Dünen und die alten, strohgedeckten Seefahrerhäuser. Søren Jessens Sand ist eine Sandbank an der Nordspitze der Insel und Galgerevet eine Sandbank an der Südspitze. Beide Sandbänke sind sehr verlockend für eine Stippvisite. Man sollte sich vor dem Weg dorthin jedoch über Ebbe und Flut bzw. Nebel erkundigen.

Das Leben auf der Insel ist etwas gemächlicher und traditioneller als an anderen Ferienorten des Landes. Nørdby und Sønderho sind die Hauptorte mit netten Restaurants und interessanten Museen, wie der Fliesen- und Kachelsammlung aus dem gesamten Nordseeraum, die im Café Nanas Stue zu sehen ist.

**Rømø**, die südlichste und größte Nordseeinsel Dänemarks, ist durch einen Damm mit dem Festland verbunden. Der Strand an der gesamten Insel-Westseite ist der Hauptanziehungspunkt von Familien, aber auch von Surfern und Wellenreitern. Wattwanderungen, Bernstein suchen und sammeln, Fahrrad fahren, Dünenwanderungen, Drachen steigenlassen, Ausritte am Strand und Kitebuggy fahren sind die Beschäftigungen, denen man hier so nachgeht.

Die Strände von **Vejers** um den westlichsten Punkt Dänemarks bei Blåvands Huk etwas nördlich von Esbjerg zählen zu

*Windig, breit und lang: die Strände in Jütland*

Abwechslungsreich: Inseln und Strand

den schönsten im südlichen Jütland. Der Ort Vejers ist klein und verfügt – nicht nur für Kinder von Belang – über einen wunderbaren Bonbonladen. Der Børsmose Strand in der Nähe kann mit dem Auto befahren werden.

Wo sich hoch im Norden Nord- und Ostsee treffen, liegt **Skagen** (s. auch S. 174). Auch hier fahren Familien gern hin. Von der Ortsmitte bis zur nordöstlichen Spitze sind es 2 km. Man schaut hier aufs Meer, beobachtet die Vögel und meint, die Stelle ausmachen zu können, wo Nord- und Ostsee ineinanderfließen. Skagen selbst wird auch als „Sylt Jütlands" bezeichnet: wegen der Natur, der Partys und einer langen Tradition als Künstlerkolonie.

Oberhalb des Parkplatzes Grenen liegt das Kunstmuseum, dessen Dauerausstellung den vielversprechenden Titel „Das Meer und das Eisreich" trägt.

*(DK/UQ)*

INFO

**VisitDenmark:** Glockengießerwall 2, 20095 Hamburg, Tel. 01805-326463, www.visitdenmark.de.
**Touristenbüro Fanø:** Skolevej 5-7, Nordby, 6720 Fanø, Tel. 70264200, http://visitfanoe.dk, Mo-Fr 10-12 und 13-16, Juli/Aug. tgl. 10-16 Uhr.
**Fliesensammlung** im Café Nanas Stue, Sønder Land 1, Sønderho, 6720 Fanø, Tel. 75164025, www.facebook.com/cafe nanasstue.dk. Die Fliesen sind während der Öffnungszeiten des Cafés zu besichtigen: tgl. ab 11 Uhr.
**Rømø Turistbureau:** Nørre Frankel 1, Havneby, 6792 Rømø, Tel. 74755130, http://romo.dk, Mo-Fr 9-16.30, Sa 9-17, So 9-15, Juli/Aug. Mo-Fr 9-17, Sa 9-18, So 9-15 Uhr.
**Skagen Turistbureau:** Vestre Strandvej 10, 9990 Skagen, Tel. 98441377, www.skagen-tourist.dk, 2. Jan.-22. Juni Mo-Fr 9.30-16, Sa 10-13, ab 7. April bis 14 Uhr, 23. Juni-10. Aug. Mo-Sa 9-16, So 10-14 Uhr, 11. Aug.-23. Dez. 9.30-16, Sa 10-14, ab 20. Okt. bis 13 Uhr.

# 74 Eine Klasse für sich – Urlaub im dänischen Ferienhaus

Wird ein Urlaub in Dänemark geplant, bietet sich ein Ferienhaus zur Miete an. Gerade für Familien, die immer viel dabei haben und im Auto anreisen, ist ein passendes Häuschen oft am besten. Rund **50.000 Ferienhäuser** stehen dafür zur Verfügung. Und man hat die freie Wahl, denn besonderes Kennzeichen der dänischen Ferienhäuser ist die individuelle und oft sehr liebevolle Einrichtung und Ausstattung.

Der Standard ist meist hoch, damit sich nicht nur die Kinder, sondern auch die Eltern erholen können: Geschirrspüler, Waschmaschine, Musikanlage, Fernseher und viele andere Dinge sind meist vorhanden. Viele Häuser sind zudem mit einem Kamin ausgestattet, der selbst dunkle und kalte Wintertage gemütlich werden lässt.

Über das Internet oder Reisebüro kann genau das Haus ausgesucht werden, das den eigenen Bedürfnissen am ehesten entspricht. Wichtige **Kriterien** sind dabei u. a. Strandnähe, Küchenausstattung, Anzahl der Zimmer und Größe der Betten, Einrichtung (TV, Stereoanlage, Kamin, Swimmingpool, Sauna) sowie die Möglichkeit, Haustiere mitzubringen.

Besonders entlang der Nordseeküste und in einzelnen Feriengebieten an der Ostsee gibt es sogenannte **Ferienanlagen**. Dabei handelt es sich um Apartmentsiedlungen, in denen die Unterkunft wochenweise gemietet werden kann (und muss).

*Ein Kinderspiel: Drachen steigen lassen bei dänischem Wind*

*Ferienhäuser: geschützt und schön gelegen*

Dabei ergibt sich ein günstigerer Tagespreis. Die Apartments sind mit einer kleinen Küche ausgestattet.

Es handelt sich hierbei in den meisten Fällen um die günstigere Alternative zum Ferienhaus und eignet sich besonders für diejenigen, die zu zweit reisen bzw. sich die meiste Zeit außer Haus aufhalten wollen. Das Angebot und die Qualität sind sehr unterschiedlich. Manchmal handelt es sich nur um eine Apartmentsiedlung, in anderen Fällen sind umfangreiche Freizeitanlagen (Schwimmbad, Familienparks etc.) angeschlossen. Und wieder andere Herbergen sind geradezu luxuriös.

*(DK/UQ)*

**INFO**

**Anbieter von Ferienhäusern** sind:
**www.dansommer.de:** Es können gezielt Ferienhaus-Wünsche angegeben werden.
**www.novasol.de:** sehr gut aufgebaute Suchmaschine für spezielle Wünsche.
**www.dansk.de:** Internet-Seite des kleinen Ferienhausanbieters Kröger+Rehn. Günstige Angebote gibt es auch für Kurzentschlossene.
**www.dancenter.com:** Hier kann man sich ein auf die eigenen Wünsche zugeschnittenes Haus heraussuchen.
**www.visitdenmark.de:** Ferienhäuser sind auch über VisitDenmark zu buchen.
Die **Preise** schwanken stark. So kann ein großes Luxushaus im Hochsommer über 1.500 € pro Woche kosten, während das gleiche Haus in der Randsaison unter 1.000 € und in der Nachsaison sogar nur noch ca. 500 € kosten kann.
**Ferienanlagen:** Für Familien gut geeignete Ferienanlagen sind z. B. über www.danland.de (DanCenter), www.dayz.dk (Dayz Resorts) bzw. www.lalandia.dk (Lalandia) zu buchen.

# 75 Bernstein – das Gold der Nordsee

Bernstein ist mit einem Besuch in Dänemark, an der Nord- und Ostsee oder in Skandinavien eng verbunden. Läuft man am Strand entlang, ist der Blick unwillkürlich nach unten gerichtet, um die goldbraunen Steine zu finden – von Sammeln kann leider meist keine Rede sein. Man schaut sich die Bernsteingeschäfte an oder bringt sich aus dem Urlaub ein Schmuckstück aus Bernstein mit. Seit das berühmte Bernsteinzimmer im Katharinenpalast in Puschkin, südlich von St. Petersburg, über 25 Jahre lang originalgetreu nachgeschnitzt und nachgebildet wurde, hat das Interesse wieder zugenommen. Der Bernstein, der dort verarbeitet wurde, kam überwiegend aus dem Baltikum.

*Bernstein: golden, gelb und braun*

## Wie und wann findet man Bernstein?

Diese Frage stellt sich zunächst wahrscheinlich Kindern, die auf Schatzsuche gehen wollen. In Dänemark findet man die meisten Steine an den Stränden von Rømø und Fanø sowie westlich und nördlich von Esbjerg. Die größten Chancen auf einen Fund hat man einige Tage nachdem es aus westlicher bzw. südwestlicher Richtung kräftig gestürmt hat. Bei Ebbe entdeckt man dann mit etwas Glück zwischen Seepflanzen, Algen oder halb verrotteten Holzstücken kleine Bernsteine. Die Farbe kann zwischen gelbbräunlich, blau, schwarz, grünlich, rot oder auch milchigweiß bis nahezu farblos ausfallen. Flache Strände und das salzhaltige Wasser bieten dem Bernstein gute Anschwemmbedingungen.

Die **Erklärungsversuche**, was Bernstein sei, gehen weit in die Vergangenheit zurück. Schon während der Steinzeit sowie bei den Ägyptern vor 6.000 Jahren wurde Bernstein als Schmuck verwendet. Die Theorien um den Ursprung des Bernsteins waren recht unterschiedlich. Seit dem 18. Jh. scheint es aber klar: Es handelt sich um brennbares, fossiles Baumharz, das schwer löslich und in seiner Erscheinung nicht homogen ist. Ein Stoffwechselprodukt pflanzlichen Ursprungs und ein erhärtetes, je nach den geografischen Bedingungen mehr oder weniger stark verändertes Harz aus Nadel- und seltener Laubbäumen.

Im **Nord- und Ostseegebiet** entstand der Bernstein vor 55 bis 35 Millionen Jahren. Damals herrschte ein subtropisches Klima in Südskandinavien und das

Meer reichte bis Südschweden und zur heutigen Küste Polens. Dänemark war gänzlich von Wasser bedeckt. Zu dieser Zeit entstanden an den damaligen Küsten große Waldareale aus sehr saftigen und harzigen Kiefern. 20 Millionen Jahre konnten sich diese Wälder entwickeln und im natürlichen Rhythmus absterben, bis schließlich klimatische Veränderungen und ein weiter steigender Meeresspiegel ihr Schicksal besiegelten. Eine dominierende Meeresströmung trug die versteinerten Harze dann gen baltischer Küste, wo sich der größte Teil vor knapp 40 Millionen Jahren absetzte. Ein als „Bernsteinfluss" bekanntes Stromdelta beförderte Millionen Jahre später Teile des Bernsteins nach Westen zur damaligen Küste. Das Hauptmündungsgebiet dieses Deltas lag zwischen der heutigen Elbemündung und Blavand. So kam der Bernstein in die Nordsee und wurde sogar bis nach England getrieben.

**Hauptfundort in Europa** ist der baltische Raum, besonders die Küste von Polen und das ehemalige Ostpreußen sowie das Samland. Dort wird der Bernstein seit dem 18. Jh. in 30 bis 40 Meter Tiefe im Berg- und Tagebau sowie aus dem Meer kommerziell gefördert. Die Beliebtheit dieses Steins fiel aber mit der Gewissheit, dass es sich dabei „nur" um versteinertes Harz handelt. Mit der Zeit stellte man den Stein dann auch per Pressverfahren künstlich her, er fand nun außerdem in der Industrie Verwendung.

Die Künstler an Nord- und Ostsee finden seit einigen Jahren wieder Gefallen an der Verarbeitung der Steine, an der dänischen Nordseeküste gibt es einige **Bernsteinschnitzer**, die neben Schmuckstücken zum Teil eindrucksvolle Werke schaffen.

*(DK/UQ)*

*Guckt man genau, kann man Bernstein am Strand finden*

# 76 Skagen – der nördlichste Punkt

Skagen liegt gleichzeitig an der Nord- und an der Ostsee, was die Reise dorthin besonders anziehend macht. Wie sieht das aus, wenn beide Gewässer aufeinandertreffen? Man sollte seinen Besuch deshalb auf Grenen, die Nordspitze Jütlands, und den Hafen konzentrieren.

Vom Parkplatz Grenen geht es zunächst zum **Leuchtturm**, den man besteigen kann, um über die beiden Meere zu schauen. Direkt oberhalb des Parkplatzes liegt das **Grenen Kunstmuseum**, das vom „Eisberg-Maler" Axel Lind gegründet wurde. Seine Ausstellung „Das Meer und das Eisreich" ist permanent zu sehen und stimmt auf den nördlichsten Punkt Dänemarks bestens ein. Die Werke zeitgenössischer dänischer Künstler sind ein weiterer Schwerpunkt in diesem Museum.

Von dort geht man in 20–30 Minuten durch die Dünen und am Strand entlang bis zur Nordspitze, wo man den Blick auf die sich kräuselnde See, die Vogelschwärme darüber und die Aussicht auf den Schiffsverkehr genießen kann.

Auf dem Rückweg nach Skagen kommt man am Kippfeuer **Vippefyret** am Ostre Strandvej vorbei. Was wie eine Art Ziehbrunnen aussieht, ist eine Re-

*Grenen bei Skagen*

## Skagen Odde Naturcenter

Jung und Alt werden im Naturcenter vielleicht noch etwas erfahren, was sie bisher nicht wussten: Hier wird den Naturphänomenen nachgegangen, die sich aus dem Zusammenspiel von Sand, Wasser, Wind und Licht ergeben. Die Besonderheit, dass in Skagen Nord- und Ostsee aufeinandertreffen, wirft eventuell weitere Fragen auf, die in den einzelnen Themenräumen beantwortet werden. Dabei kann viel angefasst, angehört und ausprobiert werden.

**Skagen Odde Naturcenter:** Bøjlevejen 66, in der Nähe des Leuchtturms Grenen, Tel. 96790606, www.skagen-natur.dk, Mo–Fr 10–16, Sa/So 11–16 Uhr, 70 DKK.

*Strand bei Skagen*

konstruktion von Dänemarks erstem Leuchtfeuer, so wie es in Skagen und an vier anderen Stellen an Dänemarks Küsten im Jahre 1560 angebracht wurde. Das im Volksmund als „Papageienfeuer" bekannte Leuchtfeuer stand damals 25 m über dem Meeresspiegel. Wem nun nach etwas Herzhaftem zumute ist, der hat in der Umgebung der Pakhusets am Hafen die freie Wahl bei frischen Fischgerichten.

*(DK/UQ)*

**INFO**

**Skagen Turistbureau:**
Vestre Strandvej 10, 9990 Skagen, Tel. 98441377, www.skagen-tourist.dk, 2. Jan.–22. Juni Mo–Fr 9.30–16, Sa 10–13, ab 7. April bis 14 Uhr, 23. Juni–10. Aug. Mo–Sa 9–16, So 10–14 Uhr, 11. Aug.–23. Dez. 9.30–16, Sa 10–14, ab 20. Okt. bis 13 Uhr.

**Grenen Kunstmuseum:**
Fyrvej 40, Tel. 98442288, www.grenenkunstmuseum.dk, tgl. 11–15/16/17, Sept.–11. Okt. Di, Do, Sa, So 11–15 Uhr, Eintritt frei.

# 77 Aalborg – das Utzon Center an der Hafenfront

Das Utzon Center an der Hafenfront am Limfjord von Aalborg ist ein 2.400 Quadratmeter großes **spektakuläres Multifunktionshaus** mit Ausstellungsräumen, Architekturbibliothek, einem großen Auditorium für Konzerte und Konferenzen sowie einem Archiv mit Zeichnungen und Entwürfen der dänischen Architektenlegende und Pritzker-Preisträger (2003) Jørn Utzon, der fünf Jahre nach der Verleihung des Preises 90-jährig in Kopenhagen verstarb.

1918 in Aalborg geboren, wurde Jørn Utzon 1957 mit dem aufsehenerregenden Entwurf für die Oper in Sydney weltberühmt. Aufgrund von Unstimmigkeiten über die Finanzierung stieg er jedoch aus dem Projekt aus. Nicht ganz nach seinen Entwürfen fertig gebaut, wurde die Oper 1973 feierlich eröffnet und das markante Dach prägte sich beim Betrachter ein. Die an Segel erinnernde Dachformation machte das Gebäude zum Wahrzeichen von Sydney.

*Ausstellung im Utzon Center*

Das 2008 eröffnete Utzon Center in Aalborg hat der Architekt mit seinem Sohn Kim zusammen entworfen. **Auftrag des Zentrums** ist es, die durch Jørn Utzon geprägte dänische Architektur, Formensprache und verwandte Themen in einen größeren internationalen Zusammenhang zu stellen. Zu sehen sind Modelle, Skizzen, Hintergrundinformationen zu Utzons Bauten. Designsymposien und Sommerkurse finden ebenfalls dort statt.

Nicht nur die Außenansicht des Gebäudes zieht viele Architekturinteressierte an, vom Restaurant JØRN aus bietet sich eine **schöne Sicht über den Limfjord**. Das Utzon Center hat mittlerweile Wahrzeichencharakter für Aalborg. *(RI)*

**INFO**

**Utzon Center:** Slotspladsen 4, 9000 Aalborg, Tel. 76905000, www.utzoncenter.dk, Di–So 10–17 Uhr. Eintritt, ein- und anderthalbstündige Führungen (Gebäude und Ausstellung) nach Voranmeldung unter gbm@utzoncenter.dk (rechtzeitig buchen!).

**Restaurant JØRN:** Tel. 99821605, www.utzoncenter.dk/en/content/restaurant-jorn-6041, Di–So 10–16.30 Uhr (Küche bis 16 Uhr).

Das Utzon Center aus der Vogelperspektive

# 78 Bornholm – das Inseljuwel

Mit Schlagworten wie „Sonneninsel", „**Perle der Ostsee**", „dänische Riviera" oder sogar „Capri des Nordens" wird Bornholm schon seit Jahren beschrieben. Gute Klimadaten, viele sommerliche Sonnenstunden und Strände mit feinstem Sand machen einen Aufenthalt dort immer wieder aufs Neue reizvoll. Aufgrund ihrer Überschaubarkeit und der Randlage ist die Insel einzigartig, sie wirkt wie eine kleine in sich geschlossene Welt. Man fährt nicht nach Dänemark, sondern nach Bornholm – und das meist für mehrere Urlaubswochen. Ohne allzu großem Trubel ausgesetzt zu sein, gibt es für Besucher aber ausreichend viele natürliche und kulturelle Sehenswürdigkeiten.

Nirgendwo sonst im Königreich findet man auf solch kleinem Raum ein so **abwechslungsreiches Landschaftsbild**, in dem weite Sandstrände und skurrile Klippenformationen, fruchtbare Felder und Heidegebiete, Misch- und Kiefernwälder, karge Granitflächen und Hügel – der „Ritterknecht" stellt dabei die zweithöchste Erhebung Dänemarks dar –, Binnenseen und Moore sowie Vogelinseln aufeinander folgen. Typisch sind auch die tief eingeschnittenen „Spaltentäler", schmale Wasserrinnen im Granituntergrund, die von der Eiszeit zu richtigen Schluchten ausgehobelt worden sind und von denen das „Echotal" mit einer Länge von 10 km das größte und eines der schönsten ist.

Die **Vogelwelt** auf Bornholm ist wegen einer Vielzahl von Nachtigallen interessant, auf den Vogelkolonien der vorgelagerten Schäreninsel Graesholmen nisten u. a. Tordalke und Trottellummen, die außer auf Gotland in der Ostsee sonst nicht vorkommen. Die Gewässer sind fischreich. Bornholm ist Dänemarks waldreichster Landesteil, es wachsen Ginster

### Schnell nach Bornholm

Dank der Øresund-Brücke hat sich die Reisezeit nach Bornholm verkürzt. Eine zusätzliche Zeitersparnis ist die Reise mit der Katamaranfähre. Für Zugreisende empfiehlt sich die Verbindung Kopenhagen–Rønne (ab Ystad mit der Fähre) in ca. drei Stunden (www.dsb.dk/bornholm). Der Flughafen von Bornholm liegt zwischen Rønne und Amager an der Südküste (www.bornholms-lufthavn.dk). Von Kopenhagen fliegt die Gesellschaft Danish Air Transport bis zu acht Mal täglich nach Bornholm (www.dat.dk). Die Flugzeit beträgt ca. 35 Minuten.

*Durch die Dünen ans Meer*

*Mit Rad und Anhänger in Svaneke unterwegs*

und Heidekraut, Wacholder und Schlehensträucher, im Mai blüht die seltene Bornholmer Anemone.

Auch Freunde von **Kunst und Kunsthandwerk** werden hier auf viel Schönes und Reizvolles stoßen. Es gibt zahlreiche Ateliers, Werkstätten, Galerien und Geschäfte, in denen Kunstgegenstände gefertigt, ausgestellt und verkauft werden. Natur und das Licht sind in den Kunstwerken meistens Thema, für Keramiker ist die Bornholmer Lehmerde das geeignete Material. Glasbläsereien, Silberschmiede, Bildhauer, Textil- und Schmuckdesigner usw. stellen ihre Produkte zum Verkauf aus.

Einen Besuch wert ist auch **Bornholms Mittelalterzentrum** nahe der Straße von Rønne nach Gudhjem. Das auf schönem Naturareal gelegene Freilichtmuseum widmet sich auf anschauliche Art der Inselgeschichte . Besonders lebhaft geht es hier während des Mittelaltermarktes in den letzten beiden Juliwochen zu. *(DK/UQ)*

INFO

Zentrale Stelle für Informationen zur Insel ist **Bornholms Velkomstcenter**, Ndr. Kystvej 3, 3700 Rønne, Tel. 56959500, www.bornholm.info/de.
Infos zu einzelnen **Kunsthandwerkern**: www.acab.dk.
**Bornholms Middelaldercenter:** Stangevej 1, Østerlars, Tel. 56498319, www.bornholmsmiddelaldercenter.dk, wechselnde Öffnungszeiten Mo-Fr/Sa (s. Website), So geschl. Das Ticket gilt eine Woche lang.
Vom **Busbahnhof in Rønne** fahren regelmäßig Busse zu allen Städten und touristisch interessanten Orten. Es gibt preisgünstige Rabatt-Tickets, z. B. Tages-, Wochenkarten (www.bat.dk).

# 79 Anglerparadies Bornholm

Für Angler ist Bornholm ein wahres Paradies. Hauptsächlich haben die Lachs- und Dorschfischerei die Insel bekannt gemacht. Vorzugsweise von Oktober bis März ist hier Saison und jede Art von Sportangeln ist möglich. Für den Nachwuchs und den Erhalt der Bestände wird einiges getan. Doch sind es in erster Linie die Bedingungen in den Küstenregionen, die das Angeln hier interessant machen. Auch die Süßgewässer wie Teiche, Seen und Bäche bieten vielfältige Fischgründe. So können vorwiegend Hechte, Lachse, Forellen, Barsche und Aale gefangen werden.

*Der Fang war gut*

Egal ob man mit oder ohne Angel auf der Insel unterwegs ist, sollte man keinesfalls versäumen an einer der berühmten **Fischräuchereien** von Svaneke, Gudhjem oder Hasle Halt zu machen und einzukehren. Geräucherter Hering mit Spiegelei, Radieschen und Schnittlauch ist die Bornholmer Spezialität. *(DK/UQ)*

## Nur mit Angelschein

Für Angler aus dem Ausland ist in Dänemark generell ein **Angelschein** erforderlich. Man kann ihn vor Ort erwerben und muss ihn beim Angeln zusammen mit einem Ausweis mit sich führen. Erhältlich ist der Angelschein auf Postämtern, in Touristenbüros und Angelsportgeschäften.
An Seen ist eine Sonderlizenz erforderlich. Einzig an den sogenannten **Put-&-Take-Seen** wird kein Angelschein verlangt. Angler-Infos erteilt u. a. das **Dänische Amt für Landwirtschaft und Fischerei** (The Danish Agrifish Agency), Tel. 3395800, http://naturerhverv.dk, ebenso das lokale Touristenbüro. Die Broschüre „Angeln in Dänemark" des Fremdenverkehrsamts mit Tipps und Informationen für ganz Dänemark kann man online lesen und downloaden unter: www.e-pages.dk/visitdenmark/814.
Unbedingt einzuhalten sind die **Schonzonen** an den Mündungen der Wasserläufe, sie betragen einen Radius von 500 Metern. Spezielle Schonzeiten und Mindestgrößen stehen im Angelschein.

INFO

**Angelscheine und Angelführer** sowie weitere Informationen zum Thema über das Bornholms Velkomstcenter (siehe unter http://bornholm.info/de/angeln). Angelscheine können auch direkt mit dem Handy erworben werden unter m.fisketegn.dk.

**Fischräucherei Hasle (Hasle Røgeri):** Søndre Bæk 20, 3790 Hasle, Tel. 56962002, http://hasleroegeri.dk.

# 80 Die autonomen Färöer-Inseln

Die Färöer-Inseln sind ein aus **18 Inseln** bestehender Archipel, der im Nordatlantik zwischen Schottland, Norwegen und Island liegt. Etwa 48.000 Färinger bevölkern 16 Inseln, eine Insel wird nur zeitweilig und eine Insel gar nicht bewohnt. Durch schmale Sunde und Fjorde sind die Inseln voneinander getrennt und kein Ort ist weiter als 5 km vom Meer entfernt. Das nächstgelegene Landgebiet sind die Shetlandinseln 300 km im Südosten. Der Golfstrom sorgt für ein gemäßigtes Klima. Grüne, hügelige Weiden und Wiesen wechseln mit Kliffs und Riffs ab, Schafe begegnen den Wanderern, Anglern, Reitern oder den sich mit dem Rad fortbewegenden Reisenden. Der Urlaub findet hier vorwiegend draußen statt.

Die wahrscheinlich seit dem 7. Jh. von wenigen keltischen Eremiten bewohnte Inselgruppe wurde um 800 n. Chr. von norwegischen Wikingern erobert, die hier eine freie Bauernrepublik errichteten. Ihr Parlament, das Lagting in Tórshavn, hat seit dieser Zeit Bestand und gilt als das älteste Parlament der Welt. Seit 1035 gerieten die Färöer in die Abhängigkeit von Norwegen und mit der Vereinigung Dänemarks mit Norwegen 1380 fielen sie an die dänische Krone. Als Dänemark und Norwegen 1814 wieder getrennt wurden, blieben die Inseln Teil Dänemarks. Zwei Jahre später bekamen sie Kreis-Status und 1821 wurde der erste Landrat der Inseln ernannt.

1948 erhielten die Inseln einen **autonomen Status** und seitdem sind die Färinger im dänischen Folketing mit zwei gewählten Abgeordneten vertreten. Doch hat das Lagting die gesetzgeberischen Vollmachten für alle inneren Angelegenheiten, deren äußeres Zeichen eine eigene Flagge, eigenes Geld, eigene Nationalmannschaften (Fußball) und ein eigenes Postwesen sind. Die eigene nordgermanische Sprache ist aufgrund der Selbstverwaltungsgesetze dem Dänischen offiziell gleichgestellt, in der Schule ist Dänisch Pflichtfach.

Die Färinger leben hauptsächlich vom Fischfang und von damit verbunde-

*Die malerische Siedlung Bour auf der Insel Vagar*

*Akraberg und sein Leuchtturm am südlichsten Punkt von Suðuroy auf den Färöern*

nen Wirtschaftszweigen. Sinkende Erträge im Fischfang ziehen jedoch u. a. ökonomische Probleme nach sich. Die Landwirtschaft besteht fast ausschließlich aus Schafhaltung und hat nur eine geringe Bedeutung. Deshalb setzt man auf eine florierende touristische Entwicklung. Das angenehme Klima und die etwas schroffe, aber schöne Natur mit Klippen und Vogelfelsen sowie die interessanten kulturellen Sehenswürdigkeiten versprechen dem Urlauber Abwechslung und gute Erholungsmöglichkeiten.

Die Natur steht im Mittelpunkt bei einem Urlaub auf den Färöern. Wanderer erschließen die faszinierende Landschaft zu Fuß und orientieren sich etwa an den kleinen Steinpyramiden am Wegesrand, wenn sie von einem Dorf zum anderen wandern. Reiter können sich auf die Trittsicherheit ihrer Pferde verlassen, wenn sie grüne Wiesen, kleine Bäche und steinige Höhen überwinden. Eine Herausforderung für Radfahrer sind natürlich die Steigungen, die es zu überwinden gilt, um sich danach mit eindrucksvollen Ausblicken zu belohnen. Bootstouren, ob im Fischkutter, Segel-, Schnellboot oder im Kajak, bieten unvergessliche Augenblicke auf See. *(DK/UQ)*

INFO

Weitere Informationen zu den Inseln und Aktivitäten über das Fremdenverkehrsamt, das z. B. eine Wanderbroschüre bereit hält (auch als Download):

**Visit Faroe Islands:** í Gongini 9, P.O. Box 118, 110 Tórshavn, http://visitfaroeislands.com, Tel. +298 666555.

**Anreise mit der Fähre:**
Mit der Fährgesellschaft Smyril Line auf der M/S Norröna, Infos unter www.smyrilline.de.

**Flüge von Kopenhagen:**
Mit Atlantic Airways, Infos unter www.atlantic.fo.

# Grönland

81 Ostgrönland - Wohnen bei den Inuit in Tasiilaq
82 Westgrönland - Ilulissat/Diskoinsel
83 Nordgrönland - Heilbutt angeln in Qaanaaq und Siorapaluk

# 81 Ostgrönland – Wohnen bei den Inuit in Tasiilaq

Wer in Grönland eine Verabredung trifft, muss immer damit rechnen, dass sie kurzfristig ins Wasser fällt. „Wenn gutes Jagdwetter ist, kann ich nicht", dieser Satz fällt oft. Dann gehen die Männer lieber Seehunde jagen.

Grönländische Lebensart erleben Reisende, wenn sie sich einige Nächte bei einer Inuit-Familie einquartieren und mit ihnen Schlittenhunde füttern, Felle gerben, Lachse fischen oder mit auf Seehundjagd gehen. In **Tasiilaq** erklären die Einheimischen den Familienmitgliedern auf Zeit, warum sie im Sommer getrockneten Fisch nur an die Hunde verfüttern, wie man auf dem zähen und rohen Walfett, Mattuk, herumkaut und warum Ostgrönland so ganz anders ist als der Rest des Landes. Hier ist die Gegend noch dünner besiedelt als im Westen. Größter Ort Ostgrönlands ist die **Halbinsel Ammassalik** mit dem Hauptort Tasiilaq. Bunte Holzhäuser liegen dort auf einer hügeligen, halbrunden Landzunge, die in den Fjord ragt. Ein Fluss sprudelt klares Schmelzwasser durch den 2.000-Seelen-Ort. Wenn Sommernebel über dem Dorf hängt und in der Ferne die schneebedeckten Berge leuchten, könnte man glauben, hier sei das Ende der Welt. Und wenn dann noch die Inuitfamilie in traditionell bunt bestickten Seehundfellanzügen zu einer Taufe geht, können sich Reisende gar nicht sattsehen an dem gelebten Brauchtum.

Ein ganz besonderes Angebot ist das **Adventure Camp** am

## The Red House

Ein Projekt, um arbeitslosen Jugendlichen in Grönland zu helfen, verbirgt sich heute hinter der Herberge Red House. Der Südtiroler Bergführer Robert Peroni gründete das Gästehaus als Treffpunkt für Jugendliche, die hier auch Arbeit fanden. Denn die schnelle Wandlung des Landes von der Jagd an die Computer bringt Probleme mit sich: hohe Selbstmordraten, Alkoholismus und Vergewaltigungen. Peroni gründete einen Tour Operator namens The Red House Tours, um Jugendlichen ein Perspektive zu geben.
**Buchtipp:** 2014 erschien Robert Peronis Buch „Kälte, Wind und Freiheit. Wie die Inuit mich den Sinn des Lebens lehrten". Darin erzählt er anschaulich und fesselnd von seinen Erfahrungen in Grönland, von den Inuit und ihrem Leben (Malik).

*Tasiilaq auf der Halbinsel Ammassalik*

*Schöner Fischerort im Sommer*

Sermilik Fjord mit Gletschertrekking, Kajaktouren entlang der Eisberge und Beach-Volleyball. Abends rösten Seehund, Lamm und Lachs über dem Grill, und Märchen und Geschichten aus Grönland werden erzählt. Zu einem Ostgrönlandbesuch gehört die **Reise zu Grönlands Nationalpark** – er ist mit seiner fast eine Million Quadratkilometern der größte weltweit. Ausgangspunkt für die Expeditionen in unberührte Natur, zu Eisbären, Walrössern und Wölfen ist Ittoqqortoormiit. Wer etwas in der Nähe sucht, wandert zum Tal Blomsterdalen. Auch im Winter hat die Halbinsel viel zu bieten: Hundeschlittentouren, Exkursionen per Schneemobil sowie Skilaufen (es gibt sogar einen Skilift) erfreuen die wenigen Touristen hier. *(AL)*

INFO

Informationen zu Ostgrönland: Tel. +299 34 28 20, www.greenland.com, www.eastgreenland.com.
Anreise: Flüge nach Ostgrönland führen nur nach Kulusuk, je nach Wetter geht es per Hubschrauber oder Hundeschlitten weiter nach Tasiilaq. Kulusuk ist via Island besser erreichbar als über Grönlands Hauptflughafen Kangerlussuaq.
Übernachten: **Hotel Angmagssalik**, Doppelzimmer ab 1.350 DKK, **Hotel Kulusuk** im gleichnamigen Ort, www.arcticwonder.com. **Red House**, DZ ab 820 DKK, im Mehrbettzimmer ab 280 DKK (Schlafsack mitbringen), www.the-red-house.com.
Veranstalter: **Arctic Wonderland Tours:** www.arcticwonder.com. **The Red House Tours:** Es werden neben Touren auch Übernachtungen in grönländischen Familien organisiert, www.the-red-house.com.

# 82 Westgrönland – Ilulissat/Diskoinsel

Diese Luft! Nirgends schmeckt sie besser als hier. Wenn im Sommer in Ilulissat die Eisberge schmelzen, setzen sie so viel Sauerstoff frei, dass man es richtig riechen kann. Wer genau horcht, hört es im Wasser prickeln wie Brausepulver. Ilulissat liegt direkt am Eisfjord. Hier schieben sich die gigantischen Schollen vom Inland ins offene Meer, manche so hoch wie dreistöckige Häuser.

*Eiskalt und verlockend zugleich: eine Schiffsreise vor Grönlands Westküste*

Ein ganz besonderes Erlebnis ist eine **Schiffstour zur Mitternachtssonne**, wenn sie die Berge in glitzernde gelbe Wände verwandelt, vor denen sich rote Boote durch das eisige Meer kämpfen. Welche Touren die schönsten sind, weiß Silvan am besten. Der Italiener ist vor über 30 Jahren nach Grönland gekommen, eröffnete im Stadtzentrum sein kleines Reisebüro Tourist Nature Travel, blieb für immer und entwickelte **Entdeckertouren**, etwa nach Ilimanaq.

Im 80-Seelen-Ort zeigt ein Inuit sein Dorf: die moderne Poststation, den Supermarkt mit Kühlregalen und einer Ecke, in der Gewehre zum Verkauf stehen. Als Vater von vier Kindern hat Arne keine Zeit mehr zum Jagen, der dampfende Seehundbraten auf dem Tisch ist gekauft. Das graue Fleisch schmeckt ein wenig nach Lamm. Dennoch kostet es viele Touristen Überwindung, niedliche Robben zu essen. Am hölzernen Wohnzimmertisch sitzend berichtet der Inuit über das Leben in einem Ort am Ende der Welt, dass Obst und Gemüse per Schiff importiert werden müssen, ebenso wie Öl und Benzin und dass es schwierig sei, Arbeit zu finden, besonders auf dem Land.

Im Gegensatz zum kleinen Ilimanaq gilt das zwei Stunden Schifffahrt entfernte **Ilulissat** mit seinen 4.500 Einwohnern und rund 6.000 Schlittenhunden in Grönland schon als Großstadt, hier fahren sogar Autos über die Straßen, obwohl alle Straßen außerhalb der Stadt ins Nichts führen, die Strecken hier sind eben auf Hundeschlitten ausgelegt. Wichtigster Industriezweig sind Fischfang und Fischverarbeitung. An zweiter Stelle folgt der Tourismus mit Kreuzfahrten und Exkursionen.

### Tipp: Rodebay

Rund 40 km entfernt von Ilulissat liegt Rodebay, mit einem der besten Restaurants Grönlands: H8. Kaffee wird dort mit Gletscherwasser gekocht, auf dem Tisch stehen Walspeck, Moschusochsenfilet oder Schneehuhnbrust. Und wer Glück hat, sieht draußen einen Wal vorbeischwimmen. **Restaurant H8**, DK-3952 Ilulissat, Tel. +299 545424, embm@greennet.gl, www.northgreenlandadventure.com/restaurant-h8, März–Okt. geöffnet, mit Anmeldung.

*Kurze Rast am Eisfjord*

Etwa zur **Diskoinsel** nach Qeqertarsuaq. Eine besondere Atmosphäre schwebt über der Insel. Ruhe und Gemächlichkeit pur. Kinder baden in einer Lagune in schwarzem Sand, während hinter ihnen im Ozean die gigantischen Eisberge schmelzen und an den Strand gespült werden. Weiter im Landesinneren treffen sich die Touristen am Lyngmarksgletscher – die einzige Möglichkeit weit und breit für eine Hundeschlittentour im Sommer. Am besten ergreift man die Gelegenheit, gleich da oben in einer Hütte zu schlafen und die **Mitternachtssonne** zu genießen.

Diese hält auch auf dem Festland die Menschen auf Trab. Am Hafen treffen sich die Einwohner zu den Kajakmeisterschaften, überall spielen Kinder bis Mitternacht draußen. Mit 24 Stunden Sonne verliert sich das Zeitgefühl ebenso schnell wie die Müdigkeit.

*(AL)*

**INFO**

**Anreise: Air Greenland** fliegt ab Kopenhagen nach Kangerlussuaq. Der Flug dauert ca. 4,5 Std. und kostet ab 720 € (www.airgreenland.com). Weiter geht es von dort in einem 45-Minuten-Flug. Im Flugzeug gibt es freie Platzwahl.
**Übernachten:** Der Veranstalter **Ilulissat Tourist Nature** bietet diverse Touren und vermittelt Bed & Breakfast ab 69 €, www.touristnature.com.
**Hotel Hvide Falk**, Tel. +299 94 33 43, www.hotelhvidefalk.gl.
**Hotel Arctic**, Tel. +299 94 41 53, www.hotel-arctic.gl.

# 83 Nordgrönland – Heilbutt angeln in Qaanaaq und Siorapaluk

**Siorapaluk** ist der nördlichste natürlich gewachsene Ort der Welt – und vielleicht auch der einsamste. Bekannt wurde Siorapaluk aus dem Roman „Fräulein Smillas Gespür für Schnee" als Geburtsort von Smilla. Wie hingestreut liegen die kleinen bunten Holzhäuser zwischen Eismeer und Bergrücken. Der breite, feine Sandstrand taucht nur für wenige Monate im Jahr aus der tiefen Schneedecke auf. In Siorapaluk leben rund 60 Menschen noch ganz traditionell von Narwaljagd und Robbenfang, die meiste Zeit in ewigem Eis.

### Knud Rasmussen

In Qaanaaq startete der dänische Polarforscher Knud Rasmussen sieben Expeditionen ins Eis. Er gründete dort 1910 die Handelsstation Thule und baute dort ein Krankenhaus, einen Laden sowie freie medizinische Versorgung auf. Diese alte Thule-Siedlung wurde 1952 ins heutige Qaanaaq umgesiedelt, weil sie zur Thule Air Force Base der US-Amerikaner umgebaut wurde, einem strategisch wichtigen Stützpunkt für Interkontinentalraketen.

Beeindruckend, wenn die Alten dort in Anzügen aus Eisbärenfell stehen und trotz der Kälte ohne Handschuhe an der Leine ruckeln, bis ein Fisch anbeißt.

Das 60 km entfernte **Qaanaaq** hat immerhin einen kleinen Flughafen und zählt 650 Einwohner – sogar ein Hotel gibt es hier. Ein rotes Holzhäuschen, das in Deutschland gerade einmal die Ausmaße eines

*Schön gelegen: die nördlichsten Holzhäuser zwischen Meer und Bergrücken*

Sommerhäuschens hätte, nimmt zehn Gäste auf. Einzige Alternative zur Vollpension ist die nördlichste Wurstbude der Welt: der Polar Grill. Hier treffen sich auch Einheimische zu knallroten Hotdogs und Burgern mit Ketchup, Senf, Röstzwiebeln und Gurkenscheibchen, denn es muss nicht immer Seehundbraten sein.

*Freizeitvergnügen für Kinder im grönländischen Sommer*

Im April scheint bereits die Mitternachtssonne – aber es liegt noch sehr viel Eis und Schnee. Das ist die beste Zeit für eine **Hundeschlittenfahrt** mit einem Inuit. Walrosse, Polarfüchse und Robben gibt es ganz sicher zu sehen, vielleicht sogar Moschusochsen und Eisbären. Hundeschlittentouren nach Siorapaluk dauern rund sieben Stunden. Qaanaaq ist außerdem ein guter Ausgangspunkt für **Wanderungen zum Inlandeis** im Sommer. Der Gletscher liegt rund eine Stunde Fußweg entfernt – durch von Moos und Flechten bewachsene Weite. Trommeltanz und Kajakfahren gehören zu den weiteren Aktivitäten vor Ort.

Berühmt ist Qaanaaq aber auch für sein Kunsthandwerk. Da die Inuit von den gefangenen Walen, Robben und Walrossen nichts wegwerfen, fertigen sie aus Zähnen, Fellen und Geweihen kleine Kunstwerke, sogenannte **Tupilaks**. Früher bezog sich der Begriff eher auf die Seele oder den Geist eines Ahnen.

*(AL)*

**INFO**

**Informationen:**
www.greenland.com/en/destinations/north-greenland/qaanaaq/.

**Flüge:** Die wenigen Flüge mit **Air Greenland** sind schnell ausgebucht. Wer über 60 Jahre alt ist, sollte nach Vergünstigungen fragen (www.airgreenland.com).

**Siorapaluk:**
Übernachtungsmöglichkeiten nur bei den Einheimischen, im Supermarkt nach Zimmern fragen; wild Campen am Strand; öffentliche Dusche im Gemeindehaus.

**In Qaanaaq:** **Hotel Qaanaaq**, die Übernachtung kostet 1.060 DKK, Dusche und Bad auf dem Flur, Tel. +299 97 12 34, www.hotelqaanaaq.dk

**Klima:** Im Februar und März erreichen die Temperaturen durchschnittlich minus 30 °C, im Juni bis zu 15 °C plus. Die Mitternachtssonne dauert bis Mitte August.

# Island

Sjónarnípa

Island ist eine knapp unter dem Polarkreis im Nordatlantik gelegene Vulkaninsel, die nur 300 km von Grönland entfernt ist und gern als ein „Land aus Feuer und Eis“ bezeichnet wird. Viele Reiseinteressierte hegen bei dem Gedanken an die Insel Erwartungen an eine wilde, ungezähmte Natur, und diejenigen, die schon dort waren, geraten ins Schwärmen und möchten wieder hin. In einer Zeit wachsender Umweltprobleme liegt ein guter Grund auf der Hand: eine herrliche, weitestgehend unberührte Natur, fernab von den Industrien Europas oder Amerikas und unbelastet von einheimischen Emissionen. Die klare Luft mit ihrer guten Fernsicht und das saubere Wasser – allein das sind schon Argumente für einen Urlaub auf der Insel.

Typische Landschaftsbilder sind riesige Gletscherflächen, tiefe Schluchten, tosende Wasserfälle, hoch aufragende Vulkane, Geysire, erstarrte Lavaströme, saftige Wiesen, ausgedehnte Sandflächen, die menschenleere Wüste im Inselinneren, vom Meer umspülte Inseln am Rand. Die Form der Insel mit 5.300 km Küstenlinie lädt den Reisenden zur Inselumrundung geradezu ein. Und wegen der extrem dünnen Besiedlung der meisten Landesteile ist es für den Reisenden ideal: Überall bieten sich Möglichkeiten zu Abstechern in unberührte Gegenden, stellt sich ein Gefühl von Weite und Einsamkeit fernab der Zivilisation ein. Die faszinierende Naturlandschaft bietet zudem den Rahmen für eine alte Kulturnation, deren historische Zeugnisse und Denkmäler aufzusuchen ein weiterer Reiseanlass sein kann.

**STECKBRIEF**

**Name:** Ísland (Island)
**Flagge:** Rotes Kreuz mit weißem Rand auf blauem Grund
**Fläche:** 103.125 km²
**Klima:** insgesamt recht kühl, durchschnittlich zwischen 0 °C im Winter und 15 °C im Sommer, aufgrund des Golfstroms an den Küsten milder, im Inselinneren teils deutlich kälter, im Süden z. T. kein Schneefall. Die wärmsten Monate sind Juni bis Ende Aug./Mitte Sept.
**Nationalfeiertag:** 17. Juni
**Bevölkerung:** 334.300 Einwohner
**Sprache:** Isländisch
**Hauptstadt:** Reykjavík
**Staatsform:** Parlamentarische Republik
**Staatsoberhaupt:** Präsident Guðni Th. Jóhannesson
**Wirtschaft:** Fischerei und damit verbundene Industrien machen etwa 60 % des Exports aus, Ausfuhr von Ferrosilizium. Aluminiumindustrie, Energiegewinnung aus Erdwärme, Wasser, Wind, Heißwasser und Dampf.
**Währung:** Isländische Krone, 1 Euro = 126,74 ISK
**Telefonvorwahl:** +354
**Internet-TLD:** is

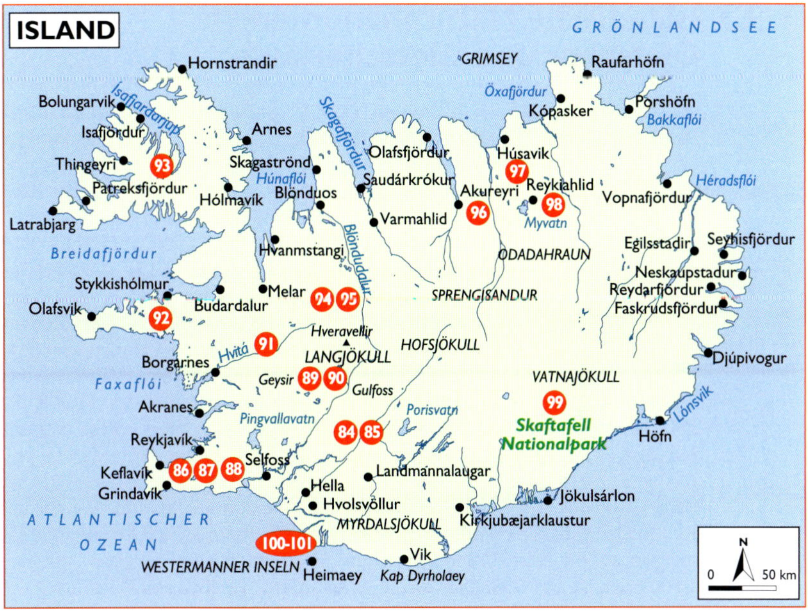


84 Isländische Naturphänomene I: Gletscher und Gletscherläufe

85 Isländische Naturphänomene II: Lawinen und Treibeis, Seen, Flüsse und Wasserfälle

86 Heiß und stinkig: Geysire

87 In der Blauen Lagune

88 Reykjavik – die nördlichste Hauptstadt der Welt

89 Mit dem Geländewagen durch das einsame Hochland

90 Mit dem Islandpony unterwegs

91 Kulinarisches Island: gesengter Schafskopf und verrotteter Hai

92 Inselumrundung: Halbinsel Snæfellsnes

93 Die Westfjorde – das geologisch älteste Island

94 Wertvolles Handelsgut – isländische Eiderdaunen

95 Die Edda – Götter- und Heldenlieder

96 Die Metropole im Norden: Akureyri

97 Die Walbucht von Húsavík

98 Die Pseudokrater vom Mückensee (Mývatn)

99 Im Skaftafell-Nationalpark und die Südostküste entlang

100 Ausflug von Reykjavik auf die Westmännerinseln

101 Papageientaucher – die Clowns des Nordatlantiks

# 84 Isländische Naturphänomene I: Gletscher und Gletscherläufe

Als sich im Jahre 865 der Norweger Flóki Vilgerðarson als Siedler auf Island versuchte und aus klimatischen Gründen aufgeben musste, gab er der Insel ihren bis heute gültigen Namen: „Eisland". Der Name signalisiert eine Lebensfeindlichkeit, die zumindest an der Küste durch 1.000 Jahre Siedlungsgeschichte widerlegt worden ist. Mehr als elf Prozent der **Inseloberfläche** sind vom sogenannten „ewigen Eis" bedeckt. Der Begriff ist jedoch irreführend. Bei einem Gletscher entsteht das Eis immer wieder neu, fließt ab und schmilzt schließlich. Zudem hat es seit der letzten Eiszeit Wärmeperioden gegeben, die zu vermehrter Schmelze führten: Während des nacheiszeitlichen Klimamaximums, vor etwa 3.000 bis 2.500 Jahren, dürfte die Insel keine Gletscher aufgewiesen haben. Diese entstanden durch eine Abkühlung bis zur maximalen Ausdehnung Mitte des 19. Jh.

### Islands größte Gletscher

| | |
|---|---|
| Vatnajökull | 8.100 km² |
| Langjökull | 953 km² |
| Hofsjökull | 925 km² |
| Mýrdalsjökull | 596 km² |
| Drangajökull | 160 km² |
| Eyafjallajökull | 78 km² |

Nach einer Zeit der Stagnation sind sie in den letzten Jahrzehnten wieder auf dem Rückzug. Es bleibt abzuwarten, wie sich die derzeitigen **Klimaveränderungen** auf die isländischen Gletscher auswirken werden. Gegenwärtig verlieren beinahe alle Gletscher bis zu einem Meter jährlich an Dicke.

Obwohl die **Vergletscherung** in den letzten Jahrzehnten deutlich zurückgegangen ist, prägen immer noch Massen von Inlandeis das Erscheinungsbild, das Klima, aber auch die Siedlungsgeschichte Islands. Sie sind Wasser- und Wetter-

*Ausflug zum größten Gletscher, dem Vatnajökull*

*Gletscher und Treibeis*

scheiden, bilden zwischen Norden und Süden eine unüberwindliche Barriere für Kommunikation und Verkehr, prägen mit ihren unzähligen Wasserläufen und Gletscherzungen die Landschaft und bilden im Zusammenspiel mit den unter ihnen „schlummernden" Vulkanen eine äußerst zerstörerische Kraft. Kein Wunder, dass **in Volksballaden und im Volksglauben** die Gletscher mit übernatürlichen Wesen und Vorkommnissen in Verbindung gebracht werden.

Auf Island kommt es aufgrund der vulkanischen Zonen häufiger zu einem direkten **Aufeinandertreffen der Elemente Feuer und Wasser**. Bedrohlich wird es, wenn ein Vulkan unter einem Gletscher ausbricht. Die Folge kann ein sogenannter **Gletscherlauf** (isländ.: jökulhlaup) sein. Dieses nur auf der Vulkaninsel zu beobachtende Naturphänomen war in seinen Auswirkungen schon häufig von verheerender Stärke. Innerhalb kürzester Zeit stürzen dann Unmengen von geschmolzenem Eis, Schlamm und Gestein zu Tal.

**Der letzte riesige Gletscherlauf** fand beim Ausbruch des Barðarbunga unter dem Eis des Vatnajökull im November 1996 statt. Bei der Eruption schmolz über den Lavakesseln eine bis zu 750 m dicke Eisschicht, daraufhin sammelten sich zunächst rund 2 km³ Schmelzwasser in einem alten Kratersee. Einige Tage später wuchs innerhalb weniger Stunden die Wassermenge des im Gletscher entspringenden Flusses Skeiðará von 70 auf 45.000 m³ an, und eine gewaltige Flutwelle, vermischt mit Schlamm, Eisstücken und tonnenschweren Felsbrocken, wälzte sich auf die Südküste zu. Der größte Felsbrocken, der rund 15 km bewegt wurde, wog etwa 1.000 Tonnen, und das knapp 500 m breite Flussbett weitete sich durch den Gletscherlauf auf über 2 km. Die Spuren der Verwüstung waren noch lange sichtbar.

*(UQ)*

# 85 Isländische Naturphänomene II: Lawinen und Treibeis, Seen, Flüsse und Wasserfälle

## Lawinen

Seit Beginn entsprechender Aufzeichnungen, also etwa seit dem 12. Jh., starben einige Hundert Isländer durch Lawinen, vor allem im Bereich der Ost- und der Westfjorde. Das schlimmste **Katastrophenjahr** war 1995, in dem Lawinenunglücke zwei Dörfer in den Westfjorden heimsuchten. Dabei wurde die Siedlung Súðavík geradezu ausradiert. Kurz darauf begruben die Schneemassen einen Farmer und ein norwegischer Ski-Tourist fiel einer Lawine am Bláfjöll bei Reykjavík zum Opfer. Eine Kommission wurde eingesetzt mit dem Auftrag, die mögliche Gefährdung anderer Ortschaften zu ermitteln und Schutz-

*Eisberge auf dem Gletschersee Jökulsárlón*

konzepte zu entwickeln. Als besonders gefährdet wurde die Ortschaft Flateyri eingestuft, wo Meteorologen im 20. Jh. mehr als 30 Lawinen gezählt hatten. Auch hier war 1995 das bisher schlimmste Unglücksjahr, in dem zerstörte Häuser, unter Lawinen verschüttete Menschen und Tiere zu beklagen waren und anhaltender Sturm zu Stromausfall, völliger Dunkelheit und Schneeverwehungen führte.

## Treibeis

Die kalte Meeresströmung, die vom Polargebiet kommend die nördliche und östliche Küste der Insel erreicht, bringt im Winter nicht nur Wassertemperaturen knapp über dem Gefrierpunkt, sondern auch Treibeis mit sich. Betroffen ist davon besonders die Halbinsel Melrakkaslétta, aber der Treibeis-Gürtel kann sich in strengen Wintern weit an der Ostküste nach Süden vorbewegen. Die **Treib- und Packeisgrenze** ist jeweils von den Temperaturverhältnissen der Polargebiete abhängig und stark schwankend. Die Zeiten, in denen das Eis die gesamte Insel umklammerte, die Häfen blockierte und ab und zu einen Eisbären aufs Land brachte, sind aber seit Anfang des 20. Jh. vorbei.

### Seen

Das Inselinnere ist von zahl- und oft auch namenlosen Seen bedeckt, in denen sich das **Schmelzwasser der Gletscher** sammelt oder die von Flüssen in natürlichen Senken aufgestaut worden sind. Wo die Temperatur es zulasst, entfaltet sich eine reichhaltige **Flora und Fauna**, insbesondere der Bestand an Wasservögeln sowie an Forellen und Lachsen ist bemerkenswert. Nur wenige Seen sind durch warme Quellen so warm, dass man in ihnen baden kann, beispielsweise im Laugarvatn-Gebiet. Von arktischem Charakter ist eines der kleineren, aber meistfotografierten Gewässer: Im Jökulsárlón strömen zu jeder Jahreszeit Eisberge dem Meer zu. Die mit 220 m vermutlich größte Tiefe erreicht der Öskjuvatn, der allerdings mit 12 km² verhältnismäßig klein ist. Er entstand durch den Einbruch des Askja-Vulkans und bedeckt eine sogenannte Caldera.

### Flüsse und Wasserfälle

Angesichts der Niederschläge und der Vergletscherung der Insel verwundern die große Anzahl und das Volumen der isländischen Wasserläufe nicht. Am längsten ist die Þjórsá mit 230 km und einem Einzugsgebiet von 7.500 km², sie entspringt dem Hofsjökull und führt durchschnittlich 400 m³ Wasser pro Sekunde (!) mit sich.

Island ist bekannt für seine **grandiosen Wasserfälle**. Gründe für ihr spektakuläres Vorkommen sind u. a. tektonische Verschiebungen und/oder Hebungen, wodurch Spalten und Absätze im Gelände entstehen, in die vorher schon vorhandene Wasserläufe hinunterstürzen. Schöne Beispiele sind der Skógafoss und der Seljalandsfoss, in unmittelbarer Nähe zur Ringstraße an der Südküste gelegen, oder die Ófærufossar, die in spektakulären Kaskaden in die Eldgjá hinabstürzen. Weitere Wasserfälle entstehen durch Gesteinsabtragungen oder sind vulkanisch bedingt.

*(UQ)*

*Wasserfälle in märchenhafter isländischer Landschaft*

## 86 Heiß und stinkig: Geysire

Verantwortlich für Solfatare, Fumarolen, heiße Quellen und Geysire ist die auf Island enorme **Erdwärme**. Während diese in Mitteleuropa um 0,02 °C pro Meter Tiefe steigt, sind es auf der Vulkaninsel sage und schreibe 0,1 °C! Das in der Tiefe lagernde Grundwasser oder der durch Erdspalten bis in 2.000 m Tiefe sickernde Niederschlag wird durch die Bodentemperatur erhitzt und steigt dann als warme (laug) oder heiße (hver) Quelle wieder an die Oberfläche. An etwa 290 Stellen, die hauptsächlich außerhalb der vulkanisch aktiven Zone liegen, kommen insgesamt rund 600 größere und noch viel mehr kleinere solcher Quellen ans Tageslicht.

Am spektakulärsten sind sicherlich die freien Austritte im Gelände, das von Sinterterrassen und Bodenwällen geprägt ist. Aber auch in Seen, Flüssen und Grotten, ja selbst unter Gletschern tritt das warme Wasser aus, vermischt sich mit dem kalten und schafft teils auf natürliche Weise **Pools mit angenehmen Badetemperaturen.** Zum Beheizen der Häuser, für die Gewächshäuser, Schwimmbäder und zur Energiegewinnung ist dieses Reservoir schon längst nutzbar gemacht.

Besonders bekannt sind die kochend heißen **Springquellen**, die es auch in vielen anderen Regionen der Welt gibt (u. a. Neuseeland, Yellowstone/USA) und die ihren Namen alle vom isländischen Großen Geysir (isländ.: geysa = wild

*Der Strokkur ist einer der eindrucksvollsten Geysire Islands*

*Die historische Schlucht Þingvellir ist ein berühmtes Geysir-Gebiet*

strömen) haben. Geysire sind keine heißen Quellen und auch keine bloßen Heißwasserfontänen. Tatsächlich handelt es sich um eine **Explosion von Dampf**, der das über ihm liegende Wasser mit in die Höhe reißt. Während der Große Geysir nur noch sporadisch spuckt, meldet sich sein benachbarter Kollege **Strokkur** etwa alle 10 Minuten mit einer bis zu 20 m hohen Fontäne. Die rund 30 anderen isländischen Geysire sind längst nicht so eindrucksvoll.

Kommt man Geysiren nahe und badet man in den warmen Wassern, wird man allerdings von Gerüchen umgeben, die nicht so angenehm sind. Der dominierende Geruch ist **Schwefelwasserstoff**, der unangenehme Gestank von faulen Eiern.

*(UQ)*

## Tagesausflug zum Golden Circle

In der Schlucht von **Þingvellir** ist die isländische Geschichte wie nirgends sonst konzentriert, das weltberühmte **Geysir-Gebiet** steht für den vulkanischen Hintergrund der Insel und der **Gullfoss** ist mit Sicherheit einer der schönsten Wasserfälle Europas. Kein Wunder also, dass Kurzbesucher der Insel vorzugsweise den **Golden Circle** im Südwesten bzw. Süden des Landes abfahren, aber selbst langjährige Island-Kenner kehren immer wieder und gerne zu dessen einzelnen Stationen zurück.

Die von den Reiseagenturen angebotenen **Rundreisen** dauern i. d. R. rund 8 Stunden, mindestens genauso viel sollten auch Individualtouristen einkalkulieren. Die **Straßenverhältnisse** sind im Großen und Ganzen gut, sodass man den Zirkel auch im Winter abfahren kann.
**Buchungsmöglichkeiten** unter: www.viatorcom.de oder www.re.is (organisierte Busrundfahrt von Reykjavík Excursions).

# 87 In der Blauen Lagune

Es hat lange gebraucht, bis aus der fabrikähnlichen Anlage von **Svartsengi** der **Touristenmagnet** von heute geworden ist. Die Voraussetzungen waren auch nicht günstig: die hässliche Beton- und Stahlarchitektur des Kraftwerks, der Dampf und ein durchdringendes Zischen – die Assoziation zur „Blauen Lagune“ war keinesfalls gegeben. Allein das surreal wirkende blaue Wasser und seine Wärme zogen Reykjavíker Jugendliche an, die dort unbehelligt baden konnten. Später merkte man, dass das mit Kieselerde, Mineralien, Silikaten und Salz angereicherte Wasser offenbar Schuppenflechte und andere Hautkrankheiten

*Badevergnügen und Wellness in der Blauen Lagune*

heilen bzw. mildern konnte. Bald war ein Zaun um das Gelände gezogen, eine Eintrittspforte und Umkleidekabinen errichtet und ein künstlicher Strand angelegt.

Inzwischen sind die Sanitäranlagen großzügig erweitert worden, es gibt außer Sandstränden auch einen künstlichen Wasserfall nebst Lavahöhle, geschwungene Holzbrücken, Dampfbad und Sauna, die Möglichkeit verschiedener Anwendungen (Massagen u. Ä.), einen Shop mit einer breiten Palette von spezifischen „Blue Lagoon“-Wellness-Produkten, ein Kurhotel sowie ein Restaurant mit Panoramablick. Icelandair bietet Passagieren, die auf dem Flug von Europa nach Amerika einige Stunden Wartezeit haben, Bustransfers hierhin an, andere Firmen offerieren Sightseeing-Fahrten oder Transfers von Reykjavík zum Flughafen Keflavík einschließlich einiger Stunden Aufenthalt an der Lagune.

### Wanderungen mit Aussicht

Nur wenige Fahrminuten sind es von der Blauen Lagune bis nach Grindavík. Dabei passiert man rechter Hand den Vulkan **Þorbjörn**, zu dessen Spitze ein Wanderweg hinaufführt. Er bietet die wohl beste Aussicht über die gesamte Halbinsel. Wanderer können von hier zu mehrstündigen Touren durch die Lavafelder aufbrechen (markierte Wege), sei es nach Süden zur Küste hin, oder sei es durch das Skógfellshraun im Norden.

Die Blaue Lagune ist ein **künstlicher See**, der sich aus dem abfließenden Wasser des Kraftwerks speist. Es kommt aus etwa 2.000 m Tiefe (wo es 240 °C heiß ist) und dient dazu, die umliegenden Ortschaften mit Warmwasser und Strom zu versorgen. Dabei wird durch das heiße, salzhaltige Wasser aus der Tiefe süßes Brunnenwasser erhitzt, anschließend kommt das völlig unverschmutzte geothermische Wasser in den künstlichen See. Trotz des deutlich sicht- und hörbaren Kraftwerks, der Pumpstationen und Pipelines ist der Eindruck für den Besucher überwältigend!

Selbst in Schneeschauern macht es Spaß, im **37–39 °C** warmen Wasser zu baden – ein Vergnügen, das eher an eine Sauna als an ein normales Freibad erinnert. Zwischen salzverkrusteten, bizarren Felsen schwimmt oder watet man umher, manchmal im dichten Dampf stehend und fast die Orientierung verlierend. Und sollte bei angenehmen sommerlichen Temperaturen die Sonne scheinen, spürt man einen Hauch von Tropik, der einen irritierenden Kontrast zur umgebenden Landschaft bildet. *(UQ)*

INFO

**Thermalbad Blaue Lagune (Bláa Lónið):** auf der Strecke zwischen Reykjavík und dem Flughafen Keflavík gelegen, etwa 45 Auto-Minuten von Reykjavík, 240 Grindavík, Tel. 420-8800, www.bluelagoon.com, Jan.-Mitte Mai tgl. 9-20, ab 2. Mai Fr-So 8-21, Mitte Mai-Aug. tgl. 8-22, Juni-21. Aug. 8-24, Sept.-Okt. Mo-Mi 8-20, Do-So 8-22, Nov.-Dez. tgl. 9-20 Uhr. Eintritt, Reservierung empfohlen. Die Anlage wurde in der Vergangenheit immer wieder erweitert und modernisiert, zuletzt 2016-2017.

# 88 Reykjavík – die nördlichste Hauptstadt der Welt

Obwohl Reykjavík die nördlichste Hauptstadt der Welt ist, sind die **klimatischen Bedingungen** weitaus angenehmer, als man vermuten könnte. Die jährliche Durchschnittstemperatur beträgt immerhin 4,3 °C (im Januar 0,5 °C, im Juli 10,6 °C). Mit 1.268 Sonnenscheinstunden und 123 Frosttagen stellt sich die Stadt als nicht gar so feucht und eisig dar.

Der rasante Strukturwandel, der das Land seit seiner Unabhängigkeit erfasste, war und ist am ehesten in der Hauptstadt zu bemerken, die zunehmend ihr provinzielles Kleid abstreift und mit moderner Architektur, Galerien, Kneipen, Einkaufszentren und Restaurants der Spitzenklasse aufwartet. Hier trifft man auf ein lebenslustiges Gemeinwesen, dessen psychologisches und soziales Naturell zwischen Amerika und Europa einerseits und zwischen moderner Großstadt und einfachem Landleben andererseits schwankt.

### Weite Sicht

Das markanteste Gebäude der Stadt ist die Hallgríms-Kirche, deren 1945 begonnener Bau erst 1986 fertiggestellt wurde. Ein Besuch wäre unvollständig, wenn man nicht mit dem Aufzug auf die Aussichtsterrasse des Turms (83 m ü. d. M.) fahren würde: Der Blick über die ganze Stadt, den Hafen und bis nach Akranes (bei klarer Sicht bis zum Snæfellsjökull, der in 95 km Luftlinie aufragt) ist einfach fantastisch! Der Turm ist tgl. 9–17, Mai–Sept. bis 21 Uhr geöffnet.

*Im winterlichen Gewand: die isländische Hauptstadt mit der hoch aufragenden Hallgríms-Kirche*

Diese Gratwanderung macht sich im Straßenbild bemerkbar: an die USA erinnernde breite Ausfallstraßen (*braut* genannt) und demgegenüber verwinkelte Gassen und Holzhäuser vom Ende des 19. Jh. Mit den Nachbargemeinden

Kópavogur, Garðabær, Mosfellsbær und Hafnarfjörður zusammengewachsen, zeigt sich die Weitläufigkeit der Stadt in der dunklen Jahreszeit als ein bis zum Horizont reichendes Lichtermeer.

*Das postmoderne Rathaus am Stadtsee in Reykjavík*

Für einen kleinen Rundgang durch die **Altstadt** benötigt man etwa zwei Stunden, die natürlich beliebig ausgedehnt werden können. Von der Touristeninformation an der Aðalstræti aus erreicht man den Platz Lækjartorg, der ein zentraler Verkehrsknotenpunkt ist. Steht man am Lækjartorg in Blickrichtung hinauf zur Bankastræti, fallen einige altertümliche, vorzüglich restaurierte kleine Holzhäuser auf.

Das unscheinbare, weiß gestrichene Haus etwas unterhalb auf der anderen Straßenseite ist das **Regierungsgebäude**. Das Steingebäude stellt eines der ältesten der Stadt dar (18. Jh.). An die Dänenzeit erinnert die **Statue Christians IX.** zur Linken, während rechts des Eingangs Hannes Hafstein, der erste isländische Premierminister, dargestellt ist. Rechts davon verläuft die Bankastræti bergan, die **Haupteinkaufsstraße**.

Nördlich des Regierungsgebäudes erstreckt sich eine weite Grünfläche, der **Arnarhóll**, der vom berühmten Standbild Ingólfur Arnarsons bekrönt wird. Er war im 9. Jh. der erste Siedler des Landes und Begründer von Reykjavík. Man blickt von dort auf den modernen, schwarzen Block der Nationalbank. Im **Hafnarhús**, einem ehemaligen Lagerhaus, werden vor allem Werke des berühmten isländischen Malers Erró gezeigt. Es ist Teil des Reykjavík Art Museum und ist auch Veranstaltungsort.

Der Weg führt weiter über die Hverfisgata, vorbei an der weißen **Nationalbibliothek**. Daneben finden hier verschiedene Dauer- und Wechselausstellungen statt. Benachbart ist ihr das 1928 gebaute, schwarzgraue **Nationaltheater**, sodass sich hier zwei markante und für das kulturelle Leben von Stadt und Land sehr wichtige Gebäude direkt nebeneinander erheben. *(UQ)*

**INFO**

**Tourist Information Centre:** Aðalstræti 2, 101 Reykjavík, Tel. 590-1500, www.visitreykjavik.is, tgl. 8-20 Uhr.
**Fylgifiskar:** Borgartun 26, Tel. 533-1300, www.fylgifiskar.is, Mo-Fr 11.30-18.30, Sa 11-14 Uhr. Ein moderner Imbiss für frisch zubereiteten Fisch – man hat die Qual der Wahl unter 20-30 verschiedenen Gerichten.

# 89 Mit dem Geländewagen durch das einsame Hochland

Das isländische Hochland ist eine ganz eigene Welt, in der schroffer noch als sonst auf der Insel Gegensätze aufeinanderprallen. Aus schwarzen Einöden erheben sich unvermittelt hohe Horstvulkane mit einer weißen Kappe, anderswo ragen Gletscherzungen und -höhlen bis an die Pisten heran. Inmitten der Wüsten setzen Liparitberge vielfarbige Akzente und laden heiße Pools in grünen Oasen zum Baden ein.

Nur wenige Kilometer entfernt treiben Eisberge in Gletscherseen und erstrecken sich unendliche Lava- und Sandflächen. Und über allem spannt sich ein weiter Himmel, der in Minutenschnelle in alle Farbnuancen zwischen strahlendblau und beängstigend-schwarz wechseln kann. Das Hochland war stets Barriere und Herausforderung zugleich; schon in der Landnahmezeit wurde es auf den heute noch gültigen Pässen mit zotteligen Pferden bezwungen, wurde der Kontakt zwischen Nord und Süd gesucht und gefunden. Menschen konnten hier nie leben – die wenigen „Bewohner“ waren Verbrecher, die man in die „Wüste der Missetäter“ hinausjagte, wohl wissend, dass sie damit der Gesellschaft auf schreckliche Weise entzogen wurden.

Die **Sprengisandur-Route** ist die berühmteste aller Hochlandstrecken. Die rund 210 km lange Piste F 26 beginnt im Süden am Þórisvatn, windet sich zwischen den Gletscherriesen Hofsjökull und Vatnajökull entlang und splittet sich

*Askja-Caldera mit den Kratern Víti und Öskjuvatn im isländischen Hochland*

nördlich des Tungnafellsjökull in drei Varianten auf. Wie im Norden gibt es auch im Süden mehrere Anfahrtswege. Eine beliebte Strecke von Reykjavík/Keflavík aus sind zunächst die „klassischen Ziele“ Þingvellir, Geysir, Gullfoss und Skálholt, dann die gut ausgebaute S 32 am Ufer der Þjórsá entlang, am Wikingerhof Stöng und dem Wasserkraftwerk Búrfell vorbei zum Wasserkraftwerk Sigalda.

*Geländegängig: der Bus für eine Fahrt ins Hochland*

Mit rund 190 km (ohne Abstecher) stellt die **Kjölur-Route (Straße 35)** die kürzeste Verbindung zwischen Norden und Süden, von Blönduós bis zum Gulfoss, dar. Die heutige weitgehend gut geschotterte Strecke beginnt im Norden auf dem Ringweg etwa in der Mitte zwischen Blönduós (26 km) und Varmahlíð (23 km). Im Sommer wird die Strecke sogar von Linienbussen befahren, trotzdem ist wegen einiger Furten vom Versuch abzuraten, sie mit einem normalen Pkw bewältigen zu wollen.

Die **Herðubreið und die Askja**, zweifellos zwei Hauptattraktionen des Hochlandes, liegen im Schnittpunkt mehrerer Pisten. Der einfachste Weg, der im Sommer auch von geländegängigen Touristenbussen genutzt wird, ist die F 88, die von der nördlichen Ringstraße 7 km westlich von Grímsstaðir abzweigt. Die Piste ist bis zur Herðubreið 60 km und bis zur Askja-Hütte 95 km lang. Alle, die mit einem Geländewagen oder einem Allradwagen mit viel Bodenfreiheit ausgestattet sind, können die genannten Ziele zu einer Rundfahrt kombinieren, die ihren Ausgangs- oder Zielpunkt an der Ringstraße bei Möðrudalur (S 901) oder an der S 923 weiter östlich hat.

*(UQ)*

INFO

**Öffnungszeiten:** Aus klimatischen und Umweltschutzgründen sind die Hochlandpisten nur für einen kurzen Zeitraum im Sommer geöffnet. Die genauen Zeiten wechseln von Jahr zu Jahr. Auch kann es vorkommen, dass während der offiziell geöffneten Periode eine Piste wegen Sandsturms oder anderer Natureinflüsse kurzzeitig geschlossen wird. Die Karte für die jeweils freigegebenen Pisten wird jeden Donnerstag aktualisiert und hängt an allen Campingplätzen, am Hafen in Seyðisfjörður und bei den Rangern der Naturschutzgebiete aus.

Infos über den aktuellen Straßenzustand und wetterbedingte Schließungen auch über **IRCA** (Icelandic Road and Coastal Administration), Tel. 1777 bzw. 522-1000, www.vegagerdin.is/english.

# 90 Mit dem Islandpony unterwegs

Island ist ein wahres **Eldorado für Pferdeliebhaber**, in dem man mit Ausnahme der Wintersaison hervorragend einen Reiturlaub verbringen kann. Die entsprechenden Angebote reichen von einstündigen Ausritten in Gehöften entlang der Fahrtroute bis zu Pauschalferien, die völlig auf das Reiten abgestimmt sind. Wenn man die nötige Zeit mitbringt, kann man Island auf perfekte Weise kennenlernen, indem man die Insel auf der Ringstraße umrundet und dann das Hochland auf dem Pferderücken erobert. Island-Durchquerungen, z. B. auf der Kjölur-Route, dauern mindestens 8 Tage und können bereits in Deutschland gebucht werden.

*Islandpferde auf der Insel sind reinrassig*

## Genügsam, geschickt, trittsicher ...

Das **Islandpferd** – auch Isländer oder Islandpony – stammt von jenen Tieren ab, die die ersten norwegischen Siedler im 9.–10. Jh. aus ihrer Heimat mitbrachten. Tausend Jahre Anwesenheit auf der Insel mit ihren Vulkanausbrüchen, Stürmen, strengen Wintern und Kälte haben aus den ohnehin schon robusten Pferden eine noch genügsamere Rasse werden lassen, deren Markenzeichen Widerstandsfähigkeit, Vorwärtsdrang, Mut, Geschicklichkeit, Trittsicherheit, ein zuverlässiger Charakter und der „Fünf-Gang" sind. Um die Rasse zu schützen, wurde schon im Jahre 930 ein Importverbot für Pferde erlassen (nachweislich ist seit 1100 n. Chr. kein Pferd mehr auf die Insel gebracht worden), sodass heute das Islandpferd neben dem arabischen Vollblut als das am reinsten gezüchtete gilt.

Reittouren sind auf Island kein elitäres, sondern ein eher **bodenständiges Vergnügen**. Obwohl vor mehrtägigen Exkursionen immer genügend Zeit bleibt, das Reittier kennenzulernen und ggf. Erfahrungen aufzufrischen, sollten Anfänger und ungeübte Reiter strapaziöse Hochlanddurchquerungen oder die Teilnahme beim Pferdeabtrieb nicht in Angriff nehmen. Die Reittouren gehen meist durch wegloses Gelände, über Bergpässe, durch Wüsten, an Sandstränden vorbei und auch durch Flüsse hindurch. Große Komfortansprüche dürfen nicht gestellt werden, übernachtet wird meist in einfachen Gästehäusern und Pensionen, z. T. auch in Zelten. Bei längeren Touren werden immer Pferde zum Wechseln mitgenommen sowie Packpferde, die manchmal frei mitlaufen, oft aber auch als Handpferde geführt werden müssen; die Teilnehmer müssen bereit sein, ein Handpferd zu führen und beim Treiben zu helfen. Auch sonst wird Mithilfe bei anfallenden Arbeiten erwartet.

*Isländer zeigen ihr Land*

Bei mehrtägigen Exkursionen sind Ruhetage für die Pferde eingeplant, die je nach Veranstalter und Route zu Ausflügen per Jeep genutzt werden. Häufig übernehmen Geländewagen den Gepäcktransport von Standort zu Standort. *(UQ)*

INFO

**Reitferien auf Island** können von zu Hause aus gebucht werden:
**Pferd & Reiter – Internationale Reiterreisen**, Rader Weg 30a, D-22889 Tangstedt, Tel. 040-607 6690, www.pferdreiter.de.
**Katla Travel**, Seitzstr. 19, D-80538 München, Tel. 089-2421120, www.katla-travel.is.
**Island ProTravel**, Theodorstr. 41a, 22761 Hamburg, Tel. 040-2866870, www.islandprotravel.de. Stellt Reiserouten mit Geheimtipps und maßgeschneiderte Touren nach individuellem Geschmack zusammen. Vor Ort steht den Kunden das hauseigene Service-Büro in Armuli 15, 108 Reykjavík, Tel. 510-3600, zur Verfügung, zahlreiche Ausflüge können ebenfalls dort gebucht werden.

**Isländische Gestüte**, die deutsch- oder englischsprachige Mitarbeiter haben:
**Arinbjörn Jóhannsson**, Brekkulækur, 531 Hvammstangi, Tel. 451-2938, www.abbi-island.is. Arinbjörn bietet Erlebnistouren an, die von seinem Hof (7 Gästezimmer) am Miðfjörður, im Nordwesten des Landes, ausgehen.
**Hestasport,** Magnœs Sigmundsson, Vegamót, 560 Varmahlíð, Tel. 453-8383, www.riding.is. Unter dem Motto „Touren für kleine Gruppen von großer Qualität" bietet das Unternehmen für jeden etwas – von einstündigen Ausritten bis zu längeren Hochlandtouren.

# 91 Kulinarisches Island: gesengter Schafskopf und verrotteter Hai

Über Jahrhunderte hinweg war Island ein armes Land, dessen Bewohner unter Hunger zu leiden hatten. Meist gingen in den harten Wintermonaten der konservierte Fisch und das Lammfleisch zur Neige, und im Januar/Februar wurden die letzten Vorräte gegessen. Ein Bestreben der Bauern und Fischer war es, Lebensmittel länger haltbar zu machen, wobei man auf das teure Salz wegen des dänischen Monopols nur begrenzt zurückgreifen konnte. Für die traditionellen Landesgerichte (Þorramatur) bedeutet dies eine eingeschränkte Auswahl, eine teilweise merkwürdige Konservierung und eine bäuerliche, um nicht zu sagen: überaus schlichte Esskultur. Dazu einige Beispiele:

Zum Trocknen aufgehängter Stockfisch

**Fermentierter Haifisch** (hákarl), in den Verwesungszustand übergegangener Hai, gehört zu jenen kulinarischen Erfahrungen, auf die die meisten Besucher vermutlich gut verzichten können. Traditionell werden dabei Haie mit in Rum getränkten Ködern geangelt, anschließend in lange Streifen geschnitten, in Säcken verpackt und im nassen Sand vergraben.

Wie lange die Tierkadaver dort bleiben, ist das Geheimrezept eines jeden Fischers – die Angaben schwanken von vier Wochen bis zu drei Monaten. Das in dieser Zeit vergorene Fleisch kommt anschließend für mehrere Wochen an die frische Luft, wo es zu einer außen braunen, innen weißen Farbe „reift". Die Isländer schneiden die Streifen in kleine Würfel, die in Einmachgläsern verwahrt werden. Bei besonderen Anlässen serviert man sie dann ahnungslosen Besuchern. Während diese bereits vom fürchterlichen Gestank abgeschreckt werden, scheint es den Einheimischen – selbst Kindern – zu schmecken. Der zum hákarl gereichte eiskalte Schnaps (brennivín) ist zwingend notwendig, um die salzigen Haifischstückchen hinunterzubekommen.

Der Schwerpunkt isländischer Fleischgerichte ist natürlich Lamm in allen Variationen. Während der Schlachtzeit der Schafe, im September/Oktober werden **Schafswürste** hergestellt, die man drei Stunden kocht und zusammen mit Kartoffelpüree isst. Schafswürste gibt es in zwei Varianten: Die Blutwurst (blóðmör) besteht aus in Magenhaut eingenähtem Schafsblut, vermischt mit Mehl, Nierenfett und Gewürzen. Anstelle des Schafsblutes wird bei der Leberwurst (lifrarpylsa) gehackte Lammleber genommen.

Auch die „**gesengten Lammköpfe**" sind, zumindest optisch, stark gewöhnungsbedürftig. Die abgetrennten, gesengten und halbierten Schafsköpfe werden dabei gesäubert, ein bis zwei Stunden in Salzwasser gekocht und anschließend im Ofen gebräunt. Gegessen werden sie kalt oder warm, oft zusammen mit Kartoffel- oder Kohlrübenpüree. Das als Reiseproviant beliebte Gericht gibt es auch in Dosen oder als Lammkopfsülze zu kaufen. *(UQ)*

### Isländische Spezialitäten

Eine Chance, bestimmte isländische Gerichte wenigstens einmal zu probieren, bekommt man seltener im Restaurant als in Privathaushalten (Ferien auf dem Bauernhof) oder im Supermarkt geboten. Beim traditionellen **Þorrablót-Fest** im Januar/Februar werden ausschließlich isländische Speisen gereicht. Dazu gehören Widderhoden, gekochter Pumpernickel (seytt rúgbrauð), Fladenbrot bzw. Roggenpfannkuchen (flatkökur/flatbrauð) und sogenannte Sauerspeisen, verschiedene gekochte Fleischsorten, die drei bis vier Monate in Milchsäure eingelegt wurden.

# 92 Inselumrundung: Halbinsel Snæfellsnes

Die sich wie ein langer Finger in den Nordatlantik erstreckende Halbinsel, die den Breiðafjörður im Norden von der Faxaflói im Süden trennt, ist in den letzten Jahren immer populärer geworden. Denn die landschaftlichen Schönheiten sind vielfältig, man findet hier Sandstrände mit Muschelkalk, Basaltformationen, schilfbestandene Seen, heiße Quellen, bizarre Lava- und Vulkanformen und natürlich, alles überragend, den perfekten, 1.446 m hohen **Zentralvulkan des Snæfellsjökull**.

Daneben tritt ein außerordentlich reiches Vogelleben mit Schwänen, Enten, Kormoranen, Gerfalken, Seeadlern. Kein Wunder also, dass ein 167 km² großes Gebiet rund um den Vulkan zum **Nationalpark** erklärt wurde (dem nach Þingvellir, Skaftafell und Jökulsárgljúfur vierten Nationalpark des Landes).

Die Rundfahrt um die Halbinsel ist ab/bis **Stykkishólmur** bequem an einem Tag zu schaffen. Allerdings reizen – erst recht bei gutem Wetter! – Sandstrände, Vogelklippen, Lavafelder, Vulkankrater und der beherrschende Gletscher Snæfellsjökull zu ausgedehnten Wanderungen und anderen Aktivitäten: So erscheinen zwei Tage eher realistisch, wenn man die Schönheiten der Snæfellsnes wirklich kennenlernen möchte.

*Der verlassene Fischerort Dritvík war einst ein wichtiger Anlandeplatz*

Der Hauptort der Snæfellsnes, **Stykkishólmur**, liegt auf der Landzunge Þórsnes, die sich rund 10 km nach Norden in den Breiðafjörður schiebt. Auf dem Weg passiert man den Hausberg **Helgafell** (heiliger Felsen), einen nur 78 m hohen Hügel. In dem Ort gibt es ein Krankenhaus, Banken, eine Post sowie das geothermal beheizte **Schwimmbad** (Austurgata). Kommerzielle Lebensader ist die Aðalgata am Hafen mit Tankstelle, Supermarkt, Restaurant, Gästehaus, Reisebüro und Touristeninformation. Wer länger bleiben möchte, kann von hier aus Wanderungen unternehmen, die Inseln im Fjord mit dem Schnellboot kennenlernen oder zu Touren mit dem Pferd aufbrechen.

*Der sagenumwobene Snæfellsjökull*

Der 1.446 m hohe, kegelförmige Schichtvulkan **Snæfellsjökull** kann mit Fug und Recht als König jener Halbinsel bezeichnet werden, die seinen Namen trägt. Der Gletscher selbst, der in der Vergangenheit immer mehr abnahm, ist mit einer Fläche von knapp 11 km² nicht besonders groß, wegen der exponierten Lage aber weithin (bis nach Reykjavík) sichtbar.

Der unter ihm schlummernde Vulkan gilt heute als erloschen. Erstmals wurde der Snæfellsjökull 1753 von isländischen Naturforschern bestiegen und hat immer wieder in- und ausländische Gäste zu einer Bergwanderung bis zum Gipfel gereizt. Diese ist relativ einfach und von Arnarstapi in gut vier Stunden durchführbar, allerdings muss man sich im Sommer vor Schmelzwasser und Spalten in Acht nehmen.

Der übliche Weg geht dabei nördlich von der S 574 ab, am Stapafell (528 m) vorbei und über die Passstrecke Kýrskarð bis auf rund 800 m. Diese Piste ist mit einem Geländewagen zu schaffen. Andere Anfahrtswege gibt es durch das Tal Móð weiter im Westen oder von Ólafsvík im Norden aus. Daneben werden auch Fahrten mit dem Schneemobil angeboten sowie mit einem 40-Personen-Schlitten, der von einem Schneemobil gezogen wird (beides ab Arnarstapi und Ólafsvík). Ólafsvík ist neben Arnarstapi der wichtigste Startpunkt zu Touren in den Snæfellsjökull-Nationalpark. *(UQ)*

## Gute Infrastruktur

Wer dieses **Island en miniature** kennenlernen möchte, profitiert von einem breiten **Angebot** an Unterkünften, Bootsausflügen, Pferdeverleih, Mietwagen und Leihfahrrädern bis hin zu Schneescooter-Trips.
Die **Straßenbedingungen** sind weitgehend gut, vor allem auf der südlichen S 54. Die von den Einheimischen im Sommer nur selten benutzte S 574 um den Snæfellsjökull herum ist bis auf ein kleines Stück im Süden asphaltiert und recht gut zu meistern.
Infos zu Aktivitäten, Unterkünften, Events, Buchungsadressen: www.islandprotravel.de (S. 209), www.visiticeland.com.

# 93 Die Westfjorde – das geologisch älteste Island

## Zum westlichsten Punkt Europas

Rund 15 km hinter Breiðavík enden am Leuchtturm **Bjargtangar** alle Wege – man steht am **westlichsten Punkt Europas** und ist weniger als 300 km von der grönländischen Ostküste entfernt. Ein solcher geografischer Rekord allein hätte die lange Anfahrt sicher nicht gelohnt, doch das eigentliche Highlight liegt nur wenige Wanderminuten entfernt. Gemeint ist der **Látrabjarg**, mit 14 km Länge und maximal 444 m Höhe weniger ein Vogelfelsen als vielmehr ein regelrechtes Steilküsten-Massiv.
In, auf, über und vor den Klippen herrscht ein unbeschreibliches Gewimmel an startenden, landenden und auf Beutefang befindlichen Seevögeln. Die weltweit größte Kolonie an Tordalken ist hier beheimatet, daneben nisten aber auch Millionen von Papageientauchern, Eissturmvögeln, Dreizehenmöwen, Trottellummen, Dickschnabellummen, Kormoranen, Gryllteisten und anderen Seevögeln.

Die **Nordwesthalbinsel**, meistens einfach als „**Westfjorde**" (Vestfirðir) bezeichnet, stellt den geologisch ältesten Teil Islands dar. Vorwiegend aus Basalt aufgebaut, ohne die sonst so typischen Lavafelder, wird ihr Landschaftsbild von plateauartigen, z. T. steil in die Grönländische See abfallenden Bergen, von Gletschern und tiefen Fjorden bestimmt.

Mit gut 10.000 km² ist die Halbinsel von enormer Dimension und umfasst alleine 12 % der Gesamtfläche Islands. Neben der majestätischen Natur mit ihrer subarktischen Vegetation sind die größten Vogelfelsen des Nordatlantiks, die Fischgründe, die zu den ertragreichsten der Welt zählen, und dichte Robbenbestände die unbestrittenen Highlights der Region.

Im Gegensatz zur Größe der Fläche steht die geringe Bevölkerungszahl (10.000 Menschen). Immer wieder wird man auf verlassene Farmen oder Dörfer stoßen. Nirgendwo sonst auf der Insel stellt sich deshalb an den Westfjorden so sehr das **Gefühl der menschenleeren Weite und Wildnis** ein, das ein Hauptgrund für deren Besuch sein kann. Dazu treten die landschaftlichen Schönheiten und das reiche Vogelleben, die in der Summe dafür verantwortlich sind, dass die Westfjorde zusammen mit der Snæfellsnes-Halbinsel in den vergangenen Jahren stark vom Anstieg des Fremdenver-

*Das Fischereimuseum Ósvör*

*Malerisch: die Westfjorde am Hornstrandir*

kehrs profitiert haben. Besonders Naturliebhaber, ornithologisch Interessierte und Wanderer ohne große Komfortansprüche zieht diese Region an.

Zwar gibt es inzwischen eine auf Besucher abgestimmte **Infrastruktur**, die in Orten wie Bolungarvík, Holmavík und vor allem Ísafjörður luxuriöse Hotels oder Pensionen hat entstehen lassen, doch wird das Übernachtungsangebot weitgehend von Jugendherbergen und Gästefarmen bestimmt. *(UQ)*

**INFO**

**Informationen** zu Reisen, Touren an den Westfjorden:
**West Tours** (Vesturferdir), Aðalstræti 7, 400 Ísafjörður, Tel. 456-5111, www.westtours.is, Juni–Aug. Mo–Fr 8–18, Sa 8.30–16.30, So 10–15, Sept.–Mai Mo–Fr 8–16 Uhr. Im gleichen Gebäude befindet sich das **Ísafjörður Tourist Information Centre**.
Die **Straßenbedingungen** sind sehr unterschiedlich, oft herrschen noch ungeschotterte, schmale Pisten vor, die sich an den Fjorden entlangschlängeln. Für die etwa 700 km lange Ringstraße sollte man etwa drei Tage einplanen. Die gesamte nördliche Landzunge ist wie das hochgelegene Inland nicht durch Straßen erschlossen. Mit dem **Bus** kann man nur im Sommer von Reykjavík aus Reisen auf die Nordwesthalbinsel unternehmen. Zur Halbinsel Snæfellsnes geht auch eine **Fähre**.
Wer gern einen **Bootsausflug** machen und die isländischen Naturschönheiten vom Schiff aus kennenlernen möchte, bekommt Informationen bei www.seatours.is. Von Juni bis August werden ab **Ísafjörður** mehrmals wöchentlich Ausflüge zu den Inseln und Küsten der Jökulfirðir mit Personenbooten angeboten, dabei sieht man vielleicht sogar **Wale**. Infos bei www.westtours.is.

# 94 Wertvolles Handelsgut – isländische Eiderdaunen

*Hübsche Tiere mit wertvollem Gefieder*

Eiderenten gehören in Island auf Inseln, in Fjorden, flachen Küstengewässern und im direkten Hinterland gewissermaßen zum Landschaftsbild. Traditionell haben sie eine große wirtschaftliche Bedeutung für Island. Während man früher die Nester der Eiderenten erbarmungslos plünderte, geht man heute sorgsamer mit den Tieren um; immerhin gehören Eiderdaunen zu den wertvollsten Handelsgütern des Landes. Von den 3,5 Mio. Eiderenten weltweit brüten etwa 500.000 auf Island. Die Eiderdaune ist bräunlich gefärbt sowie größer und stärker verästelt als die Daunen anderer Enten. Dadurch ist sie sehr wärmend und für Deckenfüllungen geradezu ideal.

Kein Wunder also, dass Bauern bei der Frage nach ihren Tieren Eiderenten mit angeben (z. B.: „Wir haben 30 Pferde, 10 Rinder, 300 Schafe und 200 Eiderenten"). Diese Bauern verstehen es auch, durch bestimmte Methoden die eigentlich wilden Vögel an ihren Hof zu binden und sie zu schützen. Dabei entfernt man zunächst in den Brutgebieten der Eiderenten die Eier der dazwischen lebenden Raubmöwen, um das Gelege der Enten zu schützen. Die Raubmöwen verlassen dann i. d. R. die unmittelbare Umgebung, außerdem sind die Möweneier sehr schmackhaft und werden als Delikatesse verkauft.

Der sehr zutrauliche **Charakter der Eiderenten** ermöglicht es, gefahrlos zu den Nestern zu gelangen und die Daunen zu entfernen. Ein Entennest kann dreimal „geerntet" werden: zu Beginn, in der Mitte und am Ende der Brutzeit, die jeweils etwa 25 Tage dauert.

Dabei werden zunächst nicht alle Daunen fortgenommen, sondern nur etwa ein Drittel, die Enten „produzieren" daraufhin neue, worauf sie ihre Eier legen. Erst wenn die Küken die Nester verlassen haben, kann der gesamte Rest der Daunen eingesammelt werden. Ein Kilo Eiderdaunen, die Ausbeute von ca. 60 Nestern, bringt auf dem Markt ca. 500 € Es gibt rund 200.000 „bewirtschaftete" Eiderenten-Nester, und die **Gesamtmenge** gereinigter Eiderdaunen beträgt pro Jahr ca. 3.000 kg.

Ist das „Ernten" schon schwierig, so bereitet das **Reinigen der Daunen** noch mehr Mühe. Über Jahrhunderte hinweg war dies eine schwere Handarbeit; heute geschieht ein Teil der Reinigung maschinell. Dazu haben die Isländer eine Apparatur entwickelt, bei der die Daunen in Bottichen bei 100 °C sterilisiert werden, durch verschiedene Schüttelgänge wird der Schmutz herausgeschleudert.

Je feuchter ein Sommer war, desto verdreckter sind die Nester. Die abschließende Kontrolle und Feinarbeit muss aber immer noch per Hand ausgeführt werden. Die zahlungskräftige Kundschaft – eine echte Eiderdaunendecke kostet immerhin bis zu 5.000 €– kommt aus Deutschland, den USA, Japan und Taiwan.

*Wärmende Eiderdaunen: isländischer Exportartikel*

Auf der Suche nach Konzentrationsmöglichkeiten des Eiderdaunengeschäftes gehen einige Isländer findige Wege. Im deutschen Fernsehen wurde z. B. der ehemalige Walfänger Konrad Eggertsson vorgestellt, der auf seiner Farm im Nordwesten der Insel mit Eiderenten-Küken experimentiert. Da in der freien Natur nur 10 % der Küken die ersten Tage überleben (der Rest fällt Füchsen und Greifvögeln zum Opfer), sammelt er gefährdete Jungtiere ein und zieht sie als „Ersatzmutter" groß. Inzwischen folgen ihm Hunderte von Eiderenten und erkennen seine Mutterrolle an. Nun hofft er, dass sie als erwachsene Tiere bei ihm nisten werden (wie die Graugänse von Konrad Lorenz), was ein einträgliches Geschäft werden könnte.

*(UQ)*

# 95 Die Edda – Götter- und Heldenlieder

Mit „**Edda**“ wird die **gesamte isländische Dichtung** bezeichnet, die in Stil und Thematik der Haupthandschrift verwandt ist und sich durch eine einfachere Sprache von der gekünstelten Skaldik (Dichtung) unterscheidet.

Der als **Haupthandschrift** anzusehende Text ist der sog. Codex regius, das Königsbuch eines anonymen Verfassers, der um 1270 geschrieben wurde. Die direkte Vorlage stammt aus der Zeit um 1220–1230, doch sind einige (alle?) Strophen noch älter (10.–11. Jh., einige ggf. 9. Jh.). So ist der germanisch-heidnische Charakter der Lieder zu erklären, denen kaum etwas von abendländisch-christlicher Gesinnung anhaftet. Die Edda ist also ein in christlicher Zeit aufgeschriebenes Dokument einer vorchristlichen Epoche, deren Spuren andernorts schon längst verblasst waren.

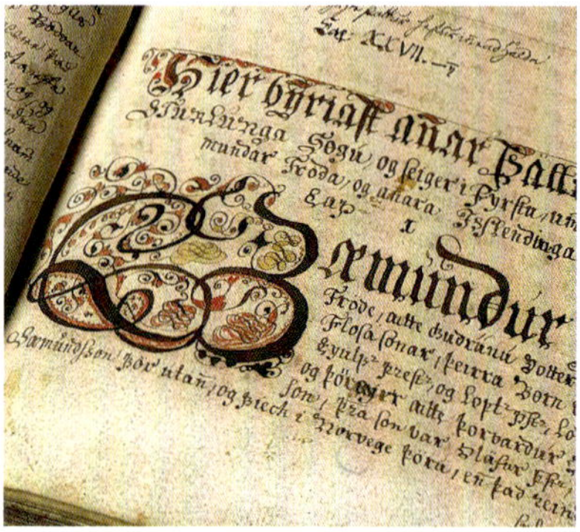

Alte isländische Handschrift

Allgemein werden die Eddatexte in **Götter- und in Heldenlieder** unterschieden. Dem Kreis der Heldenlieder sind jene Texte zuzurechnen, die dem germanischen Sagenkreis von den Hunnenkämpfen mit den Ostgoten und der Nibelungensage mit Sigurd (Siegfried), Gunnar (Gunther) und Atli (Etzel) angehören. Die Götterlieder besingen den gesamten nordischen Pantheon: die Göttergeschlechter der Asen und Wanen, u. a. die Götter Odin, Thor, Frigg, Freya, Baldr, Loki sowie Riesen und Zwerge. Sie alle bevölkern einen Kosmos, der in seiner Vielschichtigkeit und in seinen Details durchaus mit dem der altgriechischen Mythologie vergleichbar ist. Das berühmteste aller Götterlieder ist wohl die „**Weissagung der Seherin**“. Es werden die Entstehung der Welt, aber auch der Endkampf der Götter gegen die Riesen und schließlich der Weltuntergang beschrieben. Die Hávamál wiederum widmet sich dem Obergott Odin, setzt sich auf der anderen Seite aber auch ganz diesseitig mit Verhaltensregeln im Alltagsleben auseinander.

Einer der wenigen namentlich bekannten Saga-Autoren und zugleich einer der größten Gelehrten des (nicht nur isländischen) Mittelalters war **Snorri Sturluson** (1179–1241). Seine nach ihrem ersten Wort *Heimskringla* („Weltenkreis“) benannte Sammlung von Sagas bildet den Höhepunkt der Gattung. Sie stellt im Wesentlichen eine **Monumentalgeschichte der norwegischen Könige** dar – von den sagenhaften und mythischen Anfängen bis zum Jahre 1177. In diesem Glanzstück seiner Erzählkunst berichtet er von etwa 1.300 Einzelpersonen, von denen die wichtigsten mit ihren Genealogien und Taten in Episoden vorgestellt werden. Die *Heimskringla* ist nicht nur eines der größten

*Isländische Weltkarte mit Darstellung Vinlands*

Geschichtsbücher der Welt, sondern durch ihre gestrafften Dialoge und dramaturgischen Steigerungen auch ein Werk der **Weltliteratur**. Darüber hinaus schrieb Snorri ein Skalden-Lehrbuch, dem er den Namen Edda gab (zur Unterscheidung von der Lieder-Edda auch „Jüngere Edda“, „Prosa-Edda“ oder „Snorra-Edda“ genannt).

Für Sprach- und Religionswissenschaftler ist dieses Buch von enormer Bedeutung, denn erstens zeigt hier Snorri den zukünftigen Dichtern (Skalden), nach welchen formalen Gesichtspunkten ihre Kunst aufgebaut werden sollte, wodurch wir heute das komplizierte Regelwerk der Skaldik kennen. Zweitens gibt er als Beispiele sogenannte *kenningar* (Ersetzung eines Begriffs durch doppelte Umschreibungen) aus dem Mythen- und Sagenkreis der vorchristlichen Zeit an, wobei er die zugrunde liegenden Geschichten ausführlich erzählt. Ein Großteil der Genealogie altnordischer Götter wurde uns auf diese Weise erschlossen. Als Repräsentant des mächtigsten Häuptlingsgeschlechts der Zeit und zweimaliger Rechtssprecher des Althing spielte Snorri Sturluson außerdem eine große politische Rolle. Sie war auch der Grund dafür, dass der bedeutende Gelehrte auf Veranlassung des norwegischen Königs ermordet wurde, obwohl sein Preislied auf den König *(Háttatal)* mit zum Besten gehört, was an skaldischen Strophen jemals gedichtet wurde. *(UQ)*

**INFO**

Im **Safnahúsið** (vormals Þjóðmenningarhús), dem Kulturhaus, sind Ausstellungen der alten Handschriften zu sehen. Hverfisgata 15, 101 Reykjavík, Tel. 530-2210, tgl. 10-17 Uhr, Eintritt.

Ausstellung von Handschriften auch im **Isländischen Nationalmuseum**, Suðurgata 41, Reykjavík, Tel. 530-2200, www.thjodminjasafn.is, Mai-Mitte Sept. tgl. 10-17 Uhr, sonst Mo geschl., Eintritt.

# 96 Die Metropole im Norden: Akureyri

Akureyri ist mit rund 17.500 Einwohnern deutlich kleiner als Reykjavík. Trotzdem ist der Beiname „**Hauptstadt des Nordens**" berechtigt, da der Ort in punkto Wirtschaft, Administration, Ausbildung und als Verkehrsknotenpunkt eine ähnliche Funktion besitzt wie Reykjavík für den Süden.

Der Ort erfuhr erst ab 1786 als dänischer Handelsposten einen Aufschwung. Dänische Händler (aus Helsingør) waren auch die ersten Bewohner.

## Die ältesten Gebäude der Stadt

Südlich des Botanischen Gartens stößt man auf das Viertel, in dem die ältesten Gebäude dieser Region lange Zeit abrissgefährdet waren. Es ist den Bürgerinitiativen jüngerer Leute zu verdanken, dass ein Großteil der noch aus dänischer Zeit stammenden Bauwerke (die natürlich allen heute geltenden Bauvorschriften der Erdbebensicherheit zuwiderlaufen) gerettet werden konnte. Den Anfang macht dort das **Laxdalshús** (Hafnarstræti 11), 1795 errichtet und damit das älteste der Stadt. Im Inneren ist eine historische Ausstellung zu sehen, außerdem beherbergt das Gebäude heute ein spanisches Restaurant und Café.

Aufgrund ihrer naturschönen Lage und Mittelpunktfunktion für den Norden ist die Stadt ein beliebtes Reiseziel. Nur knapp 100 km vom Polarkreis entfernt, überrascht Akureyri im Sommer durch angenehm warme Temperaturen und ein sehr grünes Gepräge. Eine beinah „**urbane Atmosphäre**", mit verlockenden **Freizeitmöglichkeiten** in der Nähe. Im Sommer profitiert der Ort von seiner traditionellen Rolle als „Tor zum Norden"; Wandertouren, Exkursionen zum Goðafoss und Mývatn, Schiffsausflüge sowie Rundfahrten über die Halbinseln Skagi und Tröllaskagi sind mögliche Aktivitäten. Golffreunden sind die Arctic Open der nördlichsten 18-Loch-Anlage der Welt ein Begriff.

Die Sehenswürdigkeiten des Zentrums liegen nahe beieinander und können bequem auf einem halbtägigen Rundgang erkundet werden. Ein geeigneter Startpunkt dazu ist der **Rathausplatz**. Von dort schlendert man über die Hafnarstræti (Hafenstraße) und erkennt an einigen alten Häusern sofort ein Charakteristikum der hiesigen Architektur: eine in Quaderform gepresste Blechverkleidung der Holzgebäude, die offensichtlich Ziegelsteine nachahmen will.

Neben den pittoresken Holzhäusern aus dänischer Zeit ist das hübsche, 1902 erbaute **Sigurhæðir** sehenswert, in dem der Pastor und Dichter der Nationalhymne, Matthías Jochumsson, bis zu seinem Tod 1920 lebte.

*Schöne Architektur in Akureyri*

*Den Botanischen Garten legten im Jahre 1912 dänische Frauen an*

Mit ihrer Doppelturmfassade ist die lutherische **Stadtkirche** (Akureyrarkirkja) das **Wahrzeichen Akureyris**. Das kühle, spitztonnengewölbte Innere erhält im Chorbereich Licht durch Glasmalereien, die Persönlichkeiten der isländischen Kirche zeigen. Das mittlere Chorfenster stammt von der englischen Kathedrale in Coventry, das im Zuge des Zweiten Weltkrieges nach Island gelangte. Ganz in der Nähe befindet sich die **katholische Kirche** in einem weißen Haus mit rotem Dach. Von der Stadtkirche südwärts steht das **Denkmal des Geächteten** oder des Vogelfreien, eine der bekanntesten Statuen von Einar Jónsson, die den Sagahelden Gísli darstellt.

Der **Botanische Garten** (Lystigarðurinn) war 1912 von dänischen Frauen angelegt worden, die beweisen wollten, dass auch Bäume im nordisländischen Klima wachsen können. Heute umfasst der Garten die vollständigste Sammlung der auf Island vorkommenden Pflanzen mit insgesamt 430 Arten, dazu rund 3.500 Beispiele der ausländischen Flora, die hier ebenfalls gedeiht.

*(UQ)*

INFO

**Tourist Information Centre:** HOF Culture House, Strandgata 12, 600 Akureyri, Tel. 450-1050, www.visitakureyri.is, Mai-Mitte Juni Mo-Fr 8-17, Sa/So 8-16 (Juni bis 17), Mitte Juni-Mitte Sept. tgl. 8-18.30, 2. Hälfte Sept. Mo-Fr 8-17, Sa/So bis 16, sonst Mo-Fr 8-16, Sa/So 12-16 (Okt.) bzw. 10-14 Uhr (April).

**Contrastravel**, Bahnhofstr. 44, D-24582 Bordesholm, Tel. 04322-889000, www.contrastravel.com, bietet Island-Reisen mit Schwerpunkt Natur und Kultur an mit dem Akzent auf Aktivitäten, Authentizität und Nachhaltigkeit.

# 97 Die Walbucht von Húsavík

Húsavík ist weit über die isländischen Grenzen hinaus bekannt, denn der Ort gilt als „**Walhauptstadt des Landes**". Dabei profitiert Húsavík von den ausgezeichneten Bedingungen, die die Bucht Skjálfandi Buckelwalen und anderen Meeressäugern bietet. Die angebotenen Walbeobachtungstouren werden von fachkundigen Seeleuten geführt und dabei legt man Wert darauf, dass die Wale in ihren Gewohnheiten nicht gestört werden. Zwischen Mai und Oktober finden in den Sommermonaten Juli und August mehrmals täglich Touren statt. Da 85 % der Whale Watchers aus dem Ausland kommen, hat sich inzwischen eine entsprechende Infrastruktur im Ort gebildet.

Wer seine Eindrücke von der praktischen Walbeobachtung vertiefen möchte, kann dies im **Walmuseum** tun: Das einzige Museum in ganz Island zu diesem Thema ist in einem alten Schlachthaus untergebracht. Auf 1.200 m² werden Skelette von verschiedenen Walarten gezeigt, darüber hinaus erfährt man in Einzelausstellungen viel zu den Lebens- und Verhaltensweisen der Wal- und Delfingattungen, wie zu den Themen Walbeobachtung, Wal-Strandungen und Walfang.

Die Verbindung von Baudenkmälern vergangener Zeiten und einer guten Infrastruktur macht Húsavík zu einem schönen Beispiel einer intakten **Fischergemeinde**. Die **Kirche** ist ein prächtiges, 1907 aus norwegischem Holz er-

*In Húsavík stehen Schiffe zum Auslaufen für Walbeobachter bereit*

*Ein häufiger Anblick: Wale vor Húsavík*

richtetes Gebäude auf kreuzförmigem Grundriss, dominiert vom 22 m hohen Turm. Mit seinen vielfältigen Einrichtungen bietet sie Húsavík als Standort an, um die Schönheiten der Umgebung einschließlich Tjörnes-Halbinsel, Jökulsárgljúfur-Nationalpark und Mývatn-Gebiet kennenzulernen. Die beste Sicht über Húsavík, die Bucht und – bei gutem Wetter – bis zur Polarkreisinsel Grímsey bietet der 417 m hohe Hausberg Húsavíkurfjall, auf dessen Gipfel eine Straße hinaufführt.

Bei genügend Zeit kann man auch an **Boots-** und **Angeltrips** in die Bucht Skjálfandi teilnehmen. Ziele sind dort zwei Inseln: einmal die recht große und flache Insel **Flatey**, die noch 1942 von 120 Menschen bewohnt war, heute aber verlassen ist. Und zum anderen das Eiland **Lundey** mit interessanten Klippen und Tausenden von Papageientauchern.

*(UQ)*

**INFO**

**Informationen zur Walbeobachtung:** Die mind. dreistündigen Touren finden zwischen Mai und Oktober statt. Es werden auch Hochseeangeltouren oder kombinierte Touren mit Landausflügen angeboten:
**North Sailing**, Hafnarstett 11, 640 Húsavík, Tel. 464-7272, www.northsailing.is;
**Gentle Giants**, Tel. 464-1500, www.gentlegiants.is.
Weitere Infos zu den Meeressäugetieren in den Gewässern um Island und zum Whalewatching unter **http://icewhale.is**.
**Húsavík Whale Museum**, Hafnarstétt 1, 640 Húsavík, Tel. 414-2800, www.whalemuseum.is, Mai-Aug. tgl. 8.30-18.30, Sept. tgl. 9-18, Okt.-April Mo-Fr 9-14 Uhr, Eintritt.

# 98 Die Pseudokrater vom Mückensee (Mývatn)

Der buchtenreiche, von etlichen Inseln besetzte „Mückensee“ ist mit 38 $km^2$ der viertgrößte See Islands. Die geringe Wassertiefe von 1–5 m hat zur Folge, dass er sich im Sommer bis auf über 20 °C erwärmen kann und das Wachstum der Algen angeregt wird. Dort legen die Mücken ihre Larven ab, die wiederum Forellen und Vögeln ideale Nahrungsbedingungen bieten. Der **Vogelreichtum** des Mývatn ist weithin berühmt. Gut 10.000 Paare brüten hier im Sommer, u. a. Stock-, Eider-, Tafel-, Eis-, Trauer-, Krick-, Löffel- und Spatelenten, aber auch Graugänse und Singschwäne. Sie ernähren sich von den Fischen, Wasserpflanzen und besonders Insekten, sodass die „Mückenplagen“ die Grundlage für das reiche Tierleben am Mývatn bilden.

Die **Mücken** sind hier bei warmem Wetter und Windstille äußerst lästig, Einheimische und Ornithologen sieht man oft nur mit engmaschigen Netzen über dem Kopf. Dabei sind die Stech- oder Kriebelmücken fast ausschließlich am Fluss Laxá, die Staub- oder Zuckmücken hingegen überall am See anzutreffen. Sie stechen zwar nicht, kommen dafür aber in äußerst dichten Beständen vor.

Das ganze Gebiet steht unter **Naturschutz**, d. h. Baden, Surfen oder Motorbootfahren ist im Mývatn verboten. Das Hauptbrutgebiet befindet sich an der Nordseite des Sees. Touristen dürfen hier in der Brutzeit (Mai–Juli) nur hindurchfahren, nicht aber anhalten oder aussteigen.

## Wanderungen

Das Umfeld des Mývatn hält einige der schönsten und spannendsten Wanderwege Islands bereit:

*In jedem Fall einen Besuch wert: der viertgrößte See Islands*

- Im **Krafla-Gebiet** geht oberhalb des Kraftwerks ein Pfad zur vulkanisch aktiven **Leirhnjkúkur-Spalte**. Zu sehen sind Solfatare, Schlammpfuhle, Blütenwiesen und Spalten (ca. 1 Std.).
- Außer dem Weg durch die Solfatare und Fumarolen am **Hveraröndkann** man dort den Hang hinauf bis zum **Námafjall** wandern (ca. 30 Minuten, 200 Höhenmeter).
- Ein markierter Weg führt von Reykjahlíð aus auf die Spitze des 771 m hohen kegelförmigen **Hlíðarfjall** mit prächtiger Aussicht (gut 2 Std.).
- Lohnend ist der Weg von **Reykjahlíð** bis zur stillgelegten Kieselgurfabrik, dann zur **Grjótagjá** und durch den Birkenhain zum Seeufer, schließlich an diesem entlang zurück nach Reykjahlíð (gut 3 Std.).
- Vom Parkplatz am Fuß des Explosionskraters **Hverfjall** aus geht ein ausgetretener Zick-Zack-Weg zum Kraterrand hinauf und um diesen herum; anschließend sollte man zum Krater des **Lúdent** und zur Kraterreihe der **Lúdentsborgir** wandern (insgesamt ca. 5 Std.).
- Die **Pseudokrater von Skútustaðir** erlebt man auf einem 3-km-Spaziergang (ca. 1 Std.).

*Der Mückensee: Mývatn*

### Gute Gründe für einen Besuch

Der naturschöne, flache See ist mit seinen **Wasservögeln**, vor allem Enten, ein wahres Mekka für Ornithologen. In der bedrohlichen und gleichzeitig faszinierenden Umgebung sind **alle Formen jungvulkanischer Aktivität** zu sehen, manchmal auch zu spüren. Die Region ist **klimatisch bevorzugt**; es ist hier trockener, sonniger und wärmer als im Landesdurchschnitt.

Gerade dieses **faszinierende Naturphänomen**, das nur auf Island vorkommt, sollte man sich nicht entgehen lassen: Vereinfacht gesagt entstehen Pseudokrater, wenn sich heiße Lava über ein wasserhaltiges Gelände schiebt und den Wasserdampf explosionsartig nach oben entweichen lässt. Dabei reißt die Lava mit Schlackenrändern auf und hinterlässt Krater, die deshalb „pseudo" sind, weil sie niemals Auswurfmaterial freigesetzt haben.

**Achtung:** Viele Wanderwege führen durch ein Terrain, dessen **vulkanische Aktivität** niemand voraussagen kann. Warnschilder „Auf eigene Gefahr!" haben durchaus ihre Berechtigung. Bei Solfatarenfeldern kann man leicht einbrechen und sich verbrühen. Auf lockeren Aschenschichten (Hverfjall) ist die Gefahr des Abrutschens gegeben. *(UQ)*

**INFO**

**Mývatn Tourist Information Center:** Mývatnsstofa, Hraunvegi 8, 660 Mývatn, Tel. 464-4390, www.visitmyvatn.is, im Sommer (ab April) Mo–Fr 9–14 Uhr, Ausstellungen über Geologie, Vulkanologie, Flora und Fauna.

**Hotel Reynihlíð:** Tel. 464-4170, www.reynihlid.is, führendes Hotel der Region, geräumige Zimmer, gutes Restaurant.

**Hlíð Travel Service:** Tel. 464-4103, am Nordufer gelegener Campingplatz mit Fahrradverleih.

# 99 Im Skaftafell-Nationalpark und die Südostküste entlang

Die 131 km lange **Etappe von Skaftafell nach Höfn** ist in höchstem Maß vom Vatnajökull und seinen Gletscherzungen geprägt. Zunächst verläuft die Ringstraße direkt unterhalb der höchsten isländischen Gipfel, wobei die **Gletscherzungen** Skaftafellsjökull und Svínafellsjökull zum Greifen nah erscheinen. Hinter dem Svínafell (Gästefarm, Tankstelle) kommt man 20 km südöstlich von Skaftafell zu einigen Bauernhöfen mit dem Sammelnamen Hof, in denen Schlafsackunterkünfte und Leihpferde angeboten werden. Auf einem der hübschen Anwesen ist noch eine sehenswerte Torfkirche aus dem Jahre 1883 erhalten.

Die auf dem Weg passierten Farmen sind nur ein spärlicher Überrest einer einst blühenden Ackerbaugesellschaft. Der Ort **Fagurhólsmýri** hatte wegen seines 1955 eingerichteten Flughafens große Bedeutung für die Region. Doch die launische Natur mit ihren Vulkanausbrüchen und Gletscherläufen zwang die Bauern nach und nach zur Aufgabe, weshalb die Gegend den Namen **Öræfasveit** (Ödland) trägt.

Weiter geht es auf einem engen Landstreifen zwischen der Gletscherzunge Kvíarjökull und dem Ozean entlang, an der Farm Kvísker vorbei und auf die Fläche des **Breiðamerkursandur**, das größte Brutgebiet der Großen Arktischen Raubmöwe (Skua) im Norden.

*Gletscher am Skaftafell*

Die zwei **Gletscherseen,** die man nun zur Linken passiert, gehören zu den merkwürdigsten Eindrücken, die man auf einer Islandumrundung erleben kann. Auf den beiden Seen, **Breiðárlón und Jökulsárlón** treiben zu jeder Jahreszeit Eisberge und Eisbrocken von mitunter beachtlicher Größe zum nur 1–2 km entfernten Meer. Wer dieser Wunderwelt am Fuß des Breiðamerkurjökull ganz nahe kommen möchte, kann am Rand der Seen entlangwandern (ca. 15 km). Eine andere Möglichkeit besteht in einer sommerlichen Bootsfahrt, die man unmittelbar hinter der Hängebrücke über die Jökulsá (Cafeteria) auf dem Jökulsárlón unternehmen kann.

Von den Gletscherseen aus geht es in nordöstliche Richtung weiter und immer in Sichtweite der tief in die Talungen hinabreichenden Gletscherzungen. Die wichtigsten heißen **Skálafellsjökull** (Zentrum des Gletschertourismus mit Schneekatzenverleih, Berghütte und Busverbindung), **Heinabergsjökull, Fláajökull und Hoffellsjökull**, zu dem eine auch für normale Pkw befahrbare Piste bis nahe an den Rand geht. Fast alle der wenigen Höfe, die man passiert, bieten Reisenden Kost und Logis, viele davon organisieren auch Ausflüge bzw. Ausritte mit Reitpferden.

## Wandern im Nationalpark

Ein wahres Eldorado ist der **Skaftafell-Nationalpark** für Wanderer. Ein gutes System von markierten Wegen und Holzbrücken ermöglicht die eingehende Erkundung des Geländes (Broschüre mit den eingezeichneten Pfaden im Service Center). Die Wanderungen dauern unterschiedlich lang:

Eine der kürzeren, aber beliebtesten Touren geht zum „schwarzen Wasserfall" **Svartifoss**, der weniger durch Volumen oder Fallhöhe als vielmehr durch seine herrlichen, wie Orgelpfeifen angeordneten Basaltsäulen beeindruckt (etwa 1 ½ Stunden).

Eine Wanderung zu den Gletscherflüssen am **Kjósarbotn** in rund 1.200 m Höhe dauert mindestens 10 Stunden, noch längere Touren – mit Guide und Übernachtungen – sind in die Eiswüste des Vatnajökull möglich. (Alle Zeitangaben gelten für den Hin- und Rückweg.)

Entlang der Ringstraße gibt es auf mehreren Gästefarmen Betten, Schlafsackplätze sowie Pferdeverleih, u. a. in Hrollaugsstaðir, Smyrlabjörg, Flatey, Brúnnhóll und Hólabrekka. Wenige Fahrminuten danach zweigt von der Ringstraße nach rechts die S 99 ab, die einen nach 4 km zum Hafenort Höfn am Ende der Landzunge bringt.

*(UQ)*

**INFO**

**Skaftafell Tourist Information** und Auskünfte zu Touren jeglicher Art bei Nordic Adventure Travel, www.nat.is.
**Skaftafell Visitor Centre:**
Vatnajökull National Park, Skaftafell, 785 Öræfi, Tel. 470-8300, www.vatnajokulsthjodgardur.is.
**Höfn Visitor Centre:** Gamlabúð, Vatnajökull National Park, Heppuvegur 1, 780 Höfn, Tel. 470-8330.

**Rundfahrten mit Amphibienbooten** auf dem Gletschersee **Jökulsárlón** (Mai–Sept.), Juni–Aug. mind. alle 30 Minuten. Die Ausflüge dauern ca. 30–40 Minuten, Buchung in der Cafeteria vor Ort, Tel. 478-2222, oder online.
Infos im Internet unter www.jokulsarlon.is.

# 100 Ausflug von Reykjavik auf die Westmännerinseln

Die Westmännerinseln nehmen eine **Sonderstellung** innerhalb Islands ein. Die bedeutende Fischerei und die Vogelkolonien, vor allem aber spektakuläre **Vulkanausbrüche** haben den Namen des Archipels in aller Welt bekannt gemacht. Dies, zusammen mit einer faszinierenden Natur und einer guten Verkehrsanbindung zum „Festland" (Fähre, Flüge), sorgte für die Popularität der Inseln. Die Reisenden erreichen Heimaey per halbstündigem Flug ab Reykjavík oder per Schiff und bleiben nur für einen Tag. Doch die Inseln bieten durchaus genug, um wenigstens eine Übernachtung einzuplanen.

Der Archipel der Westmännerinseln liegt 10–30 km vor der isländischen Südküste. Ihm gehören neben zahllosen Klippen **15 Inseln** an. Besiedelt und touristisch erschlossen ist allein die Insel **Heimaey**, die mit 14,5 km² die größte ist. Es folgt das erst 1963 entstandene Eiland Surtsey mit 2,5 km². Weiter erwähnenswert sind die Inselchen Elliðaey und Bjarnarey im Norden von Heimaey, Suðurey und Hellisey im Süden sowie Álfsey im Südwesten.

*Blick auf die Stadt Heimaey auf der gleichnamigen Insel*

In der Klimatabelle weist der Archipel die ganzjährig mildesten **Temperaturen** des Landes auf, ist allerdings auch mit Niederschlag reich gesegnet und häufig von orkanartigen Stürmen betroffen.

**Surtsey – Geburt einer Insel**

Als am 14. November 1963 einige Seeleute ca. 20 km südwestlich von Heimaey aufsteigenden Rauch an einer Stelle bemerkten, die vorher 130 m Wassertiefe aufwies, war klar, dass ein **unterseeischer Vulkanausbruch** im Gange war.

Nach dieser moderaten Einleitung wandelte sich das Erscheinungsbild kurz darauf dramatisch: bis zu 10 km Höhe erreichte die Säule von schwarzer Asche und weißem Dampf, begleitet von einem rotglühenden Kuchen, der brodelnd und zischend aus dem kalten Ozean aufstieg. Beobachtet von Fernsehzuschauern in aller Welt türmten sich immer neue Lavamassen zunächst 50, dann 100 m und schließlich noch höher auf. Drei Inseln wurden so geboren, wobei zwei allerdings in den folgenden Jahren den Naturkräften nicht standhielten und wieder versanken. Die dritte jedoch, benannt nach dem Feuerriesen Surt der nordischen Mythologie, erreichte innerhalb von dreieinhalb Jahren eine Große von 2,5 km² und eine Höhe von 169 m.

Bereits während der Eruptionen wurde das neue **Eiland unter Naturschutz** gestellt, da sich hier die einzigartige Gelegenheit bot, die Entstehung neuen Lebens zu beobachten. Denn mit einer Oberflächentemperatur von 1.000 °C bot Surtsey zunächst keiner Existenzform Raum.

Das änderte sich überraschend schnell. Die ersten „Siedler" waren Bakterien, die man bereits 1964 in der Asche am Strand fand. Im Mai desselben Jahres besuchten Fliegen und Möwen das ungewohnte Terrain. 1965 eroberte sich eine Pflanze (cakile arctica) als Pionier die Vulkaninsel. Und 1970 zog als erster Vogel bereits der Eissturmvogel seine Jungen in der Lava groß. Gleichzeitig hatten sich schon mehrere Fischarten den immer noch warmen Küstengewässern genähert, gefolgt von Seehunden und Robben. Bis 1987 fand man 25 verschiedene Pflanzenarten, die durch Meeresströmung, Wind oder Seevögel hierhin gelangt waren. Inzwischen brüten außer dem Eissturmvogel auch Mantel- und Silbermöwen, Gryllteisten und Dreizehenmöwen ihre Eier aus. Für Tausende von Zugvögeln dient Surtsey als Rastplatz auf dem Weg von und nach Europa.

*Die Westmännerinseln: ein vulkanisch aktives Gebiet*

## Panoramablick

Wer gut zu Fuß ist, kann von **Heimaey** aus einige Wanderungen zu hochgelegenen Punkten mit vorzüglichen Panoramablicken unternehmen. Eine Etappe führt nach Há oberhalb des Herjólfsdalur, dann über das Dalfjall bis zum Vogelfelsen von Stafnsnes im Nordwesten der Insel, eine andere zur Nordküste mit der „kleinen" und „großen Klippe" (litla klif und stóra klif). Auch der höchste Berg des Archipels, der Heimaklettur (283 m) ist durchaus besteigbar. Man sollte sich vorher in der Touristeninformation über die Begehbarkeit und Gefährlichkeit der jeweiligen Etappe erkundigen.

Wegen ihres Wertes als **Freiluft-Labor** darf Surtsey nur von Wissenschaftlern besucht werden. Touristen haben aber die Möglichkeit, auf einem Rundflug oder einer Bootstour die Insel aus der Distanz zu betrachten.

*(UQ)*

# 101 Papageientaucher – die Clowns des Nordatlantiks

Dem Papageientaucher (isl.: *lundi*, lat.: *fratercula arctica*) haben sein vielfarbiger Schnabel, die „geschminkten" Augen und das frackartige Gefieder den Beinamen eines Clowns eingebracht. Isländer bezeichnen ihn etwas klerikaler als „Probst" *(prófastur)*.

Sicherlich gehört das kleine Tier zu den lustigsten und interessantesten der Nordmeere und ist überall, wo es auftaucht (außer in Island besonders auf den Lofoten, Shetland- und Färöer-Inseln), ein sehr **begehrtes Fotoobjekt**. Nirgendwo aber gibt es so viele Exemplare wie auf Island (etwa 3–4 Millionen) und hier wiederum nirgendwo so viele wie auf den Westmännerinseln (etwa 700.000).

Den Winter über verbringen die Tiere auf dem Wasser des Nordatlantiks und kommen erst zur Brutzeit – Mitte Mai – an Land. Dort nisten sie bevorzugt in der obersten Region eines Vogelfelsens und graben in die Grasnarbe ein tiefes Loch (teils mehr als 1 m tief!), in das jedes Pärchen ein einziges Ei legt. Das mit viel Mühe gegrabene Nest wird von den Tieren jedes Jahr aufs Neue belegt.

*Auf den Westmännerinseln sind die Papageientaucher besonders zahlreich vertreten*

Im Flugverhalten wirken die Vögel durch ihren Korper plump und scheinen ihn nur durch hektisches Flügelschlagen in der Luft halten zu können. Umso eleganter präsentieren sie dem Betrachter manchmal ihre gefangenen Fische, wenn ein silbern glänzender Hering neben dem anderen aus dem Schnabel hängt. Interessant sind die **Farbabweichungen**, die man bei Papageientauchern recht häufig antrifft. Aufgrund dieser Nuancen genießen einige Tiere bei den Vogelfängern besondere Namen wie „Papageientaucher-König", „Prinz", „Kohlenjunge" usw. Ein Albino wird „Papageientaucher-Königin" genannt.

*Papageientaucher sind ein begehrtes Fotomotiv*

Für die Inselbevölkerung der Westmännerinseln spielen die Tiere eine besondere Rolle. Mehr noch als Trottellumme und Eissturmvogel ist der Papageientaucher als Leckerbissen begehrt – ob frisch gebraten, gesalzen oder geräuchert. Die Federn wurden früher für das Bettzeug genutzt. Zum Fangen entwickelte man ein besonderes Instrument: einen 2–3 m langen Stab, an dessen Ende zwei kleinere Stäbe mit einem Netz dazwischen angebracht sind. Damit fängt man die Papageientaucher im Flug, allerdings nie – so will es ein alter Brauch – wenn der Vogel Futter im Schnabel hat.

Doch auch vor den Papageientauchern hat der **Klimawandel** nicht haltgemacht. Mit der Erwärmung des Meerwassers ziehen die Beutefische der Papageientaucher weiter nach Norden, sodass es für die Elterntiere immer schwieriger wird, ausreichend Nahrung für ihre Jungen zu finden. Seit einigen Jahren ist die Zahl der brütenden Tiere derart rückläufig, dass die isländischen Behörden die Jagd von bisher 55 auf fünf Tage reduziert haben. Statt sonst 100.000 dürfen nur noch 3.000 Vögel gefangen werden.

In den letzten beiden Augustwochen, wenn die jungen Papageientaucher die Nester verlassen, spielt sich das größte **Ereignis für die Kinder** ab. Denn die von ihren Eltern nicht mehr gefütterten Jungtiere fliegen in der Nacht zu Tausenden auf die Lichter der Stadt zu und landen unsanft auf dem harten Asphalt. Ungeübt in der Kunst des Startens würden sie so ein leichter Raub der Katzen, doch die Kinder, die in diesen Tagen die ganze Nacht aufbleiben dürfen, sammeln die Vögel in kleinen Kästchen oder Kartons ein. Nachdem diese den Rest der Nacht im Kinderzimmer verbracht haben, wird ihnen am nächsten Morgen die Freiheit wiedergegeben.

*(UQ)*

# Anhang

# Reiseformen

Die skandinavischen Länder sind für Reisende von ihren Heimatorten alle gut erreichbar. Es gibt reichlich Flug- und Fährverbindungen, Brücken, gut ausgebaute Straßen für Autos oder Busse sowie Bahnlinien. Das Reisen im jeweiligen Land und auf den Inseln selbst ist auf vielfältigste Art und Weise möglich, abhängig davon, wie viel Zeit man mitbringt, ob man viel „Strecke" zurücklegen oder lieber eine Standortreise machen möchte, ob man es vorzieht, von Insel zu Insel zu hoppen, und ob man dafür das eigene Fahrrad oder Boot benötigt.

## Anreise mit dem Flugzeug

Der schnellste Weg in eines der skandinavischen Länder ist natürlich die Anreise mit dem Flugzeug. Die Hauptstädte verfügen über moderne internationale Großflughäfen. Direktflüge z. B. nach Oslo, Stockholm, Helsinki, Kopenhagen, Reykjavík oder Nuuk gibt es u. a. aus Berlin, Düsseldorf, Köln/Bonn, Frankfurt/M., Hamburg, München, Wien, Zürich und aus vielen anderen Städten im deutschsprachigen Raum. Neben den skandinavischen Fluggesellschaften (s. u.) bieten u. a. www.lufthansa.com, www.eurowings.com, www.ryanair.com, www.austrian.com, www.swiss.com, www.welcomeair.com Flüge aus Deutschland, Österreich und der Schweiz nach Skandinavien an.

**Norwegen:** weitere Infos u. a. unter www.norwegian.com
**Flughäfen**: Oslo-Gardermoen (für Charter oder Billigflieger Torp/Sandefjor und Moss-Rygge), Bergen, Stavanger, Kirkenes (mit Anschluss zur Hurtigruten), Kristiansand, Trondheim, Lakselv und Tromsø

**Schweden:** weitere Infos u. a. unter www.flysas.com, www.fly-car.de
**Flughäfen**: Stockholm-Arlanda, Stockholm-Skavsta (100 km südwestlich Stockholm), Stockholm-Västerås, Göteborg/Landvetter, Malmö

**Finnland:** Infos u. a. unter www.finnair.com
**Flughäfen:** Helsinki-Vantaa, Kuopio, Oulu, Rovaniemi, Tampere-Pirkalla, Turku, Vaasa

**Dänemark:** weitere Infos u. a. unter www.flysas.com, www.lufthansa.com
**Flughäfen:** Kopenhagen-Kastrup, mit der Möglichkeit weiterzufliegen nach Odense, Esbjerg, Billund, Ålborg, Århus. Von Roskilde aus fliegen Air-Taxis auf die Inseln Anholt und Læsø.

**Island:** Infos u. a. unter www.icelandair.com, https://wow-air.de
**Flughäfen:** Reykjavík über Leifur Eiríksson in Keflavík (ca. 50 km südwestlich). Das **Inlandsflugnetz** ist gut ausgebaut und wird von kleinen Gesellschaften bedient: Akureyri, Egilsstaðir, Ísafjörður, Vopnafjörður, Grímsey, Þórshöfn zu den Vestmannaeyar (Heimaey) und nach Grönland (Ilulissat, Nuuk, Kulusuk, Narsarsuaq). Ab Akureyri gibt es außerdem Verbindungen nach Grímsey, Þórshöfn, Vopnaförður und Ísafjörður.

## Als Autofahrer mit der Fähre

Wer sich als Autofahrer entschieden hat, mit der Fähre nach Skandinavien überzusetzen, kann unter verschiedenen Möglichkeiten und Tarifen auswählen. Wer zur **Hauptreisezeit** per Fähre reisen möchte, sollte in jedem Fall rechtzeitig buchen, um Wartezeiten und Enttäuschungen zu vermeiden.

**Norwegen: Direktverbindungen**: Kiel–Oslo (Dauer etwa 20 Std. und über Nacht, www.colorline.de)

Von **Kopenhagen nach Oslo**: Infos unter www.dfdsseaways.de (Dauer etwa 17 Std. über Nacht). Anreise von Deutschland über die Belt-Brücken oder mit Scandlines über Puttgarden–Rødby oder Rostock–Gedser. Di und Mi fährt der Wohnwagen gratis mit.

**Schweden: Direktverbindung** Kiel–Göteborg (Dauer 14,5 Std.) oder Rostock–Trelleborg (Dauer 7–8 Std. über Nacht; Tagfahrten etwa 6 Std.)

**Über Dänemark:** Puttgarden–Rødby und von Helsingør nach Helsingborg; **Von Jütland aus an die schwedische Westküste**: Grenå–Varberg.

Zeitweilig gibt es **Tagesfahrten** für Erwachsene von Stockholm nach Mariehamn auf den Åland-Inseln bei Vikingline, www.vikingline.de.

*Mit der Fähre unterwegs*

**Finnland: Direktverbindung:** Rostock–Hanko
**Über Schweden:** Travemünde/ Rostock–Trelleborg und Stockholm–Turku.
**Über Dänemark:** Grenå–Varberg, Stockholm–Helsinki/Turku.

**Island:** weitere Informationen unter www.faehren-island.de und www.smyrilline.de.
**Verbindung von Dänemark über die Färöer-Inseln:** Hirtshals–Torshavn (Färöer)–Seyðisfjörður (Ostisland).

## Anreise mit dem Auto über die Brücken

Es ist möglich, z. B. Norwegen ohne eine einzige Fährstrecke mit dem Auto zu erreichen. Die Großer-Belt-Brücke zwischen Fünen und Seeland kostet 2016 für die einfache Fahrt ab 34 € für Pkw und 51 € für Pkw mit Wohnwagen, die Øresund-Brücke zwischen Seeland und Malmö 48 € für Pkw und 96 € für Pkw mit Wohnwagen. Weitere Infos, Sparmöglichkeiten mit „Durchgangstarifen" oder Kombitickets mit einer Fähre findet man unter www.oeresund-bruecke.de bzw. www.oresundsbron.com/de/start. Mit einer Online-Buchung spart man ebenfalls etwas Geld.

### Fährgesellschaften

Aktuelle Fahrpläne, Tarife und Paket- oder Sonderangebote finden Sie u. a. bei folgenden Fährgesellschaften, Online-Buchungen sind häufig preiswerter.
Color Line: www.colorline.de;
DFDS: www.dfdsseaways.com;
Direct Ferries: www.directferries.de;
Fjord Line: www.fjordline.com;
Nordic Ferrycenter:
www.ferrycenter.fi;
Stena Line: www.stenaline.de;
Scandlines: www.scandlines.com;
Tallink Silja Line:
www.tallinksilja.de;
TT-Line: www.ttline.com;
Viking Line: www.vikingline.de.

Wie bei den Flügen gilt auch bei den Fährgesellschaften: Wer früh bucht, fährt am günstigsten.

## Mit der Bahn

Mit der Bahn gelangt man üblicherweise **über die Vogelfluglinie**, d. h. auf der Strecke Puttgarden–Kopenhagen–Helsingborg und weiter über Göteborg nach Oslo. Ab Hamburg gibt es tägliche ICE-Verbindungen nach Kopenhagen, ab dort dann mehrere Intercity-Verbindungen tgl. nach Oslo mit Umsteigen in Göteborg. Einen durchgehenden Zug von Deutschland nach Norwegen gibt es nicht, die Fahrtdauer beträgt ab Hamburg insgesamt wenigstens ca. 14 Stunden (Infos unter www.bahn.de oder www.nsb.no).

## Mit dem Bus

Auch mit Langstrecken- und Expressbussen kommt man von Deutschland nach Skandinavien. Eurolines (www.eurolines.de) bieten in Zusammenarbeit mit Nor-Way Bussekspress Fahrten nach Oslo von Berlin (18 Stunden, Normalpreis 79 €), Hamburg (15 Stunden, Normalpreis 93 €) und weiteren deutschen Städten an. Busfahrten nach Schweden und günstige Busreisen von Dänemark und

Schweden nach Oslo kann man beim schwedischen Unternehmen Swebus buchen (www.swebus.se).

## Unterwegs in Skandinavien

### Mit dem Auto oder Wohnmobil

Die Qualität der Straßen auch in abseits gelegenen Gegenden ist in den letzten Jahren immer besser geworden. Teilweise sind selbst kleinere Schleichwege asphaltiert. Wo es Berge gibt, werden Tunnel fertiggestellt, aufwendige Brückenkonstruktionen sorgen für kürzere Wege. Auto- und Personenfähren verbinden bewohnte Inseln und Inselchen mit dem jeweiligen Festland oder ergänzen über die Fjorde hinweg das Straßennetz. Wer hier mit dem Auto, Wohnmobil oder Zweirad unterwegs ist, sollte jedoch Zeit mitbringen. Mautgebühren fallen bei Brücken, Tunneln und Fähren an.

**Zu beachten** ist, dass Autos und Motorräder in den skandinavischen Ländern mit Abblendlicht gefahren werden. Auf einsamen Strecken sollte mit rasant fahrendem Gegenverkehr gerechnet werden. In Finnland und Schweden sind die Giga-Lkw unterwegs, ca. 25 m lange Lkw-Gespanne mit Anhänger.

Autos können bei den bekannten internationalen **Mietwagenfirmen** meist an Flughäfen bzw. in größeren Städten gemietet werden: www.avis.de, www.budget.de, www.europcar.de, www.hertz.de und www.sixt.de. Informationen zu lokalen Anbietern bekommt man in den örtlichen Touristenbüros.

### Mit der Bahn

**Interrail** ist insbesondere für diejenigen interessant, die mehrere skandinavische Länder per Bahn bereisen möchten. Infos zum **InterRail Global Pass** unter http://de.interrail.eu.

**Norwegen:** Bahnreisende finden ein gut ausgebautes Streckennetz vor, Komfort, z. T. günstige Preise und interessante Strecken. Deren kurvenreicher Verlauf geht über Flüsse und durch die Berge, zahlreiche Brücken werden überquert und Tunnel durchfahren.

**Besonders reizvolle Strecken: Bergenbahn** von Oslo nach Bergen (etwa 6,5–7,5 Std., s. S. 18); **Nordlandbahn** von Trondheim nach Bodø, eine Strecke, die den Polarkreis überquert (etwa 10 Std.); **Sørlandbahn** von Oslo über Kristiansand nach Stavanger parallel zur Küste (etwa 8 Std.).

**Schweden:** Das Schienennetz ist gut ausgebaut, die Abteile sind komfortabel. Am schnellsten geht es mit dem Hochgeschwindigkeitszug X 2000, der Strecken wie Stockholm–Kopenhagen (über die Øresund-Brücke) mit 200 km/h zurücklegt. Liege- und Schlafwagen gibt es für die Strecke Göteborg nach Östersund/Storlien.

**Finnland:** Die finnischen Hochgeschwindigkeitszüge fahren mit ca. 200 km/h auf den Hauptstrecken zwischen Helsinki, Oulu, Turku, Tampere oder auch nach St. Petersburg. Auf den anderen Strecken verkehren IC- und Regionalzüge. Autoreisezüge, z. B. nach Rovaniemi, sind interessant, wenn man im Norden mit dem Auto weiterreisen möchte. Mit dem **Finland Rail Pass** (für 3, 5 oder 10 Tage) kann innerhalb eines Monats unbegrenzt im Land herumgefahren werden. Infos unter www.europeanrailguide.com.

**Dänemark:** Zwischen allen größeren Städten fahren regelmäßig (meist stündlich) Intercitys. Die Strecke Esbjerg–Kopenhagen dauert etwa 3 Std. Das weiterführende Regionalbahn- und S-Bahn-Netz ist ebenfalls gut ausgebaut.

## Mit dem Bus

**Norwegen:** Auf rund 18.000 km kann man in Norwegen mit dem Bus unterwegs sein. Eine Fahrt in den meist komfortabel ausgestatteten Bussen muss nicht reserviert werden (Platzgarantie). Die Preise sind recht günstig, wer online bucht, fährt in der Regel noch preiswerter. Weitere Informationen unter www.nor-way.no.

**Schweden:** Swebus fährt über 150 Destinationen an, darunter alle größeren Orte in Süd- und Mittelschweden. Die Strecken in den Norden werden seltener bedient als die im südschwedischen Raum. Informationen unter www.swebus.se oder http://svenskabuss.se, für Mittelschweden www.nettbus.se.

**Finnland:** Auch kleine Orte in Lappland oder Karelien sind per Bus erreichbar. Auf 90 % der finnischen Straßen gibt es regelmäßig Busverkehr. Mit dem Überlandbus können größere Entfernungen bequem zurückgelegt werden, z. B. von Helsinki nach Lahti. Infos unter www.matkahuolto.fi.

**Dänemark:** Zwischen den großen Orten nimmt man am besten die Expressbusse, wird es ländlicher, fahren zu den kleinsten Orten Linienbusse. Nachdem die Bus- und Bahnfahrpläne aufeinander abgestimmt worden sind, gibt es kaum Wartezeiten. Fahrräder können i. d. R. mitgenommen werden. Infos unter www.rejseplanen.dk.

**Island:** Das Land ist mit Überlandbussen, aber auch innerstädtisch sehr gut zu bereisen. Abseits der Ringstraße werden auch Tages-Sightseeing-Touren angeboten. Infos unter Reykjavik Excursions, www.re.is. Es gibt verschiedene Bus-Pässe, etwa den **Hightlights Passport**, der unbegrenzte Busfahrten zu Sehenswürdigkeiten in Island ermöglicht (erhältlich für 7–15 Tage).

## Mit dem Fahrrad

**Norwegen:** In Norwegen gibt es zahlreiche Möglichkeiten, sich die Gegend mit dem Fahrrad zu erschließen, und dabei geht es gar nicht nur bergauf und bergab. Am Wegesrand weisen Schilder zu Unterkünften für Radler: „Syklist velkommen“.

**Schweden:** Weite Teile des Landes bieten ideale Bedingungen für Radfahrer. Eine beliebte und besonders schöne Strecke führt am Göta-Kanal entlang.

**Finnland:** Wer sein Rad nach Finnland nicht mitgebracht hat, kann sich u. a. bei Touristenbüros Touren- oder Mountainbikes ausleihen. Die Åland-Inseln gelten als besonders geeignet für Radtouren; die Fähren dorthin sind auf Reisende mit Rad eingestellt.

**Dänemark:** Dänemark gilt als Radlernation, die Infrastruktur für Radfahrer ist geradezu ideal: Das rund 3.000 km lange Streckennetz ist bestens ausgeschildert, auch in größeren Städte geraten Radfahrer nicht in Stress-Situationen. Juli und August sind die besten Monate für längere Touren. Bei den örtlichen Touristeninformationen können Räder ausgeliehen werden. Kartenmaterial kann man dort oder u. a. über den ADFC bekommen: www.adfc.de.

**Island:** Hier finden besonders Mountainbiker noch weniger ausgebaute Strecken und Pisten vor. Räder können per Schiff, Flugzeug oder Bus gut mitgenommen werden. Von Reykjavík und Akureyri aus werden auch Rad-Wandertouren angeboten.

### Segeln oder mit dem Boot

Schweden, Finnland und Dänemark sprechen Segler und Bootstouristen direkt an. Mit den Fjorden, seichten Küstengewässern, Schären, Seen sowie Hochseegebieten ist hier für große wassersportliche Vielfalt und Abwechslung gesorgt. In reizvollen Buchten und idyllisch gelegenen Ankerplätzen und Häfen kann man verweilen. Segler von Jollen bis zu Hochseejachten kommen hier auf ihre Kosten, aber auch Motorboot- oder Kanufahrer werden ihre Freude an ihrem Wassersport haben.

*(GA/DK/UQ)*

## Das Jedermannsrecht

Einer der Hauptgründe für eine Skandinavien-Reise ist es, sich an der Natur zu erfreuen, sie zu genießen und sich frei in ihr zu bewegen. Besonders in den nordischen Ländern regelt ein altes Gewohnheitsrecht – das Jedermannsrecht – mit Rechten und Pflichten die Nutzung der freien Natur. Traditionell legen die Skandinavier in ihren Ländern großen Wert auf den pfleglichen Umgang mit der Umwelt. So heißt die **Grundregel** in Schweden: „Nicht stören – nicht zerstören".

Zu den Pflichten gehört, dass man auf andere Menschen sowie auf die Flora und Fauna **Rücksicht** zu nehmen hat. Man darf wilde Blumen und Beeren pflücken, Pilze suchen und herabgefallene Zweige und Reisig sammeln. Bestimmte seltene Pflanzen dürfen jedoch nicht gepflückt werden! Informationen zu den gefährdeten Pflanzen geben die Touristenbüros.

Bei **Wanderungen** sollten keine Privatgrundstücke, Schonungen und Felder betreten, keine Bäume oder Sträucher abgesägt oder Zweige bzw. Rinde abgerissen werden. Nestern und Jungtieren sollte man sich nicht zu sehr nähern und natürlich keinen Müll in der Natur hinterlassen. Die Abfalltüte darf niemals neben einen vollen Abfallbehälter gestellt werden.

Gerade das sensible ökologische System Lapplands verträgt keine allzu große Beanspruchung. Hier dauert es um ein Vielfaches länger als bei uns, bis Konservendosen oder Zigarettenkippen verrotten.

**Auto-, Motorrad- oder Mopedfahren** im Gelände ist prinzipiell untersagt. Solche Straßen sind durch entsprechende Schilder gekennzeichnet. Das Parken auf Straßenrändern ist generell erlaubt, wenn niemand behindert oder gefährdet wird. Reiter sollten gekennzeichnete Trimm-Dich-Pfade und Wanderwege meiden. Gleiches gilt für Radfahrer, insbesondere für Mountainbiker.

*Für jedermann geregelt: der Schutz seltener Pflanzen und das Verhalten in der Natur*

Dass ein **Waldbrand** verheerende Folgen haben kann, versteht sich von selbst. Deshalb sind Lagerfeuer schon bei der geringsten Brandgefahr verboten. Vor einem Outdoor-Aufenthalt sollte man sich unbedingt im nächstgelegenen Touristenbüro danach erkundigen. Bevor man seinen Lagerplatz verlässt, muss man sein Feuer sorgfältig löschen. Wenn sich das Feuer ausbreitet, wird man für Schäden haftbar gemacht! Niemals darf man ein Feuer auf Felsen oder Klippen entfachen. Die Hitze lässt diese bersten, es entstehen nicht wieder gutzumachende Schäden.

Eingefriedetes Gelände darf nur überquert werden, wenn sichergestellt ist, dass die Umzäunung nicht beschädigt wird. **Tore und Gatter** dürfen zum Passieren geöffnet, müssen jedoch stets sorgfältig wieder geschlossen werden. Zäune von Hausgrundstücken dürfen keinesfalls überklettert werden!

Es ist allen gestattet, sich über nicht eingezäunten Grund und Boden zu bewegen und dort zu übernachten. In unmittelbarer Nähe von Wohnhäusern sollte man jedoch **nicht zelten**. Möchte man als Individualtourist oder als Gruppe mehrere Nächte am selben Platz übernachten, muss der Grundeigentümer um Erlaubnis gefragt werden.

Alle Gewässer sind frei zugänglich, dürfen also zum **Wassersport** genutzt werden. Mit dem Boot anzulegen und an Land zu gehen ist aber nur außerhalb von Privatgrundstücken erlaubt. Die freie Zugänglichkeit der Natur gilt nicht in Nationalparks, Naturreservaten sowie Vogelschutz- und Militärgebieten. Im Einzelfall können aber z. B. Geschwindigkeitsbegrenzungen, Zutrittsverbote oder Verbote gegen Wasserskifahren gelten, die man unbedingt beachten sollte. Von Motorbootfahrern wird besondere Rücksichtnahme erwartet.

Das Recht zum Gemeingebrauch schließt das **Angeln** nicht ein. Man darf jedoch mit üblichem Handangelgerät an den meisten Meeresküsten und in Seen kostenlos angeln. Für alle anderen Gewässer ist ein Angelschein nötig. Keinesfalls darf man Angelleinen oder -haken in der Natur zurücklassen. Das Recht zum Gemeingebrauch berechtigt auch nicht zur Jagd.

*(GA/DK/UQ)*

## Besondere Lichtverhältnisse: Mitternachtssonne, Nord- oder Polarlicht

Nördlich des Polarkreises bestimmen Lichtflut und Lichtarmut den Lebensrhythmus. Der Faszination der „**Mitternachtssonne**" kann sich kaum jemand entziehen: Die Sonne steht noch um Mitternacht über dem Horizont, geht nicht unter, sondern steigt langsam wieder höher.

Am Polarkreis, also auf 66,56 Grad nördlicher Breite, dauert der Polartag 24 Stunden und fällt mit dem 21. Juni zusammen, während weiter nördlich in Bodø die Mitternachtssonne vom 7. Juni bis zum 8. Juli zu sehen ist. Am Nordkap ist dieses Naturphänomen zweieinhalb Monate lang zu beobachten, sofern Wolken die Sonne nicht verbergen. Selbst im Süden des Landes ist es dann um 23 Uhr noch hell und die Sonne geht um 3 Uhr schon wieder auf.

Der Wechsel von **Polartag und Polarnacht** hat die gleiche Ursache wie die Jahreszeiten: Die Erdachse steht nicht senkrecht zur Ebene der Umlaufbahn, sondern ist geneigt. Diese Schrägstellung behält die Achse bei, wenn die Erde die Sonne innerhalb eines Jahres umläuft. Im nördlichen Sommer kann das Sonnenlicht die Nordhalbkugel beleuchten, da aufgrund der Kugelgestalt der Erde die Sonne immer die ihr zugeneigte Erdseite erreicht.

Das gesamte Nordpolargebiet ist im Sommer der Sonne zugewandt, während das Südpolargebiet kein Licht erhält, was sich im Winter umkehrt. Vielen Menschen macht die „mørketid", die Zeit der Dunkelheit, zu schaffen, sie leiden unter

### Wann und wo am besten?

Die Monate, in denen das **Nordlicht** am ehesten zu sehen ist, sind Oktober, Februar und März. Am besten begibt man sich an möglichst unbeleuchtete Standorte, denn beleuchtete Städte oder auch nur der Mond am wolkenlosen Himmel nehmen viel von dem eindrucksvollen Himmelsschauspiel.

In Norwegen sind beispielsweise die Region **Finnmark** oder die Stadt **Troms** im äußersten Norden für einen Nordlichtabend geeignet. Für Kurzentschlossene oder allzu Ungeduldige ist es jedoch nichts. Um das Nordlicht zu sehen, muss der Betrachter warten, bis die Natur ihm das besondere Licht am wolkenlosen Himmel schenkt. Und das kann schon mal ein paar Tage dauern.

*Das Polarlicht beflügelt seit Urzeiten die Fantasie der Menschen*

Schlafstörungen oder Depressionen. Norwegische Verhaltensforscher stellten andererseits fest, dass bei vielen Menschen in der langen Winterzeit die Bereitschaft höher ist, mehr zu arbeiten, was in Tarifverträgen häufig berücksichtigt wird.

Zu den Phänomenen, die schon immer die Fantasie der Menschen angeregt haben, gehört auch das **Nordlicht** oder besser das **Polarlicht**, da die Naturerscheinung ja nicht auf die nördliche Polarzone allein beschränkt ist. Das himmliche Spektakel hat einen **Platz in vielen altnordischen Mythen und Märchen**: Man sah in den schimmernden Bögen des Polarlichts die blinkenden Schilde, auf denen die Seelen der im Kampf gefallenen Krieger nach Walhall gelangten.

Das Polarlicht hat etwas von einem elektrischen Feuerwerk. Mal erinnert seine Form an flatternde Bänder, an kunstvoll gefaltete Vorhänge oder an Strahlenbündel. Der ruhende Bogen, der sich oft über mehrere Stunden mit geringer Lichtintensität über das Himmelsgewölbe ausbreitet, kommt am häufigsten vor. Dabei dominiert die gelbgrüne Farbe, während bei stärkeren Lichtausbrüchen rote Ränder oder völlig rote Bögen vorkommen.

Durch Beobachtung und Messung der Polarlichtformen weiß man, dass die untere Grenze der Lichtphänomene in der Regel in etwa 100 km Höhe liegt. Das **farbenprächtige Schauspiel** eines Lichtausbruchs dauert oft 10 bis 30 Minuten und kann sich in einer Nacht mehrmals wiederholen. Die wissenschaftliche Erklärung dafür ist eher nüchtern: Die Sonne schickt elektrisch geladene atomare Teilchen Richtung Erde, die durch unser Magnetfeld zu den (elektrischen) Polen geleitet werden. Wenn die kleinen Materieteilchen millionenfach in die Atmosphäre eintreten, treffen sie mit den Atomen unserer Luft zusammen. Das Ergebnis solcher Kollisionen ist das Polarlicht.

Das Nordlicht kann eine Ursache dafür sein, dass die Menschen im Norden Schwedens oder Norwegens öfter unter Herz-Kreislauf-Erkrankungen leiden als im Süden. So berichtete die norwegische Zeitung „Verdens Gang" über Beobachtungen norwegischer und schwedischer Mediziner, dass sich an Tagen mit hoher geomagnetischer Aktivität der Herzrhythmus bei allen Versuchspersonen verschlechterte.

*(GA/UQ)*

## Die Ureinwohner Skandinaviens: die Samen

Der **Siedlungsraum** der Samen reicht von der arktischen Region Skandinaviens entlang der norwegisch-schwedischen Gebirgskette bis zu den nördlichen Teilen der schwedischen Provinz Dalarna. Die Angehörigen dieser ethnischen Minderheit nennen sich selbst **Sámi**, z. T. wurden sie auch als **finner** bezeichnet; den früher verbreiteten Begriff „Lappe" empfinden die Samen als kränkend. Rund 70.000 Samen leben in Russland, Finnland, Schweden und Norwegen, davon allein 40.000 in Norwegen. In Schweden geht man von rund 20.000 Samen aus, von denen etwa 2.000 primär von der Rentierzucht leben. In Finnland wird die Zahl der Samen auf ca. 6.000 geschätzt, in Russland auf ca. 2.000.

Umstritten ist, wer als Same anzusehen ist. Während in Norwegen als Same gilt, wer sich selbst der Minorität zurechnet und Samisch als Muttersprache spricht oder zumindest Eltern oder Großeltern hat, die Samisch sprechen, sind nach schwedischen Gesetzen zur Rentierwirtschaft nur diejenigen als Samen anzusehen, die **Rentierzucht** betreiben. Die schwedischen Samen haben sich dieser Definition widersetzt und gehen davon aus, dass ein Same auch ohne Rentierbesitz ein Same sein kann.

Zur **Herkunft und ethnischen Einordnung der Samen** sind noch nicht alle Fragen beantwortet. Man vermutet, dass sie als alteuropide Bevölkerung vor rund 12.000 Jahren in Nordeurasien zwischen Nordskandinavien und Ostsibirien lebten. Als Rentierjäger folgten sie den Renherden in verschiedenen Etappen von Osten her nach Finnland, an die Eismeerküste und ins fennoskandische Inland. Archäologische Funde aus der Bronzezeit (1500–500 v. Chr.), die dem Küstenbereich von Finnmark und Kola entstammen, werden den Samen zugeordnet. In Schweden fanden die Archäologen 2.000 Jahre alte samische Wohnplätze am Stora Lulevatten. Die Samen lebten keineswegs nur im hohen Norden, sondern trafen in Süd- und Mittelfinnland mit dort einwandernden finno-ugrischen und nordgermanischen Stämmen zusammen.

Die **Sprache der Samen** gehört zum finnisch-ugrischen Zweig und ist mit dem Finnischen, Estnischen und Ungarischen verwandt. Genau genommen gibt es nicht nur eine samische Sprache, sondern mindestens drei verschiedene, nämlich Süd-, Ost- und Zentralsamisch, die an keine Staatsgrenze gebunden sind. Zentralsamisch lässt sich wiederum in ein Nord-, Lule- und Pitesamisch untergliedern. Reich sind die Sprachen der Samen an Wörtern aus der Natur, Jagd, Fischerei und Rentierwirtschaft. Die Übernahme des Finnischen soll bis etwa 600 n. Chr. erfolgt sein.

Eine **samische Schriftsprache** wurde zu Beginn des 17. Jh. von Priestern und Missionaren entwickelt. Obwohl es in Schweden einige Schulen gibt, in denen der Unterricht ganz in samischer Sprache erfolgt oder wo das Samische als Muttersprache angeboten wird, verringert sich die Zahl der Samisch Sprechenden stetig. Die Sprache droht auszusterben.

Schon früh gerieten die Samen in ein **Abhängigkeitsverhältnis zu ihren nordischen Nachbarn**, die besser bewaffnet und organisiert waren. Aus dem Tauschhandel mit Pelzen entwickelte sich eine erpresserische Besteuerung der Samen, indem Steuereintreiber die einzelnen Gebiete unter sich aufteilten. Da die Staatsgrenzen im Norden nicht festgelegt waren, hatten die Samen bisweilen an drei verschiedene Länder Steuern zu entrichten. Mit der Besteuerung wuchsen auch die territorialen Ansprüche gegenüber den Samengruppen.

Auch noch im 18. und 19. Jh. interessierte sich der schwedische Staat mehr für die Steuereinnahmen der zahlreicher gewordenen Neusiedler als für die Gewohnheitsrechte der Samen, die aus ihren angestammten Jagd-, Fischfang- und Weidegebieten vertrieben wurden.

Schon im Mittelalter entwickelte sich allmählich aus der Rentierjagd die Rentierhaltung. Als die Samen Wildrene mit dem Gewehr erlegten, führte dies zum Aussterben der Tiere in ihrem Siedlungsraum. Daraufhin hat sich in vielen Gebieten des Nordens die **Rentierhaltung als Haupterwerbszweig** durchgesetzt. Nachdem im 16./17. Jh. christliche Missionare vehement die Naturreligion der Samen, in der Schamanismus und Bärenkult eine bedeutende Rolle spielten, bekämpften, kam der Rentierzucht als **Hauptträger samischer Kulturtradition** eine besondere Bedeutung zu. So besinnen sich die heute 2.000 von der Rentierwirtschaft abhängigen Samen in Schweden auf die alten Traditionen und gehen gegen den eigenen Identitätsverlust engagiert an.

## Die Samen und das Ren

Leben, Wirtschaftsweise und Kultur der Samen wurden über Jahrtausende von den Lebensgewohnheiten des Rens bestimmt. Die Bergsamen folgten noch bis vor wenigen Jahrzehnten als **Nomaden** dem natürlichen Wandertrieb der Bergrene, die bis zu 800 km jährlich zurücklegen. Die Wanderung von Weideplatz zu Weideplatz folgt einem festen Rhythmus, der vom Futterbedarf des Rens zu verschiedenen Jahreszeiten abhängig ist. Für die Samen ist neben dem Bergren das ortstreue Waldren bedeutsam.

*Unterwegs: Frau in samischer Tracht mit ihrem Rentier*

Im 16. Jh. gingen die Samen allmählich von der Jagd auf wilde Rene zur Rentierhaltung über. Die Haltung des Rens erfordert einen nur geringen Kostenaufwand, da es in idealer Weise die Pflanzen und Flechten im arktischen und subarktischen Raum nutzt. So halten sich die Tiere im Winter dort auf, wo sie sich durch die Schneedecke an die Flechten herangraben können. Eine verharschte Schneedecke kann einen reichen Rentierbesitzer innerhalb weniger Tage zu einem armen Mann machen.

Bis zu 8 kg **Futter** (Trockengewicht) benötigt ein ausgewachsenes Tier am Tag. Da die Flechten extrem langsam wachsen, müssen die Weidegebiete der Rene flächenmäßig groß sein. Einst lieferte das Ren den Samen Fleisch und Milch, das Fell wurde zu Kleidungsstücken verarbeitet, aus Sehnen, Horn und Knochen gewann man z. B. Nähfäden, Lassoringe, Löffel und Ahlen, sodass das Ren mit Haut, Huf und Haar genutzt wurde und einer Familie fast alles gab, was sie zum Leben benötigte. Kräftige Tiere zogen im Winter den Schlitten, im Sommer wurden sie als Lasttiere eingesetzt.

Heute hat die Rentierzucht nur noch einen Zweck: die **Fleischproduktion**. In vielen Gemeinden Nordschwedens ist die Rentierzucht, die etwa ein Drittel der Landesfläche beansprucht, von recht großer Bedeutung, da Transport, Handel und Verarbeitung eine Reihe von Arbeitsplätzen schaffen. Auf schwedischem Gebiet gibt es rund 250.000 der insgesamt etwa 750.000 Rentiere im Norden.

Die meisten Samen arbeiten außerhalb der Rentierzucht in vielen verschiedenen Berufen. Ihre **Verbundenheit mit der eigenen Kultur** ist unterschiedlich ausgeprägt und reicht von völliger Identifikation mit der ethnischen Minderheit bis zur vollständigen Anpassung an die schwedische Bevölkerungsmehrheit.

In den letzten Jahren hat der **Modernisierungsdruck** die Rentierhaltung grundlegend verändert, sodass möglicherweise ihre führende Rolle bedroht ist, wenn es gilt, samische Kultur und Identität zu wahren. Heute ist die extensiv betriebene Rentierzucht ein kapitalintensiver Wirtschaftszweig, in dem es ausschließlich um Fleischproduktion geht. Moderne Technologie macht es möglich, dass die Tiere in großen Herden ohne ständige Aufsicht gehalten werden können. Oft schließen sich Rentierhalter zusammen, um sich technischer Hilfsmittel wie Hubschrauber, Geländewagen, Schneemobile oder Funk und Datenverarbeitung zu bedienen. Statt in Stangenbogenzelten wohnen die Bergsamen den überwiegenden Teil des Jahres in modernen Wohnsiedlungen.

Der **Druck auf den Lebens- und Wirtschaftsraum** der Samen hat deutlich zugenommen, denn neben der Überweidung lassen andere Nutzungen wie Tourismus, Straßenbau, Land- und Forstwirtschaft sowie der Ausbau der Wasserkraft zur Energiegewinnung die Weideflächen schrumpfen.

In einem auf schwedischer Seite 1966–1981 geführten Musterprozess, in dem die Samen ein Eigentumsrecht für ihre alten Siedlungsgebiete auf einer Fläche von 16.000 Quadratkilometern beanspruchten, bestätigte man den Renhirten zwar **Nutzungsrechte, aber kein privates Eigentum an Land und Wasser**.

Nach Jahrhunderten der Unterdrückung, die aus den für unzivilisiert gehaltenen Samen „gute" Skandinavier machen sollte, fördern die nordischen Staaten seit drei Jahrzehnten eine Politik, die die **samische Kultur als Bestandteil eines gemeinsamen Kulturerbes** versteht. Ohne ihr neues Selbstbewusstsein, ohne ihr politisches Engagement – auch auf internationaler Ebene – hätte die samische Bevölkerung wohl nicht erreicht, dass ihr in Norwegen, Finnland und Kiruna/Schweden ein gewähltes, ratgebendes Organ der Samen des jeweiligen Landes zugestanden worden wäre. Das „**Sameting**" ist als Institution allerdings der öffentlichen Verwaltung unterstellt und kann nur Empfehlungen aussprechen.

*(GA/UQ)*

# Abbildungsverzeichnis

# Autoren

**Gerhard Austrup (GA)** hat mehrere Jahre in Stockholm gelebt und bereist die skandinavischen Länder regelmäßig. In zahlreichen Fragestellungen setzte er sich auch wissenschaftlich mit Nordeuropa auseinander. Zusammen mit Ulrich Quack veröffentlichte Gerhard Austrup in Iwanowski's Reisebuchverlag die Bände zu Schweden und Norwegen.

**Dirk Kruse-Etzbach (DK)** ist als Geograf neben den USA und Afrika auf die skandinavischen Länder spezialisiert. Für Iwanowski's Reisebuchverlag verfasste er den Band zu Finnland und zusammen mit Ulrich Quack den Band zu Dänemark.

**Andrea Lammert (AL)** arbeitet als Journalistin in Hannover und ist fasziniert von der grönländischen Weite und der guten Luft. Eine Zeit lang hat sie in einer grönländischen Familie gelebt. Als Mitglied der Redaktions-Partnerschaft Reisefeder ist sie auf Reportagen aus dem Norden sowie aus Afrika spezialisiert.

**Ulrich Quack (UQ)** ist als Studienreiseleiter in Dänemark, Finnland, Schweden und Island unterwegs. Als Reisejournalist hat er an kulturgeschichtlichen Publikationen sowie Filmen mitgearbeitet. Für Iwanowski's Reisebuchverlag verfasste er den Titel „101 Stockholm" sowie mit Lutz Berger den Band zu Island. Zusammen mit Gerhard Austrup publizierte er die Bände zu Norwegen und Schweden und mit Dirk Kruse-Etzbach den Band zu Dänemark.

**Armin E. Möller (aem)** ist Journalist und leidenschaftlicher Eisenbahnfahrer. Aus seinem bei Iwanowski erschienenen Buch „101 Reisen mit der Eisenbahn" stammen drei Texte zu den schönsten Bahnstrecken in Skandinavien.

Das Kürzel **(RI)** steht für die Redaktion des Iwanowski's Reisebuchverlags.

# Ortsregister